낯선
여행,
　　떠날
　　자유

낯선 여행, 떠날 자유

2018년 4월 20일 초판 1쇄 펴냄
2019년 1월 10일 초판 2쇄 펴냄

지은이	제삼열 · 윤현희
발행인	김산환
책임편집	서수빈
디자인	윤지영
영업 마케팅	정용범
펴낸곳	꿈의지도
출력	태산아이
인쇄	다라니
종이	월드페이퍼
주소	경기도 파주시 경의로 1100, 604호
전화	070-7535-9416
팩스	031-947-1530
홈페이지	www.dreammap.co.kr
출판등록	2009년 10월 12일 제82호

979-11-87496-80-9 13980

이 책의 판권은 지은이와 꿈의지도에 있습니다.
지은이와 꿈의지도 허락 없이는 어떠한 형태로도 이 책의 전부, 또는 일부를 이용할 수 없습니다.
※ 잘못된 책은 구입한 곳에서 바꿀 수 있습니다.

낯선 여행, 떠날 자유

제삼열·윤현희 지음

꿈의지도

Contents

머리말 ⋯⋯⋯⋯⋯⋯⋯⋯⋯⋯⋯⋯⋯⋯⋯⋯⋯⋯⋯⋯⋯⋯⋯ 010
프롤로그 ; 여행에 앞서 ⋯⋯⋯⋯⋯⋯⋯⋯⋯⋯⋯⋯⋯⋯⋯ 012

첫째 날 ; 응답하라 진심으로 ⋯⋯⋯⋯⋯⋯⋯⋯⋯⋯⋯⋯ 028
    우리는 샴쌍둥이처럼 ⋯⋯⋯⋯⋯⋯⋯⋯⋯⋯⋯⋯ 029
    휠체어를 타고 시간을 건너다 ⋯⋯⋯⋯⋯⋯⋯⋯ 032
    품격에 대하여 ⋯⋯⋯⋯⋯⋯⋯⋯⋯⋯⋯⋯⋯⋯⋯ 042
    첫날밤은 화끈하게 ⋯⋯⋯⋯⋯⋯⋯⋯⋯⋯⋯⋯⋯ 052

둘째 날 ; 잘 부탁해 런던 ⋯⋯⋯⋯⋯⋯⋯⋯⋯⋯⋯⋯⋯ 058
    사람을 향하는 마음 ⋯⋯⋯⋯⋯⋯⋯⋯⋯⋯⋯⋯⋯ 059
    너를 읽고 싶어 ⋯⋯⋯⋯⋯⋯⋯⋯⋯⋯⋯⋯⋯⋯⋯ 063
    하늘을 오르는 이유 ⋯⋯⋯⋯⋯⋯⋯⋯⋯⋯⋯⋯⋯ 074
    영원하기 위하여 ⋯⋯⋯⋯⋯⋯⋯⋯⋯⋯⋯⋯⋯⋯ 080
    손님의 조건 ⋯⋯⋯⋯⋯⋯⋯⋯⋯⋯⋯⋯⋯⋯⋯⋯ 084

셋째 날 ; 안테나를 세우다 ——————— 092
    산다는 건 다 그래 ——————— 093
    갈구 - 구도 - 도넛 ——————— 096
    장인과 장애인 ——————— 104
    세이렌의 변신은 무죄 ——————— 108
    저상버스가 뭐길래 ——————— 114
    총명탕이 필요할 때 ——————— 121
    당신의 안테나는 안녕한가요 ——————— 123

넷째 날 ; 거짓말보다 더 나쁜 것 ——————— 126
    고속버스 로망스 ——————— 127
    춤추는 로봇과 옥스퍼드 옹 ——————— 136
    우리는 연소 중 ——————— 141
    이건 마법일까 ——————— 144
    입술이 있어서 다행한 날 ——————— 153
    아, 달달하여라 ——————— 158
    모르는 척해야 할 때 ——————— 162

다섯째 날 ; Hold my hand London & Paris ─── 166

당신의 발밑에 용암이 흐른다 ─── 167
굿바이 영국! 봉주르 프랑스! ─── 172
프랑스! 우리한테 왜 이래? ─── 180
열정에 전염되다 ─── 194
근육질의 마음을 꿈꾸다 ─── 196
프롤로그를 읽다 ─── 199
천 개의 손을 잡고 ─── 207

여섯째 날 ; 파트너가 아니어도 좋아 ─── 211

돌쇠와 마님 ─── 212
기계는 인간을 구원하지 않는다 ─── 218
꿈꾸고 그리고 나누고 ─── 222
파이팅! 유니크한 우리 ─── 231
세상에 공짜는 없다 ─── 233
시떼 가 사건 ─── 238
우리 동네에는 우리말 메뉴판이 있다 ─── 240
은처럼 희게 금처럼 노랗게 ─── 244

일곱째 날 ; 봉주르, 톨레랑스! ─── 246

결핍 아닐까요? ─── 247
젠틀맨과 스트롱맨 ─── 253
백화점에서 생긴 일 ─── 260
나를 믿는다는 것 ─── 268
오직 사랑이었다 ─── 271

여덟째 날 ; 순간의 발견 —————————— 273
    이토록 극적인 순간 ————————— 274
    이토록 눈부신 순간 ————————— 285
    이토록 기막힌 순간 ————————— 299
    보석 캐는 사람들 —————————— 304

아홉째 날 ; 인생의 맛! 새옹지마 ——————— 305
    몽마르트르보다 와인 ————————— 306
    코끼리여! 응답하라 진심으로 ——————— 313
    1유로의 행복 ———————————— 318
    꼬마 숙녀와 멍멍이 ————————— 325
    오히려 다행이다 —————————— 330

열째 날 ; 굿바이! 씨 유 어게인! ——————— 332
    무던하게 모던하게 ————————— 333
    안녕, 에펠 ————————————— 338
    내리실 문은 없습니다 ———————— 342
    이별할 수 있어서 감사 ———————— 353
    당분간만 굿바이 —————————— 358

에필로그 ; 낯선 여행, 떠날 자유 ——————— 362

머리말

책을 쓰는 동안, 나는 카나리아가 되고 싶었다.

그 옛날 광부들은 광산에 카나리아를 데리고 들어갔다. 카나리아는 일산화탄소, 메탄 등에 매우 민감하게 반응했기 때문이다. 그래서 광부들은 이 새가 아름답게 노래하는 한 안전하게 일했고, 새가 죽어 버리는 순간 광산에서 탈출할 수 있었다. 카나리아가 광부들의 안전을 담보해 준 셈이었다.

'독성 물질에 취약한 카나리아도 버젓이 살아 있는데, 내가 걱정할 게 뭐람!'하고 생각하며, 광부들은 카나리아를 정성껏 돌보았다. 어두컴컴하고 위험하기 짝이 없는 광산에서 새와 사람이 사이좋게 공생했다.

걷지 못하고, 보지 못하고, 영어도 못하고, 돈도 많지 않고, 여행 정보도 부족한 우리 부부. 우리가 유럽을 종횡무진 누빈다면 모두가 안심하고 유럽을 여행할 수 있지 않을까?, 이런 우리가 삶을 재밌게 꾸려간다면 모두가 인생을 긍정하며 살아가지 않을까? 우리는 이런 마음으로 책을 썼다.

이 책은 여행을 망설이고, 삶을 고민하는 모든 분들께 바치는 헌사이다. 언제나 우리를 믿고 응원해 주신 양가 부모님과 윤희재 선생님께 고개 숙여 감사드린다. 아울러 귀한 추천사를 써 주신 김연수 작가님과, 못난 글을 멋진 책으로 펴내 주신 꿈의지도 관계자님들께도 진심으로 감사드린다.

무엇보다 이 책을 손에 들고 계신 당신께 더할 나위 없이 고맙다.

당신이 책장을 넘기는 동안, 나는 카나리아가 될 수 있을까? 부디 그럴 수 있기를 바란다.

#프롤로그 ; 여행에 앞서

본격적인 여행 이야기에 앞서, 우리(나, 아내)를 간단히 소개하려 한다. 위 사진은 우리가 영국을 여행하던 중에 찍은 사진이다.

Q : 이 책의 저자인 '나'를 위 사진에서 찾는다면?
힌트 : '나'는 남자다.
Q : '나'의 아내를 위 사진에서 찾는다면?
힌트 : 그녀의 얼굴은 황금색이 아니다.

우리는 누구?

나 : 제삼열
1985년 경기도 고양시 출생
2008년 대구대학교 졸업
2014년 ~ 현재까지 중학교 국어교사로 근무 중
2016년 26회 대한민국장애인문학상 대상 수상
특이 사항 - 선천성 녹내장으로 인한 1급 시각장애인으로서 오른쪽 눈은 빛조차 볼 수 없고 왼쪽 눈은 사물의 윤곽만을 식별

아내(공동 저자) : 윤현희
1982년 경북 포항 출생
2006년 대구대학교 졸업
2009년 동 대학원 졸업
2011년 ~ 현재까지 (주)애드크림 근무 중
2015년 ~ 2017년 충무아트센터 미술전시회에 작가로 참가
특이 사항 - 1급 지체장애인으로서 전동 휠체어를 사용함

    이제 우리가 유럽 여행을 결심한 계기, 여행 일정을 짠 과정, 준비물 등에 대해 말하려 한다. 우리들의 여행을 바라보는 나(남편)의 시선과 아내의 시선, 그리고 독자들의 시선이 아름답게 얽혀들기를 바란다.

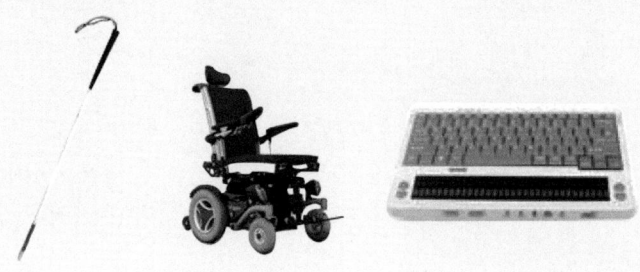

위 사물들의 이름을 아는가?

빙고! 흰지팡이(케인)와 전동 휠체어다. 그리고 다소 생소한 모습의 세 번째 물건은 '한소네'라는 이름을 가진 시각장애인용 컴퓨터다(점자 및 음성 지원이 되는 시각장애인용 컴퓨터를 이용해서 나는 이 글을 쓰고 있다). 위 사물들은 이 글을 쓰는 우리 부부에게 있어 결코 필수품이 아니다. 감히 말하건대 이것들은 우리 몸의 한 부분이다. 케인은 손에 붙어 있는 눈이고, 휠체어는 다리이며, 한소네는 귀와 입인 셈이다. 대개의 경우, 라면 옆에는 김치가 있고 '반드시'라고 해도 좋을 만큼 관우 곁에는 청룡언월도가 자리하고 있으며 하늘이 두 쪽 나도 자유의 여신상이 횃불과 책을 손에서 놓지 않는 것처럼, 우리는 어디에서 무얼 하든 위 사물들과 함께이다. 떼려야 뗄 수 없는 참으로 질긴 인연이다. 그러나 농담으로라도 천생연분이라고는 못하겠다.

우리 부부(정확히게는 1급 시각장애인과 1급 지체장애인 부부)가 단둘이서 유럽으로 여행을 떠나기로 결심하고 실행에 옮기는 데에는 적지 않은 시행착오와 아픔 그리고 용기가 필요했다. 시각장애인이 전적으로 케인에만 의지해서 혹은 지체장애인이 오로지 휠체어만을 이용해서 집 밖을 나선다는 것, 더 나아가 지하철, 버스, 기차, 선박, 비행기 따위의 운송 수단을 이용한다는 건 정말이지 많은 인내와 불편, 위험을 자초하는 일이었다. 그럼에도 불구하고 우리는 활활 타오르는 불에 이끌리는 부나방처럼 그렇게 먼 여정에 뛰어들었다.

왜 우리는 기꺼이 부나방이 되기로 했을까? 우리는 바다를 연모했고 틈나는 대로 여러 바다를 찾았다. 울산, 묵호, 포항, 통영, 부산, 목포, 여수, 제주…. 휠체어를 타고 접근할 수 있는 모든 바다에 들렀다고 해도 과언이 아닐 것이다. 하지만 제아무리 좋은 영화도 무한정 반복해서 감상할 수는 없지 않은가? 우리도 같은 여행지를 몇 번이고 재방문할 수는 없는 노릇이었다(휠체어로 비교적 편안하게 관광할 수 있는 국내 여행지는 당신이 생각하는 것보다 매우 적다). 어느 순간 여행이 조금씩 식상해졌다. 슬픈 일이 아닐 수 없었다.

신대륙을 찾아 나선 콜럼버스처럼, 우리도 새로운 여행지를 개척해야만 했다. 뭍을 향해 밀려들었다 숙명적으로 다시금 밀려나가는 파도를, 물미역과 물고기가 풍겨 내는 비린내를 쫓아 찾은 바다들. 그 모든 바다 앞에서 우리는 바다 너머의 세계를 동경했고 꿈꾸었다. 잠자던 유목민의 피가 몸 이곳저곳을 일깨우며 도는 걸 느꼈다. 가능한 한 먼 곳을 향하는 마음은 차라리 나침반이었다. 나침반의 바늘 끝은 영국과 프랑스를 가리켰다. 철없던 유년기와 혼란스럽던 10대, 어둡던 20대에 좋은 친구가 돼 주었던 찰스 디킨스와 스크루지 영감, 코난 도일과 셜록 홈스, 조앤 K. 롤링과 해리포터, 생텍쥐페리와 어린왕자, 베르나르 베르베르와 개미, 밀레와 이삭 줍는 사람들, 모네와 해돋이…. 어떤 의미에서 영국과 프랑스는 우리 영혼의 성지였다(나는 문학에, 아내는 미술에 매료된 삶을 살고 있다). 우리는 성지 순례하듯 유럽의 뒷골목을 거닐고 싶었고, 시대를 초월한 그림 앞에서 거장들의 숨결을 느끼고 싶었다. 런던이 신사와 안개의 도시로 불리는 이유, 파리가 빛과 낭만의 도시로 일컬어지는 이유를 두 눈이 아닌 온몸으로 목도하고 싶었고 그 도시들을 두 발이 아닌 온몸으로 누비고 싶었다.

물론 둘만의 해외여행을 결심하기까지 많은 고민이 있었다. 대략 다음과 같은 것들을 놓고 골머리를 썩였다.

첫째, 1급 장애인끼리 해외여행을 떠나도 괜찮을까? 수동 휠체어를 탄 장애인의 해외여행, 혹은 전동 휠체어를 탄 장애인과 그를 돕는 비장애인 간의 해외여행은 간혹 있었지만, 1급 장애인끼리 떠난 해외여행은 내가 아는 한 전무했다.

둘째, 두 사람 모두 영어를 무서울 정도로 못한다. 영어에 약한 우리 스스로가 무섭고, 영어를 쓰는 외국인이 무섭고, 그냥 영어와 관련된 모든 게 무섭다.

셋째, 인터넷, 여행 관련 책, 각종 여행사와의 상담, 그 어디에서도 장애인에게 유용한 여행 정보를 구할 수 없었다. 예를 들어, 전동 휠체어를 탄 장애인이 런던 또는 파리에서 어떻게 버스에 탑승할 수 있는지, 200킬로그램에 육박하는 휠체어를 실을 수 있는 택시는 무엇이며 어떻게 호출할 수 있는지, 런던 아이에 휠체어를 타고 들어갈 수 있는지, 베르사유 궁전에 엘리베이터가 있는지, 호텔 룸이나 욕실에 단차가 있지는 않은지 등. 요컨대 장애인 여행에 관한 정보가 절대적으로 부족했다.

넷째, 눈 뜬 채 코 베인다는 먼 이국땅에서 안전상의 문제가 생길까 봐 두려웠다. 그렇지 않아도 장애인은 신체적으로나 물리적으로 약한데, 말도 통하지 않는 외국에 단둘이 간다는 게 두려웠다. 특히 파리의 치안 상태가 엉망이라는 경험담이 인터넷에 많았다.

다섯째, 우리 여행에 응원을 보내주신 분들도 있었지만 당연하게도 심각한 표정으로 만류한 분들이 더 많았다. 위험하다, 불편하다, 불가능하다로 요약되는 메시지들 속에서 마음을 지키기란 쉽지 않았다. 일반적인 대형 여행사뿐 아니라, 소위 장애인 전문 여행사의 직원들도 한 목소리로 만류했다. 솔직히 말하면, 우리가 처음부터 둘만의 자유 여행을 계획했던 건 아니었다. 우리도 가능하면 남들(비장애인)처럼 여행사의 다양한 패키지여행 상품을 이용하고 싶었다. 하지만 그러한 여행 상품은 애초에 장애인이 구매하여 이용할 수 없는 구조였다. 장애인이란 이유만으로 여행 상품 구매 자체를 거절당했다. 그리고 소위 장애인 여행사의 패키지여행 상품은 매우 한정된 곳(동남아시아의 일부 국가 등)을, 정해진 인원이 충당되는 대로 그때그때 떠나는 비정기적 상품이 많았으므로 상품성이 다소 떨어졌다. 요컨대 장애인은 여행사의 여행 상품에서 철저히 소외되고 있었다.

마지막으로 유럽에 가서 어떻게 이동하지? 우리나라에서도 지체장애인 혹은 시각장애인이 지하철이나 버스를 타기 위해서는 많은 경우 다른 사람(역무원, 버스 운전기사 등)의 도움을 받아야 한다. 그런데 언어도 안 통하는 이국땅에서, 게다가 전반적인 교통 시스템이 우리나라와 판이한 유럽에서 어떻게 대중교통을 이용할 수 있을 것인가?

이와 같은 고민과 걱정들로 머리가 복잡했지만, 직접 가서 부딪혀 보지 않고서는 해답을 구할 수 없다고 결론 내렸다.

유럽으로 떠나기로 결심했으니 이제는 여행 일자를 정할 차례였다. 디데이는 어렵지 않게 잡혔다. 7월 말이 좋을 듯했다. 그즈음이면 여름 방학 기간일 것이므로 중학교 교사인 내가 운신하기 좋을 때였고, 중견 광고 회사에서 일하는 아내 역시 휴가 시즌일 것이기 때문이었다. 모처럼 가는 해외여행, 아니 어쩌면 처음이자 마지막으로 떠나는 국외 여행일 수 있었으므로 여행 경비나 일정 등이 다소 버겁게 여겨지더라도 한 열흘 정도 여행하기로 했다. 이런 식으로 계획을 세우던 때는 1월경이었다.

디데이까지 약 6개월가량 남아 있었지만 심적으로나 시간적으로나 그리 여유롭지는 않았다. 생각보다 사람들은 부지런했다. 적어도 반 년 전부터 항공권과 호텔을 예약했고, 여행 일정을 시간 단위로 짰으며, 입장권과 레스토랑을 선점하기 위해 바삐 움직였다. 여행을 둘러싼 소리 없는 전쟁의 실체를 확인한 아내 또한 바빠졌다(결과적으로 그녀는 여행 전날까지 바빴다).

우리가 먼저 한 일은 여권을 만드는 일이었다. 나는 국외로 나가는 게 처음이었고, 아내는 대학생일 때 학교에서 단체로 일본에 간 적이 있었지만 현재는 여권이 만료된 상태다.

"눈을 크게 뜨세요. 안 그러면 여권 발급이 거절될 수 있어요."

사진사가 곤란해 하며 내게 말했고, 그걸 듣는 나는 진땀이 날 정도로 난감했다. 시각장애인의 여권 사진에서 눈의 모양이 문제가 될 거란 생각 자체를 나는 하지 못했다. 알고 보니 그 사진사는 하지 않아도 될 걱정을 한 셈이었다. 사진사 양반! 그대의 놀라운 상상력에 경의를!

우리가, 정확하게는 아내가 다음으로 한 일은 호텔을 예약하는 것이었다.

호텔 예약을 대행해 주는 사이트가 여럿 있었지만, 문제는 장애인이 접근 가능한 호텔 룸인지에 대한 정보가 부재하기 일쑤였다. 부연 설명하면, 외국의 호텔은 장애인을 배려한 '장애인 지원 객실'을 따로 마련해 두는데, 영어를 잘하지 못하는 우리로서는 호텔에 전화한다거나 메일을 보내는 등의 방법으로는 장애인 지원 객실을 예약할 수가 없었다. 결국 호텔 예약 대행업체를 이용해야 했는데, 대부분의 업체가 장애인 지원 객실에 대한 정보에 어두웠다.

별수 없이 우리와 예약 대행업체, 외국 호텔 간의 답답하고 지리한

핑퐁 게임이 2주 넘게 이어졌다. 우리가 장애인 지원 객실에 대한 문의를 예약 대행업체에 하면 업체는 외국 호텔에 메일을 보내 다시 문의를 하고, 업체가 호텔 측의 답변을 받아 우리에게 피드백해 주는 식이었다. 이 과정에서 질문의 요지와 답변의 요지가 분명치 못해 메시지가 여러 번 왜곡되곤 했다. 이렇게 해서 천신만고 끝에 호텔 예약이 일단락되긴 했는데, 뒷맛이 그리 개운하지는 못했다. 호텔 예약 대행업체 왈, "고객님, 대단히 죄송하지만 장애인 지원 객실인지 아닌지는 당일에 호텔 체크인하실 때 확인 가능하십니다."

체크인할 때 확인할 수 있다니 대체 어쩌란 말인가. 만약 휠체어로 접근 불가능한 방을 배정받는다면? 블랙코미디의 한 장면 같았다. 다른 선택지가 없었던 우리는 우리의 운을 믿어 보기로 했다.

다음으로 우리가 한 일은 항공권을 예약하는 일이었다. 저가 항공을 이용하면 비용을 훨씬 절약할 수 있었지만, 우리 같은 장애인에게는 그나마 선택권도 없었다. 전동 휠체어를 안전하게 수화물로 싣고(전동 휠체어에 탄 채 비행할 수 없다고 한다), 기내용 수동 휠체어로 바꿔 탄 후(시각장애인인 남편이 휠체어를 밀어 줄 수 없기 때문에 승무원이 휠체어를 밀어 주어야 한다), 비행기에 탑승하기 위해서는 아무래도 국적기를 이용하는 게 여러모로 이로웠다. 한편 수화물로 실을 수 있는 전동 휠체어의 크기 및 배터리의 유형이 엄격히 정해져 있었으므로 아내의 휠체어가 그 기준을 만족하는지 확인해 보아야 했다. 폭 122센티미터 이

내, 높이 84센티미터 이내, 건식 배터리. 이것이 모두 만족되어야 비행기에 휠체어를 실을 수 있다고 했다. 우리는 자를 이리저리 대어 가며 휠체어의 크기를 쟀고, 휠체어 회사에 전화하여 배터리의 유형을 물었다. 다행히 별 문제는 없었다. 문제는 의외의 곳에 있었다.

"뭐라고요? 남편과 떨어져 앉아야 한다고요?"

아내가 항공사 콜센터 직원에게 물었다.

"네, 고객님. 휠체어를 타는 지체장애인분들은 기내에서 이동하시기가 어려우므로 맨 앞줄에 앉게 해드릴 수 있지만 보호자분은 앞줄에 앉으실 수가 없습니다. 고객님의 자리 옆은 아기와 함께 타는 고객님들을 위한 좌석이라 고객님의 일행은 다른 줄에 앉으셔야 합니다."

장애인과 보호자 혹은 장애인과 일행을 함께 앉지 못하게 하는 것에 대해 억울한 마음이 있었지만 우리는 이해하려 했다. 아기들을 배려하는 것 또한 중요한 것이었으므로 그러했다. 하지만 막상 몇 달 후 비행기를 탔을 때, 아내 옆에는 아기나 아기 엄마가 아닌 중년의 여성분이 혼자 앉으셨다. 이걸 어떻게 받아들여야 할까. 다행히 그분이 자리를 선뜻 바꿔 주셔서 우리는 나란히 앉아 비행할 수 있었다.

다음으로 우리는(이번에도 이내는. 그러면 난 대체 뭘 한 거지?) 유로스타(영국에서 프랑스로 넘어갈 때 타는 기차) 탑승권을 예매했다. 참고로 유로스타 탑승권 가격은 출발 날짜에 가까워질수록 천정부지로 뛴다. 이 부분만큼은 다른 사람의 도움을 받을 수 없었으므로 아내 혼자 모든 걸 처리해야 했다. 영문으로 된 유로스타 홈페이지에 가입한 후, 장애인 지정석을 선택하고 기차에 타고 내릴 때 필요한 도움을 인터넷상에서 요청한 다음, 승차권을 프린트하는 일련의 행위는 그야말로 고군분투의 연속이었다. 비장애인의 경우 예매할 것 없이 현장에서 발권해도 되지만, 전동 휠체어가 통째로 들어갈 수 있는 장애인 지정석을 서둘러 예약해야 하는 우리로서는 여유가 없었다(휠체어석은 그 수가 매우 적다).

다음으로 우리는 주민센터에 방문하여 영문 장애인 증명서 발급신청을 했다. 이 서류가 있을 경우 에펠탑, 런던 아이, 베르사유 궁전 등의 입장권을 무료 혹은 할인된 가격으로 구매할 수 있다.

"폼은 출력해드릴 테니, 자세한 내용은 직접 기재하세요."

공무원이 사무적으로 말했다. 아니나 다를까. 인터넷에 이런 류의 경험담이 많았다. 공무원이 영문 장애인 증명서의 폼만 달랑 출력해 주었다는 경험담들이었다.

"공문서니까 여기에서 증명서를 완성해 주세요."

우리가 말했다. 실제로 장애인 증명서에는 장애 코드 번호니 뭐니 하는 주민센터에서만 확인 가능한 내용들을 기재해 넣어야 했다. 공무원 몇 명이 열심히 상의해 서류를 작성해 주었다.

다음으로 우리는 여행자 보험을 알아보았다. 대형 보험사 홈페이지에 접속해 간단히 가입하려고 했는데 역시나 순조롭지 못했다. 장애인의 경우 여행지에서 상해를 입거나 병에 걸려도 아무런 보장을 받을 수 없었다. 이러한 내용이 보험 약관에 버젓이 명시돼 있었다. 여행자 보험뿐 아니라 각종 보험에서 장애인이 차별받고 배제돼 온 건 하루 이틀 일이 아니었으므로 새로울 건 없었다. 우리는 우리의 몸을 지키기 위한 목적이 아닌 우리의 짐을 지키기 위한 목적으로 여행자 보험에 가입했다. 무늬뿐인 혹은 반쪽짜리 여행자 보험이었다. 보험 내용은 간단했다. 첫째, 여행지에서 다치거나 병에 걸려도 또는 귀국 후 여행 후유증으로 인해 몸에 이상이 생겨도 보험을 적용받지 못한다. 둘째, 여행 중에 짐 또는 휴대폰을 분실하거나 다른 사람의 재산에 손해를 끼쳤을 경우 보험 적용을 받는다. 이런 여행자 보험 따위 필요 없다고 할 사람도 있겠지만 그래도 없는 것보다는 낫겠다는 심정으로 가입했다.

낯선 여행, 떠날 자유_프롤로그

🔍 Wife Says

걸을 수 있는 남편은 의지만 있다면 하루에도 먼 거리를 이동하며 관광할 수 있다. 하지만 전동 휠체어를 타는 나는 하루에 움직일 수 있는 거리의 절대치가 정해져 있으므로 일정을 잘 짜야 했다. 전기의 힘으로 움직이는 전동 휠체어는 한 번 충전하면 약 12킬로미터를 이동할 수 있다. 만일 적절한 타이밍에 충전을 해 주지 않으면 배터리가 완전히 방전돼 버리고 200킬로그램짜리 휠체어가 멈춰 서게 된다. 다시는 충전할 수 없게 된다.

우선, 유럽은 모든 버스가 저상이라고 했다(휠체어나 유모차 따위가 쉽게 오르내릴 수 있도록 설계된 낮은 버스). 그래서 버스를 많이 이용하기로 하고 관광지를 살펴보았다. 그런데 아무리 블로그를 뒤져도 이게 어느 정도의 거리인지, 하루에 다 볼 수 있긴 한 건지 감이 잡히지 않았다. 그리하여 최종적으로 내가 찾아낸 방법은 '씨티맵퍼'라는 앱을 활용하는 것이었다.

지역을 런던이나 파리로 정하고, 출발지와 도착지를 입력하면 대략의 거리와 소요 시간, 그리고 버스 노선 등이 검색되는 앱이었다. 한글로도 검색이 가능하기 때문에 실제 여행을 가서도 많이 이용했다. 가보고 싶은 여행지들을 선별하고, 지도와 앱을 이용하여 인접한 곳들을 차근차근 묶어 나갔다. 하루, 이틀, 사흘, 나흘…. 여행 일정이 완성되어 갔다. 일정은 일부러 여유 있게 계획했다. 시간에 쫓겨 움직이기 싫었고, 현지에서 새로운 일정을 추가하는 것도 재미있을 듯했다.

다음으로 여행에 필요한 준비물들의 목록을 만들고 하나하나 구입했다. 가장 중요하게 생각한 부분은 보안이었다. 블로그에는 유럽에 대한 많은 경험담, 괴담, 루머들이 있었다. 예를 들면 이런 것들이었다. '유럽에는(특히 파리) 소매치기나 집시가 많은데, 이들은 손이 번개처럼 빨라서 휴대폰을 너무도 쉽게 훔쳐간다. 쥐도 새도 모르게 가방을 열어 돈을 빼간다. 착한 눈빛으로 서명을 요구해서 종이에 이름을 적으면 돈을 달라고 한다.'라는 식의 무서운 이야기들이었다. 그리고 경험담 뒤에는 어김없이 이런 류의 조언들이 적혀 있었다. 보안을 위한 물품들, 이를테면 자물쇠, 휴대폰 고리, 옷핀 등을 충분히 가져가라고.

우리는 수많은 경험담과 깨알 같은 조언들을 존중했다. 우선, 가방과 휴대폰을 하나로 연결해 주는 휴대폰 고리, 가방의 지퍼 부분을 찢거나 자를 수 없게 튼튼히 고정시켜 주는 자물쇠를 구입했다. 기차에서 캐리어나 가방을 들고 달아나지 못하게 할 체인 등도 신중에 신중을 기하여 구매하였다. 이 중 휴대폰과 가방을 연결해 주는 고리는 다이소에서만 구할 수 있다고 하여 휠체어가 접근할 수 있는 다이소 매장을 찾아 강변역 다이소까지 굳이 다녀왔다. 이 모든 장비가 구비될 때까지 나는 겁에 질려 있었다.

다음으로, 입이 짧은 나는 꿈속에서까지 음식 걱정을 했고, 결국 여행용 건조밥을 여덟 개나 싸 갔다. 비빔밥, 라면밥, 볶음밥 등 최대한 골고루 챙겼다. 건조밥은 분말 형태의 밥으로서 부피가 상당히 작고 가벼웠으며 무엇보다 맛이 괜찮았다.

이외에 준비한 것들로는 기내용 발 쿠션(입으로 공기를 불어 넣으면 부풀어 오르는 튜브 형태의 쿠션. 유럽까지는 비행기로 열두 시간 정도 걸리므로 다리가 부을까 봐 걱정되었다), 기내용 칫솔껌(칫솔 모양의 껌이다. 식사 후 입에 넣고 씹다가 뱉어 내면 양치한 듯한 효과를 볼 수 있다), 휴대용 선풍기(파리의 낮 기온이 덥다고 해서), 목베개, 접이식 슬리퍼, 온갖 상비약 등이 있다.

다이소, 다수의 인터넷 쇼핑몰, 약국, 백화점, 마트 등 여러 경로를 통해 준비물들을 구했다. 평일은 남편도 나도 근무해야 했으므로 실제로 움직일 수 있는 시간은 평일에 한두 시간과 주말뿐이었다.

이들 모두를 현지에서 사용하지는 않았다. 가지고 간 것 중 유용한 것보다는 불필요한 게 더 많았다. 하지만 다소 넘치게 준비해 간 것을 후회하지는 않는다. 나는 소중하니까. 나와 남편을 위하는 마음으로 가능한 한 많은 걸 준비하려 애썼다. 나의 작은 방심으로 우리가 불편해지는 일이 없기를 바라면서….

어느새 6개월이란 시간이 흘렀다. 창밖 풍경이 빠르게 변했다. 흰 눈이 그쳤고 벚꽃이 떨어졌으며 매미가 울었다. 겨울에 시작한 여행 계획이 봄, 여름까지 쉴 새 없이 이어졌다.

대망의 7월이 되었다. 남편은 여름 방학 중에 국외로 나가는 것이었으므로 학교장에게 이를 알렸다. 교사는 방학 기간 중에 학교가 아닌 도서관이나 집 등 제3의 장소에서 근무할 수 있지만, 해외로 나갈 경우 반드시 학교장에게 알려야 한다. 무단으로 출국할 경우 근무지를 이탈한 것이 되어 징계를 받는다.

이제는 내가 회사에 말할 차례였다. 그런데, 내가 여름휴가를 2주나 다녀올 수 있을까? 내 자리가 없어지는 건 아닐까? 회사 대표님도 휴가를 그렇게 오래 가시진 않던데, 하는 생각이 머리를 스쳐갔다. 말을 꺼내기가 참 민망했다. 결국 휴가 전까지 약 3주 정도를 야근함으로써 휴가 동안의 일을 벌충하기로 했다. 비교적 쿨하게 휴가를 승인해 준 회사에 감사한다. 계속 번창하시길!

이외에 우리가 한 일, 예컨대 양가 부모님께 걱정하지 마시라 안심시켜 드린 것, 유럽에 가져가기 위해 한약 열 팩을 꼼꼼히 포장한 것(한약 팩은 작은 충격에도 쉽게 터지므로 포장을 잘 해서 가져가야 한다고 한의사가 신신당부했다), 한약과 안약을 기내로 반입하기 위한 영문 처방전을 발급받은 것, 출발 전날 몸보신하는 격으로 장어를 먹은 것, 안마를 받은 것(나는 하루 종일 휠체어 위에 앉아 있으므로 근육이 잘 뭉친다)까지 일일이 열거하자면 정말 끝도 없다.

드디어 7월 어느 밤, 여행 전야가 깊어갔다.

첫
째
날 ;

응답하라 진심으로

우리는 샴쌍둥이처럼

"오전 4시 20분입니다."

액정을 터치하자, 스마트폰에서 음성이 흘러나왔다. 40분 후면 알람이 울릴 것이었다. 아내가 고른 숨소리를 내며 곤하게 자고 있었다. 나는 조용히 침대를 빠져 나왔다. 아내는 잠귀가 밝았다. 조심하지 않으면 잠자는 사자의 코털을 건드릴 수 있었다. 싱크대를 손으로 훑었다. 컵이 만져졌다. 찬장에서 티스푼과 믹스 커피 한 봉지를 꺼냈다. 최대한 소리 나지 않게 커피를 뜯은 후 컵에 부었다. '누가 보면 도둑인 줄 알겠네.' 쓰게 웃으며, 컵을 정수기에 가져다 댔다. 뜨거운 물을 3초 동안 받았다. 이 정도 양이 딱 적당했다. 창문을 열었다. 후텁지근한 공기가 얼굴을 확 덮어 왔다. 팔을 창밖으로 한껏 내뻗었다. 하나, 둘, 셋, 넷, 느리게 숫자를 셌다.

"다행이다. 비가 안 와!"

살갗에 와 닿는 빗방울이 없었다.

"다행은 무슨…. 에어컨 틀고 창문 열지 말랬지?"

오, 마이 갓! 사자가 깨 버렸다.

"많이 시끄러웠어?"

"줄곧 깨 있었어."

괜히 살금살금 다녔네. 믹스 커피를 버리고, 커피머신을 작동시켰다. 원두가 경쾌하게 갈렸다. 거실과 방에 불을 켰다. 그리고 아내를 안아서 휠체어에 앉혔다. 아내가 효자손을 치켜들었다. 그리고는 서서히 다가왔다.

"왜, 왜 그래?"

떨리는 목소리로 내가 물었다. '아! 잠자는 사자의 코털을 건드리는 게 아니었어.' 그녀는 효자손으로 바닥에 떨어진 커피 봉지를 주워 올렸다. 이런 식으로 아내는 효자손을 자유자재로 다루곤 했다. 불편한 손발을 대신해 주는 진짜 '효자' 같은 효자손이었다.

전날 밤에 다 싸 놓은 짐이지만, 혹시 빠진 게 없는지 다시 한 번 점검했다. 그러는 동안 아침 해가 높이 솟았다.

캐리어는 내가 끌었고 백팩은 휠체어에 걸었다. 디지털 카메라와 작은 가방은 아내의 몫이었다. 나는 캐리어를 끌지 않는 손으로 휠체어를 잡고 걸었으므로, 우리는 하나로 연결된 유기체와 같았다. 한동안 떠나 있을 집을 마지막으로 살펴본 후 밖으로 나갔다.

전날 예약해 놓은 대로 여덟 시 정각에 택시(전동 휠체어를 실을 수 있는 큰 차. 서울시에서 운영한다)가 아파트 주차장으로 들어왔다.

"여행 가시나 봐요?"

기사님이 물었다.

"네. 영국에 가요."

차창으로 아침 햇살이 쏟아져 들어왔다.

부끄럽게도 나는 택시에 타자마자 눈물을 찔끔 흘렸다. 여행길에 올랐다는 감격 때문은 아니고, 안약을 넣었기 때문이다. 아닌 게 아니라, 나는 열두 시간마다 두 개의 안약을 넣어야 하고 스물네 시간마다 세 번째 안약을 다시 넣어야 한다. 매일매일 시간에 맞춰 약을 넣지 않으면 안압이 급속도로 오른다. 그래서 나는 어디를 가더라도 안약을 챙긴다. 남자는 죽을 때까지 세 번만 울어야 한다고 했는데, 나는 안약 때문에 하루에도 다섯 번을 운다.

평일 아침 시간답게 도로는 출근하는 차들로 꽤나 혼잡했다. 가다 서다를 반복하는 택시 안에서 평소라면 조급증을 느꼈을 나지만 그날은 이상하게 마음이 편안했다. 급할 것 없잖아! 곧 비행기 안에서 열두 시간을 갇혀 있을 건데 뭘, 하는 생각 때문이었다. 도로를 매운 차들의 엔진음, 라디오에서 흘러나오는 음악 소리, 아내가 스마트폰 액정을 터치해 대는 소리(친구들에게 작별 인사라도 하는 모양이었다)를 들으며 나는 잠시 졸기도 했다.

그러다가 문득, 현관문을 잠갔나? 선풍기는 껐을까? 컴퓨터는 껐고? 컴퓨터를 켜긴 했던가? 하는 두서없는 의심들, 밑도 끝도 없는 불안들이 몰려들어 소스라쳤다. 그래서 아내에게 물었다,

"문 잠갔지?"

"문? 안 잠샀어?"

"선풍기 껐지?"

"끄지 않았을까?"

"아니면 어쩌지?"

"집이 홀라당 불타면 어떡하지? 우리 난민되는 거 아니야?"

아내가 농담 반 진담 반으로 대꾸했다.

"난민으로 살기에 영국이 좋을까, 프랑스가 좋을까?"

내가 말했다. 아내가 뭐라고 대꾸했는지는 자세히 기억나지 않는다. 한두 마디의 신소리를 더 했던 듯싶다.

그러는 동안 거짓말처럼 마음이 진정됐다. 열로 열을 몰아내는 것처럼, 산불이 나면 맞불을 놓는 것처럼, 불안한 마음을 달래 주는 건 차가운 사실 따위가 아닐지도 모르겠다.

서로에게 마음을 기댄 채, 우리는 샴쌍둥이처럼 여행길에 올랐다.

휠체어를 타고 시간을 건너다

인천 공항은 광대했다. 천장이 매우 높고 사방의 면적이 상당히 넓으며 이곳저곳에 사람들이 모여 있다는 것을 나는 소리로 알았다. 공항 내의 방송 소리, 사람들의 말소리, 발소리들이 허공에서 부딪히고 흩어지기를 반복했다.

"어디가 어딘지 하나도 모르겠어."

아내가 죽는소리를 했다.

"괜찮아. 처음인데 모르는 게 당연하지."

내가 짐짓 인자하게 말했다.

"모르는 소리 하지 마. 공항 구조에 대해 열심히 공부했는데, 막상 여기 오니까 하나도 모르겠어. 너무 속상해."

공항 이모저모를 인터넷에서 살펴봤던 모양이었다. 꼼꼼한 아내다 웠다. 길 찾기에 관한 한 아무 보탬도 되지 못하는 내가 미웠다.

"일단 올라가 보자. 인터넷에 그렇게 쓰여 있던 것 같아."

우리는 엘리베이터를 타고 한 층을 올라갔다. 항공권을 발권하고 장애인 편의 제공을 신청하기 위해서였다. 그런데 그게 생각만큼 쉽지 않았다. 몇 개의 창구를 중심으로 수많은 사람이 복잡하게 얽혀 있었다. 분명히 줄을 선 것 같긴 한데 줄의 머리와 꼬리를 구분할 수 없을 정도로 줄들이 구불구불했다. 우리처럼 줄을 찾지 못하고 우왕좌왕하는 사람이 많았다. 우리는 가까스로 공항 직원의 도움을 받아 창구 앞으로 갔다. 장애인 및 노약자 전용 창구라고 했지만 여느 창구와 구분되는 그 어떤 표식도 찾을 수 없었다.

항공권을 발권한 후 캐리어를 수화물로 부쳤다(항공사마다 차이가 있지만, 대략 25킬로그램까지 부칠 수 있다). 거추장스러운 혹을 떼어 낸 듯 가벼웠다. 그리고 장애인 편의 제공을 신청했다. 전동 휠체어를 수화물로 싣고 기내용 수동 휠체어를 이용해 비행기 안으로 들어가기 위해서는 반드시 편의 제공을 신청해야 한다(시각장애인이 공항 혹은 항공기 내에서 안내받기 위해서도). 또 '패스트 트랙' 서비스를 신청하면 장애인 혹은 노약자가 길게 줄을 서지 않고 수월하게 비행기에 탑승할 수 있다.

우리는 휠체어의 크기 및 배터리 유형 등을 직원에게 확인시켜 주었다(휠체어를 수화물로 부칠 때, 건식 배터리는 굳이 분리할 필요가 없다. 하지만 폭발할 가능성이 있는 습식 배터리는 휠체어에서 분리해야 한다. 아내의 휠체어에는 건식 배터리가 장착돼 있었다). 그리고 약 두 시간 후 다시 창구로 와서 안내받기로 직원과 약속했다. 오후 1시 비행기였으므로 벌써부터 수동 휠체어로 갈아탈 필요는 없었다. 전동 휠체어에 수화물 라벨이 붙는 순간, 장애인은 자유의지로 움직일 수 없게 된다. 수동 휠체어에 옮겨 앉지 않고선 화장실도 가지 못한다. 그야말로 수화물이 되는 것이다. "저는 사람이지 짐짝이 아니에요."라고 말해봤자 소용없다. 그래서 최대한 늦게 라벨을 붙이기로 했다. '옥수수가 아닌데 자꾸만 옥수수 취급을 받는 나, 정신을 차리고 보니 진짜 옥수수가 되어 버린 나', 삭가 김영하의 웃픈 소설 《옥수수와 나》를 생각했다.

옥수수를 너무 실감나게 떠올렸던 걸까? 불현듯 배가 몹시 고팠다.

우리는 엘리베이터를 타고 지하로 내려갔다. 공항 지하에는 식당들이 즐비했다. 한참 고민하다 결국 한식을 먹기로 했다. 찌개, 비빔밥, 불고기 뚝배기 등 열흘 넘게 작별해야 할 음식들 앞에서 괜히 섭섭하기까지 했다. 한편 음식값이 저렴한 식당이었으므로 셀프 서비스가 원칙이었지만, 다행히 종업원이 친절하게 음식을 가져다주어서 고마웠다.

식사를 마친 후 우리는 공항 내의 환전소로 향했다. 이미 앱을 활용해서 환전을 신청하고 결제까지 마친 상태였으므로 환전소에 들러 돈을 찾기만 하면 되었다. 영국에서 사용할 500파운드와 프랑스에서 쓸 500유로를 현금으로 가져가고, 나머지는 현지에서 카드로 긁을 계획이었다.

현금은 현지에서 팁을 준다든가, 길거리 음식을 사 먹는 등의 용도로 쓸 요량이었기 때문에 10파운드 혹은 10유로 이하의 작은 지폐가 필요했다(1파운드는 약 1500원, 1유로는 약 1300원). 그런데 환전소 직원이 별다른 상의도 없이 50~100파운드 및 50~100유로 지폐 위주로 돈을 챙겨 주는 게 아닌가.

"더 작은 지폐로 주시겠어요? 쇄글 늘어…."

"섞어서 드릴게요."

직원이 말허리를 잘랐다. 일체의 대화나 상의를

거부하는 모습이었다. 환전소에는 그와 우리밖에 없었다. 바쁠 것도 없는 상황이었건만 직원의 태도는 매우 불친절했다. 결국 우리는 그가 적당히 섞어서 내민 돈을 순순히 받아 나왔다. '바보같이! 한마디 할걸!' 하는 뒤늦은 후회가 들었다. 나를 변호해 줄 최후의 변호인은 나 자신뿐이란 걸 자주 망각한다. 우리 돈을 우리가 찾으러 간 건데, 마치 돈을 빌려 나온 기분이었다. 불친절한 직원이 마치 도스토예프스키의 소설 《죄와 벌》의 전당포 노파처럼 여겨졌다.

탑승 수속을 밟기 전 우리가 공항에서 마지막으로 한 일은, 그 중차대한 일은….

화장실에 들른 것이었다.

"나, 화장실…."

"가야지, 갈 거야, 가려고 했어. 가자, 가."

비행기 탑승 시간이 가까워질수록, 화장실을 향한 아내의 집착이 심해졌다. 말은 쌀쌀맞게 했지만 나 역시 그 마음을 이해할 수 있었다. 기내의 화장실은 매우 좁은 데다 그곳까지 가기 위해서는 첫째, 승무원을 호출한다. 둘째, 비행기 좌석에서 수동 휠체어로 이동한다. 셋째, 흔들리는 기내에서 수동 휠체어를 탄 채 화장실로 간다. 넷째, 비좁은 화장실 안으로 비집고 들어간다. 다섯째, 수많은 승객의 관찰 대상이 된다. 이런 과정을 거쳐야 하므로 화장실 이용 자체가 쉽지 않을 듯했다. 급할 경우 어떻게든 가야겠지만, 가능하면 화장실에 가는 횟수를 줄여야 했다. 그래서 우리는 탑승 직전에 해우소(화장실을 일컫는다. 근심을 푸는 곳이란 뜻)에 들렀다. 이름 덕일까? 몸과 맘이 조금 가벼워진 듯도 했다.

이윽고 탑승 대기실로 갔다. 패스트 트랙을 신청한 덕분에 쉽고 빠르게 움직일 수 있었다. 그런데….

"고객님, 전동 휠체어를 영국으로 가져가시는 거죠?"

"고객님, 배터리는 어떻게 분리하나요?"

"고객님!"

"고객님!"

그렇지 않아도 전투를 앞둔 군인처럼 심란한데 방해꾼이 너무 많았다.

전동 휠체어를 수화물로 실어야 한다고 몇 번이나 말했고, 절대 터지지 않는 건식 배터리니까 괜히 분리 같은 거 하지 말라고 누누이 말했는데도 소용없었다. 돌림노래 하듯 묻고 묻고 또 물어댔다. 이러다 무슨 문제 생기는 거 아니야? 괜스레 불안했다.

"고객님!"

"휠체어, 가져갈 거예요. 배터리 분리하지 마시고요."

"그게 아니라, 탑승하실 시간입니다."

"!"

우리는 비행기 게이트 앞에 도착했다. 일반 휠체어보다 크기가 작은 기내용 수동 휠체어가 준비돼 있었다. 아내가 수동 휠체어로 옮겨 탔다. 그리고 항공사 직원에게 전동 휠체어를 수화물로 실을 때 주의해야 할 점들을 알려 주었다.

국적기 직원들답게 모두 친절했다. 아내의 수동 휠체어를 기내까지 조심스레 밀어주었고, 나를 천천히 안내해 주었다. 아내는 맨 앞줄에, 나는 두 번째 줄에 앉았다. 다른 승객들은 아직 탑승 전이었다. 잠시였지만 거대한 항공기 안에 우리만 있는 것 같아서 기분이 묘했다. 기내는 살짝 추울 정도로 시원했고, 기계 돌아가는 소리로 웅웅거렸다. 얼마 지나지 않아 승객들이 하나둘 입장했다. 아내의 옆 좌석에 앉은 중년 여성분이 자리를 바꿔 준 덕에 우리는 함께 나란히 앉을 수 있었다. 고맙다는 인사를 제대로 하지 못한 게 두고두고 아쉽다.

지루할 수 있는 비행기 안에서 인상적인 승무원 한 명을 만났다. 그녀는 스스로를 신입 승무원이라고 소개한 후, 부족한 게 많겠지만 영국까지 편안히 모시겠다고 야무지게 다짐했다. 어찌 보면 비장했고 한편으로는 귀여웠다. 풋풋하고 열정적인 태도가 아름다웠다. 아내와 나는 환하게 웃으며 화답했다.

"그런데 고객님, 안전벨트는 어떻게 푸는지 아세요?"

신입 승무원이 내게 물었다. 나는 여봐란 듯이 벨트를 풀었다.

"와우! 맞아요. 어떻게 아셨어요?"

그녀가 손뼉을 치며 나를 칭찬했다. 칭찬은 고래도 춤추게 한다지만, 그녀의 격한 리액션에 나는 어쩐지 좀 겸연쩍었다. 그녀는 내 손을 들어 올린 후 비상구 및 화장실의 방향, 승무원 호출 버튼의 위치 등을 가르쳐 주었다. 이 세상의 모든 신입들이 서러하지는 않겠지만 그래도 신입 승무원, 신입 교사, 신입 경찰, 신입 회사원, 신입 정치인들이 더 많아지면 좋겠다고 생각했다.

이륙 전에 세팅을 맞춰야 했다. 우리는 백팩에서 발 쿠션, 목 베개, 접이식 슬리퍼, 안약, 이어폰 등을 꺼냈다. 부랴부랴 신발을 갈아 신은 후 발 쿠션을 부풀렸고, 목 베개를 목에 감았으며, 이어폰과 스마트폰을 연결했다. 장착을 마쳤을 때쯤.

"준비 많이 하셨네요. 멋지세요."

신입 승무원이 말을 걸었다. 뭐가 멋지냐고는 묻지 않았다.

이륙 순간 나는 나도 모르게 짧은 기도문을 외웠다. 나는 무신론자 같은 유신론자고 유신론자 같은 무신론자인데, 자연스럽게 기도가 입에서 흘러나왔다. 비행기가 안정적으로 궤도에 올랐다. 입속에 갇혀 있던 말들이 사방에서 터져 나왔다. 말들이 물고기처럼 파닥였다.

어느새 다가온 신입 승무원이 아내의 좌석에서 태블릿을 꺼내 주었나. 어차피 나는 화면을 볼 수 없기 때문에 사양했나. 대신 스마트폰을 켜고 이어폰을 귀에 꽂았다. 킬링 타임용으로 준비한 책들을 읽을 작정이었다. 영화, 다큐, 쇼 프로그램, 게임 등 다양한 콘텐츠가 태블릿에 가득하다며 아내가 환호했다. 아내는 작은 일에도 행복해 하고 잘 웃는 사람이었다. 쇼 프로그램을 많이 봐서 인생이 해피한가? 역시나 키득거리며 TV에 빠져드는 눈치였다. 나도 뭔가를 좀 봐야 할 텐데, 하며 스마트폰에 저장된 책들을 뒤져보았다(나는 스마트폰으로 전자책을 읽는다. 폰에 내장된 음성 프로그램이 책을 읽어 준다). 스릴러 소설, 호러 소설 등 죄다 살 떨리고 음울한 책들뿐이었다.

대체로 순조로운 항해였다. 이렇게 말하니깐 내가 기장 같잖아. 어쨌거나 진짜로 편안하고 별일 없는 열두 시간의 비행이었다. 밥 잘 먹고, 간식 잘 먹고, 음료 잘 마시고, 다시 밥 잘 먹고, 간식 잘 먹고, 음료 잘 마시고 그랬다. 중간에 화장실 한 번 간 걸 제외하면 생각만큼 힘들지 않았다.

> **Wife Says**

생각만큼 힘들지 않았다고? 그렇지 않다.

나는 화장실 가는 횟수를 한 번이라도 줄이기 위해 최선을 다했다. 물은 밥 먹을 때 이외에는 입에 대지도 않았다. 반면에 옆에 앉은 양반은 승무원이 권하는 대로 주스, 커피, 맥주 따위를 족족 마셔댔다. 불굴의 의지로 나는 열두 시간 동안 화장실을 한 번만 들렀다. 지금 생각해도 스스로가 참 대견하다.

화장실은 매우 협소하여 기내용 수동 휠체어가 들어갈 수 없었다. 결국 남편이 나를 안고 화장실로 들어갔고, 세 명의 승무원들이 남편을 도왔다. 이 거창한 행렬은 한 번이면 충분했다. 피부가 따끔거릴 만큼 뭇 시선들이 우리에게 꽂혔다. 몸은 피곤했고 마음은 민망했다.

시간이 재깍재깍 흘러갔다.

그러다 꼭 한 번, 우리가 1만5000킬로미터를 날아왔다는 걸 실감한 순간이 있었다. 언제부턴가 기내로 쨍한 햇볕이 들어오고 있었다. 투명하고 밝은 햇볕이었다. 냇물에 씻어 낸 듯 빛이 맑았다. 자외선이 강한 유럽 특유의 햇볕이었다.

낯선 여행, 떠날 자유_1 Day

우리는 영국을 날고 있었다. 여덟 시간의 시차를 건너온 셈이었다. 감회가 새로웠다.

"휠체어를 타고, 시간을 건너온 기분이 어때?" 내가 물었다.

"시간을 벌어들인 느낌이야." 아내가 말했다.

착륙 후 우리는 맨 마지막에 비행기에서 내렸다. 수동 휠체어에서 전동 휠체어로 옮겨 앉는 아내를 보며 신입 승무원이 내게 귓속말했다.

"아내분이 정말 똑 부러지는 것 같아요. 저는 좀 어리바리한 편이거든요. 혹시 제가 실수했다면, 넓은 마음으로 이해해 달라고 꼭 좀 전해 주세요."

이국적인 여행지도 좋고, 맛있는 음식도 좋지만, 오랫동안 사람에게 기억되는 것, 그리하여 추억이 되고 그리움이 되는 건 결국 사람 같다.

품격에 대하여

히드로 공항을 떠올리면 옅은 표백제 냄새가 코에 스민다. 공항에 첫발을 내디뎠을 때 소리나 감촉에 앞서, 나는 공기 중에 떠다니는 표백제 냄새를 먼저 맡았다.

우리는 영국인 공항 직원의 안내를 받으며 입국 심사장으로 들어갔다. 사람들이 길게 줄 서 있었다. 다행히 우리는 맨 앞줄에서 순서를 기다릴 수 있었나. 심사관의 물음에 제대로 답하지 못할까 봐 긴장됐다. 영국에 왜 왔습니까? 어디에서 묵을 겁니까? 어디를 여행할 거죠? 언제 출국할 계획입니까? 직업이 뭔가요? 한국어로 묻는다면 답하지 못할 이유가 없겠지만 영어로 말을 주고받아야 한다고 생각하니 미칠 노릇이었다. 구술 면접시험을 앞둔 수험생이 된 것 같았다. 우리는 심사관에게 여권, 호텔 바우처, 프랑스로 가는 유로스타 티켓 등을 한꺼번에 주었다. 심사관이 서류들을 찬찬히 넘겨보았다.

"여행 오셨나요?"

"네."

"고맙습니다. 즐거운 여행되시기 바랍니다."

심사관이 여권에 도장을 쾅 찍었다. 이게 다야? 이렇게 쉬운 일이었어? 조금은 허탈했다. 일어날 리 없는 온갖 일들과 좋지 못한 상상들로 나는 스스로를 들들 볶았던가 보았다.

정신을 차리고 보니, 우리를 안내하던 공항 직원이 보이지 않았다. 할 일을 다했다고 생각한 건지 우리를 버리고 어디론가 가 버린 모양이었다. 하는 수 없이 우리끼리 캐리어를 찾아야 했다. 수화물 센터를 찾기 위해 우리는 공항을 빙글빙글 돌았고, 그러는 동안 캐리어도 컨베이어벨트 위를 뱅글뱅글 돌았다.

"하나, 둘, 셋! 지금이야!"

낯선 여행, 떠날 자유_1 Day

아내의 신호에 맞춰 나는 손을 쭉 뻗었다. 딱딱한 게 손끝에 닿았다. 우리 캐리어가 틀림없었다. 컨베이어벨트 위에서 캐리어를 재빨리 들어 올렸다. 쿵 하고 바닥에 내려놓고 보니 캐리어 바퀴가 만져졌다. 거꾸로 내려놓은 모양이었다.

다음으로 우리는 공항과 연결된 지하철 역사로 향했다. 지하철을 타기 위해서는 아니었고, 영국의 교통카드인 오이스터 카드를 발급받기 위해서였다(카드 발급기가 지하철역에 있다). 영국에서 버스 혹은 지하철을 타려면 이 카드가 필요했다.

신용카드나 체크카드를 기계에 넣고, 충전할 금액을 선택하면 오이스터 카드가 발급되는 방식이었다(보증금은 5파운드다). 그런데 이게 생각만큼 간단하지 않았다. 일단 당연하게도 화면에 뜨는 글자가 모두 영어였고, 그나마도 화면의 위치가 높아서 휠체어에 앉은 아내에게 잘 보이지 않았다. 내가 화면을 볼 수 있다면, 그래서 아내에게 도움이 될 수 있다면 좋으련만, 아무 소용없는 바람이었다. 그렇게 한동안 곤란해 하고 있는데 누군가 우리에게 말을 걸어 왔다.

"도와드릴까요?"

갑자기 들려온 유창한 영어에 잠시 당황했지만, 정말이지 도움이 필요한 순간이었으므로 그마저도 반가웠다.

젊은 여성분이었고, 역사 직원들이 입는 유니폼을 착용하고 있었다. 그녀는 우리에게 보디랭귀지를 섞어 가며 천천히 말했다.

그녀는 우리가 내민 카드가 기계에서 잘 읽히지 않아도, 몇 번이고 카드를 바꿔 가며 재시도해 주었다. 당황하는 우리에게 여유를 가지라고 부드럽게 말하기까지 했다. 그녀 덕분에 우리는 오이스터 카드 두 장을 무사히 발급받을 수 있었다.

"어디까지 가세요?"

그녀가 물었다.

"런던 아이요. 호텔이 그 근처에 있어요."

우리가 답했다.

"거기까지 어떻게 가세요?"

"택시 타려고요."

영국의 택시, 일명 블랙캡은 전동 휠체어를 탄 장애인도 이용할 수 있다고 했다. 인터넷에 이런 정보가 있었다. 경험담이 아니었고 사진도 없었으므로 우리는 반신반의했다.

"거기까진 100파운드(약 15만 원)도 넘게 나와요. 지하철을 타는 게 훨씬 좋아요."

그녀는 지하철 노선도를 보여주며 런던 아이(웨스트민스터 역)까지 가는 방법을 상세히 알려 주었다. 그리고 장애인 편의 시설이 잘 돼 있는 역과 그렇지 못한 역을 구분해 주었다(노선도에 장애인 표시가 돼 있는 역은 편의 시설이 잘 돼 있다고 했다). 시설물이 체계적으로 관리되고 있었다.

"보이프렌드?"

우리를 승강장으로 안내하며 그녀가 아내에게 물었다.

"남편이에요."

아내가 대답했다.

멋지다, 축하한다, 잘 어울린다…. 그녀가 호들갑스럽게 반응했다. 장애인 부부를 바라보는 시선이 우리나라와 판이했다. '결혼? 몸도 불편한 사람들끼리?' 걱정부터 하고 보는 우리나라와 달랐다. 그녀의 요란한 축하가 싫지 않았다.

우리는 그녀의 배웅을 받으며 지하철에 올라탔다. 그녀는 지인을 환송하듯 오랫동안 손을 흔들었다. 계획에 없던 일, 예상치 못한 일을 하고 있다는 생각에 가슴이 벅찼다.

일면식도 없는 외국인, 그것도 장애인을 향한 그녀의 친절이 어디에서 비롯된 걸까 무척이나 궁금했다. 나는 타인에게 저렇게 친절하지 못하고 너그럽지 않으며 무엇보다 매사에 여유가 없는데 말이다. 가족에게, 또 내가 가르치는 학생들에게 그동안 너무 뾰족하게 굴었던 것 같아서 민망했다.

"그러고 보니, 인사도 제대로 못했네!"

문득 아내가 말했다.

'정말 고맙습니다.' 간단한 이 한마디를 왜 그리 아꼈을까. 어차피 갚지 못할 신세라면 그때그때 인사라도 제대로 했어야 옳았다. 그런데

 나는 타인의 친절과 호의에 진심으로 답하지 못한 듯해서 찜찜했다. 그녀에게 고마운 만큼이나 나 자신이 부끄러웠다.

 외국인들이 서울에 와서 꼭 한번 해 보고 싶은 일로 '지하철 타기'를 뽑았다고 했을 때 나는 의아했다. 그런데 영국에서 지하철을 타본 후에는 그럴 수도 있겠다고 생각했다.

 영국의 지하철은 매우 좁았다. 조금 과장하면, 앞에 앉은 사람과 무릎이 거의 맞닿을 정도였다. 그래서 마주보는 좌석 사이를 걸어서 이동한다는 게 도저히 불가능해 보였다. 게다가 방음도 잘되지 않아서 터널을 지날 때면 아주 시끄러웠다. 방음이 되지 않는데 환기라고 잘 될 리 없었다. 그렇다고 내가 영국의 지하철을 좋지 않게만 기억하는 건 결코 아니다. 오히려 그 반대다.

공항에서 웨스트민스터 역까지는 꽤 멀었다. 지하철로 약 한 시간 정도를 가야 했다. 공항이 외곽에 있었으므로 지하철은 한산했다. 그래서 편안히 앉아 갈 수 있었다. 몇 정류장쯤 지나자 사람들이 하나둘 탔다.

지하철 풍경이 우리나라와 사뭇 달랐다. 내 앞에 앉은 두 청년은 각기 신문과 책을 읽다가 이따금씩 말을 주고받았다. 다른 사람들도 독서하거나 차분히 앉아 창밖을 응시하는 식이었다. 물론 스마트폰 액정을 들여다보는 사람들도 있었지만 그 수가 많지는 않았다. 획일적이지 않은, 더 나아가 다양성이 살아 숨 쉬는, 고요하며 역동적인 그들의 모습이 맘에 들었다. 한국의 지인들에게 보여주고 싶을 정도였다.

한 시간 후 웨스트민스터 역에 도착했다. 지하철과 승강장 사이의 간격이 넓지 않아서 쉽게 내릴 수 있었다. 이 간격이 넓을 경우, 교통약자가 큰 봉변을 당할 수 있었다. 어떤 봉변이냐면, 일 년 전 서울에서 겪은 일이다.

쿵!

"으악!"

휠체어가 아래로 쑥 꺼져 버렸다. 승강장과 지하철 사이의 공간이 너무 넓었다(역마다 이 공간의 크기가 모두 다르다. 그래서 예측이 불가능하다. 복불복이다. 영국과 달리 시설물이 체계적으로 관리되고 있지 않다). 울며 겨자 먹는 심정으로 지하철에서 내리던 아내가 사고를

당했다. '내리지 않을 수도 없고…. 나르듯 저기를 뛰어 넘어야 돼.' 휠체어 속도를 높여 승강장으로 달려 나갔는데, 그렇게 해서 될 일이 아니었다. 간격이 너무 넓었다.

구멍에 빠진 휠체어 바퀴가 꼼짝도 하지 않았다. 휠체어가 넘어질 듯 앞으로 기울어 있었다. 금방이라도 아내가 굴러 떨어질 상황이었다. 나는 있는 힘껏 아내를 붙잡았다.

'지하철 문이 닫히면 어쩌지? 설마 이대로 출발하는 건 아니겠지?' 더 큰 사고가 생길까 봐 겁났다.

사람들이 몰려들었다. 모두들 우왕좌왕했다. 사고 경위를 설명하는 안내 방송이 흘러나왔다.

"조심하셔야죠. 지하철이 연착돼 버렸잖아요."

휠체어를 어렵게 끌어 올린 뒤 역무원이 말했다. 물리적 봉변에 이은 언어적 봉변이었다. 얼마나 많은 휠체어가, 목발이, 흰지팡이가, 노약자의 발이, 싱크홀 같은 구멍에 빨려 들어갔을까. 아찔했다.

아픈 기억을 뒤로하고 웨스트민스터 역에 내렸다.

가까운 곳에서 노랫소리가 들려왔다. 노래를 왜 저렇게 크게 틀었을까 생각했다. 하지만 그긴 내 착각이었다. 누군가 역사 안에서 버스킹을 하고 있었다. 공공장소에서 작은 공연을 구경할 수 있다는 게 참 신기했다. 기타를 치며 마이크를 입에 대고 노래 부르는 솜씨가 일품이었다. 저게 진짜 라이브라고? 시디를 틀어 놓은 게 아니고? 절대음

감을 가진 나도 헷갈릴 정도였다(웬만하면 헷갈리지 않는다). 고개가 절로 저어졌다. 영국의 버스커들은 국가에서 인정받은 예술가들이라고 하던데, 그 말이 허언은 아닌 모양이었다. 우리는 한 곡이 다 끝날 때까지 자리를 지켰다. 그리고 힘차게 박수쳤다. 잠시였지만, 흑인과 백인과 동양인이 한마음으로 박수를 치던 그 순간 우리는 모두 세계시민이었다.

마침내 지상으로 나왔다. 오후 8시 경이었다. 해가 늦게 지는 유럽답게 아직 한낮 같았다. 날씨는 우리나라의 가을처럼 선선했다. 원래 서늘한 걸 좋아하는 나로서는 이런 날씨가 반가웠지만, 따뜻한 걸 좋아하는 아내는 조금 추위를 느끼는 듯했다.

대범하자, 의연하자, 다짐해 봐도 외국인들 틈에 섞여 걷자니 적잖게 긴장됐다. 사방에서 들려오는 영어가 귀를 자극했다. 또 맡아 본 적 없는 거리의 냄새며 사람들의 체취가 코를 찔러댔다. 발바닥에 와 닿는 길의 감촉이 달랐고 피부에 스미는 공기가 낯설었다.

빅벤이다! 런던 시청이다! 아내가 연신 탄성을 내질렀다.

'빼도 박도 못하게 됐구나! 진짜 유럽에 왔구나! 왔어.' 나는 속으로 되뇌었다.

템스강의 수많은 다리 중 하나인 웨스트민스터 브리지를 건너고 있을 때였다.

"미스터 빈이다!"

아내가 멈춰 서서 말했다.

"그게 누군데?"

내가 물었다.

"유명한 배우야. 특히 코믹 연기를 잘해. 그 사람이 지금 다리 위에 있어. 사람들이 사진 찍고 악수하고 난리도 아니야."

역시 템스강. 유명한 배우도 구경 오는 관광 명소! 대단했다. 아니, 그런 줄 알았다. 그런데 알고 보니 그 사람은 진짜 미스터 빈이 아니고 가짜 미스터 빈이었다. 무슨 말이냐면, 배우 미스터 빈을 쏙 빼닮은 사람이 웨스트민스터 브리지 위에 자주 나타나서 사람들을 즐겁게 해 준다고 한다. 이 사실을 우리는 한국에 온 후 알았다. 물론 그

전까지는 그를 보며 오! 미스터 빈, 하고 감탄했다.

하지만 억울하거나 기분 나쁘지는 않다. 오히려 그 사람이 가짜 미스터 빈이란 걸 알게 된 뒤에 나는 그가 더 좋아졌다. 사진이라도 찍어둘걸 후회할 정도였다. 진짜가 아닌 가짜라서 더 정겹고 즐겁다. 그 뻔뻔할 정도의 능청스러움이 너무 유쾌하다. 스스로를 희화화하지 않고, 점잔 빼며 하는 코믹 연기라니! 재밌지 않은가? 지금 이 순간에도 그 다리 위에 그가 있을 것 같다(그런데 그 사람, 진짜 미스터 빈이 아닐까? 진짜가 가짜인 척하는 거 아니야? 설마!).

곰곰 생각할수록 이 나라, 영국의 첫인상이 마음에 들었다. 외국인을 향한 역무원의 친절, 개성을 지닌 채 함께 어울리는 시민들, 젠틀한 가운데 유머러스한 가짜 미스터 빈…. 그들의 품격이 영국의 얼굴을 만들고 있었다. 우리나라는 어떤 얼굴로 외국인을 맞이할까 궁금했다.

첫날밤은 화끈하게

파크 플라자 웨스트민스터 브리지 런던 호텔에 도착했다(호텔 이름이 기가 막히게 길다). 호텔 정문에 서 있던 직원이 캐리어를 받아주었다. 애물단지를 보내 버리니 속이 다 후련했다. 이제껏 묵어 본 숙박 시설 중에서 가장 근사했다. 누가 봐도 일류 호텔이구나 싶었다. 내일같이 변동하는 숙박료를 수개월 간 모니터하다가 비교적 저렴한 타이밍에 예약을 마친 아내가 새삼 존경스러웠다.

프런트로 갔다. 여권과 호텔 바우처를 제시했다. 천만다행이었다. '장애인 지원 객실'에 묵을 수 있었다. 엉뚱한 방, 불편한 방으로 배정될까 봐 걱정했는데 기우였다.

'이제 방으로 안내해 주겠지?' 체크인이 끝난 줄 알았다. 그런데 호텔 직원이 뭔가를 계속 묻는 게 아닌가?

"블라블라?"

직원이 우리에게 무언가를 물었다.

"뭐라고요?"

우리가 알아듣지 못하자, 직원은 또 한 번 블라블라했다. 머리에 쥐가 난다는 게 이런 거구나 싶었다.

우리는 비장의 무기를 꺼내 들었다. 그건 바로 실시간 번역 앱이었다. 자, 말해 보시지! 직원의 입 앞에 스마트폰을 들이밀긴 했는데…. 번역이 전혀 되지 않았다(앱이 불안정했다. 더 개발되어야 할 듯했다). 금방이라도 넋이 나가버릴 것처럼 낭황스러웠다.

"괜찮아요. 걱정하지 마세요. 천천히 듣고 사인하세요."

직원이 몸짓을 섞어 가며 또박또박 말했다. 불이 나면 도와주겠다, 객실 내에서 사고가 생겨도 도와주겠다, 대충 이런 항목들에 서명했다. 어렵게 숙박계를 작성하고 약관 서류에 서명한 후 신용카드로 결제했다.

천신만고 끝에 엘리베이터를 타고 방으로 올라갔다(유럽 건물에는 G층이라는 게 있다. 이 층은 GROUND층으로서 우리나라의 1층에 해당한다. 즉 유럽 건물은 지하, G층, 1층, 2층 순서로 이루어져 있다). 직원이 방까지 캐리어를 가져다주었다. 그에게 팁으로 1파운드를 주었다. 보통 가방 하나에 1파운드를 준다고 한다. 머리털 나고 처음 주는 팁이었다. 괜스레 쑥스러웠다.

방을 꼼꼼히 둘러보았다. 아내는 방 여기저기를 매의 눈으로 살폈고, 나는 예민한 손으로 만져 보았다. 전반적으로 마음에 들었다. 먼저 방이 널찍해서 달가웠다. 휠체어를 타고 편안히 오갈 수 있을 만큼 방이 컸다. 숨통이 탁 트였다.

여담이지만, 국내 여행 도중에 이런 일도 있었다. 방이 하도 좁아서 휠체어를 현관에 세워 둘 수밖에 없던 적이 있다(하는 수 없이 내가 아내를 안고 방에 들어갔다). '휠체어를 타고 있다. 단차가 없는 방, 휠체어를 탄 채 드나들 수 있는 방을 찾고 있다.' 호텔에 일일이 전화를 걸어 확인한 후 예약했는데도, 방이 그 모양이었다. 호텔 측에서는 서로 책임을 떠넘기기에 급급했다. 숙박료를 선불로 계산한 터라 싫어도 그곳에서 하룻밤을 보내야 했다. 방에서 마음대로 움직일 수도 없고, 별달리 할 일도 없고, 참 답답했다. 그래서 우리는 저녁내 그리고 밤새

침대 위에서 뭘 했겠는가?

그 방을 스쳐간 사람들의 일기를 훔쳐봤다. 어떻게 그럴 수가 있었냐고? 침대 밑에 일기장이 놓여 있었다. 전화번호부만큼이나 크고 두꺼운 노트였다. 수많은 사람의 일기, 편지, 메모, 낙서들이 적혀 있었다. 우리는 손발이 묶인 채 타인의 여행 기록을 탐독했다.

다음으로, 화장실 및 욕실이 휠체어 상애인에게 편리하도록 설계돼 있었다. 방뿐만 아니라 화장실과 욕실 또한 널찍했다. 휠체어 두 대는 너끈히 들어갈 정도였다. 게다가 샤워 체어(씻을 때 앉는 의자)는 높이 조절이 가능했고, 벽에 튼튼히 부착돼 있어 안전했다.

마지막으로, 침대 매트리스가 메모리폼인 점도 상당히 만족스러웠

낯선 여행, 떠날 자유_1 Day

다(하루 종일 휠체어 위에서 생활하는 아내도, 종일 긴장된 자세로 걸어 다니는 나도 허리가 아프다).

역시 장애인 지원 객실다웠다. 모두를 위한 방! 우리나라에도 이런 방이 필요했다. 그리고 보니 오래전 TV 프로그램 《러브 하우스》의 한 장면 같잖아! 추억의 이 TV 프로그램을 기억하시는 분? 재능 기부를 통해 집을 수리해 주던 프로그램이었다. 살기 불편했던 집이 새집처럼 고쳐졌을 때의 감동은 안 본 사람은 모른다.

짐을 대충 정리했다. 어느새 밤 아홉 시가 다 돼 있었다. 창밖에서 빛과 어둠이 힘을 겨루고 있었다. 아직은 팽팽했지만, 머지않아 어둠이 빛을 몰아낼 것이었다. 해가 지지 않는 나라, 영국에서의 첫날밤이 시작되고 있었다.

"죽지 않고 무사히 유럽에 왔구나!"

미니바에서 꺼내 온 캔 맥주를 들이켜며 내가 말했다. 몇 모금 마시지도 않았는데 몸이 휘청거렸다. 피곤했었나 보았다.

"그걸 원샷했어?"

아내의 목소리가 잘 들리지 않았다.

"걱정 마. 네 건 남겨 뒀어."

"그거… 40도짜리 위스키야!"

"……."

불덩이를 삼킨 듯 배가 뜨거웠다. 과연 첫날밤은 화끈했다.

둘째 날;

잘 부탁해 런던

사람을 향하는 마음

"오늘은 어디를 갈 거냐면…."

아내가 여행 일정을 브리핑했다. 트라팔가 광장, 내셔널 갤러리, 타워 브리지…. 이름들이 죄다 낯설었다.

"그런데 내가 길을 잘 찾을 수 있을까? 국제 미아가 되면 어쩌지?"

아닌 게 아니라 아내는 길 찾기에 대한 부담을 가지고 있었다. 길 찾기, 그것은 아내가 전적으로 짊어지고 가야 할 짐이었다.

"사고가 생기진 않겠지?", "말이 안 통할 텐데 어떡하지?", "장애인 편의 시설은 잘 돼 있을까?", "동양에서 온 장애인이라고 무시하진 않겠지?"

우리는 걱정이 많았다.

"괜찮아. 조금 어려우면 어때? 우린 지금 여행 중이잖아. 한순간, 한순간이 추억이 될 거야."

"어떻게든 되겠지? 열심히 다니다 보면 길이 생기겠지?"

우리끼리 런던을 누빈다는 것. 막막하고 두려웠다. 하지만 그 이상으로 가슴이 벅차올랐다. 많은 사람이 만류한 여행, 이제껏 없던 여행을 하고 있다는 생각에 설렜다. 그럴 수만 있다면 작은 불씨가 되어 한순간이라도 반짝 빛나고 싶었다. 여행을 망설이는 사람, 일말의 용기가 필요한 사람, 세상의 편견 때문에 힘겨워하는 사람들에게 반짝 가 닿고 싶었다. 반짝, 마음속에 불을 켜고 방을 나섰다. 두려움과 설렘이 동시에 느껴졌다.

낯선 여행, 떠날 자유_2 Day

호텔 로비로 내려가기 위해 엘리베이터를 기다렸다.

"탈 수 있을까?"

아내가 불안해했다. 그도 그럴 만했다. 사람들이 한창 바쁘게 움직일 시간이었으므로 엘리베이터가 붐빌 건 자명했다. 휠체어를 타고 엘리베이터를 이용한다는 건, 다른 사람의 눈치를 봐야 하는 일이고, 때로는 원성을 듣는 일이었다(휠체어는 공간을 많이 차지하기 때문에 사람들이 협조하지 않으면 엘리베이터를 타기 어렵다).

지난 일들이 머리를 스쳐 지나갔다. 지하철역, 백화점, 공연장 등 여러 곳을 다녀봤지만, 타기 쉽던 엘리베이터는 단 한 곳도 없었다. 사람들은 타인에게 도무지 관심이 없었다. 스마트폰에 눈을 고정한 채 이따금씩 숫자판을 올려다볼 뿐이었다. 어떤 불문율을 지키듯 좀체 사람을 보지 않았다. 한 발짝씩만 비켜 주면 유모차나 휠체어가 쉽게 탈 수 있을 텐데 좀처럼 움직이지 않았다. 석상처럼 서 있을 뿐이었다.

"안쪽으로 조금만 들어가 주실래요?"

"……"

"고맙습니다. 5층 좀 눌러 주시겠어요?"

"……"

"고맙습니다."

"……"

"저희 내릴 거예요. 발 조심하세요."

"……."

아! 츤데레(퉁명스럽고 감정 표현이 서툰 사람) 같은 우리나라 사람들이다.

'탈 수 있을까? 한가한 시간에 나올걸 그랬나?' 내심 조마조마했다.

잠시 뒤 엘리베이터 문이 열렸다.

"먼저 타세요."

엄마와 함께 서 있던 서양 아이가 우리에게 말했다. 엘리베이터 문이 닫히지 않도록 그 작은 손으로 버튼을 누른 채 말이다. 기껏해야 다섯 살이나 됐을까? 귀엽고 총명한 아이였다. 어린애가 어떻게 저럴 수 있지? 신기했다. 넌 될 성 싶은 떡잎이구나! 속으로 흐뭇하게 웃었다.

"고마워." 인사를 건넸다.

사람들이 공간을 만들어 준 덕에 우리는 엘리베이터를 쉽게 탈 수 있었다.

"몇 층 가세요?"

외국인이 물었다.

"그라운드 층이요."

아내가 대답했다. 엘리베이터 문이 열릴 때마다 사람들이 새로이 타고 내렸다. 그때마다 초면인 사람들끼리 인사를 주고받았다. 오랜 관습을 따르듯 아무도 어색해하지 않았다. 우리는 외국인들의 배려를 받으며 편안히 로비로 내려갔다. 이런 사회에서 살아가는 아이, 젊은이, 노인. 마음

이 불안하지 않고 든든할 듯했다. 의외로 여행의 시작이 순탄했다.

셜록 홈스의 도시 런던을 걸었다. 서울과는 분위기가 자못 달랐다. '대도시 맞아?' 싶을 만큼 도로며 거리 따위가 조용했다. 쓸데없이 경적을 울려대는 차가 한 대도 없었다. 차들이 모두 서행했고 조용히 다녔다. 걷기 좋은 도시였다. 자동차 소리에 놀란 나머지 '앗, 깜짝이야! 그런데 범인이 누구였더라?' 홈즈가 헷갈릴 일은 없어 보였다.

길을 건너는 모습도 우리나라와 많이 달랐다. 그들은 신호등이 빨간 불일 때도 자연스럽게 길을 건넜다. 차가 오는 쪽을 쓱 보고 괜찮겠다 싶으면 그냥 건너는 식이었다. 운전자들도 그걸 당연하게 여겼다. 따지고 보면 무단횡단이었지만, 아찔해 보이기는커녕 평온한 일상처럼 보였다. 심지어 런던에는 신호등만 있고 횡단보도가 없는 곳도 많았다. 자동차 때문에 발이 묶인 나머지 '앗, 범인을 놓쳐 버렸네….' 홈즈가 억울해할 일은 없을 듯했다.

전반적으로 영국은 사람 중심의 교통 문화를 가진 나라였다. 운전자든 보행자든 모두가 사람을 응시하며 길을 갔다. 그 덕에 시각장애인인 나도, 지체장애인인 아내도, 마음 놓고 거리를 활보할 수 있었다.

스마트폰, 신호등과 같은 기계에 기대지 않는 사회, 시스템보다 맥락을 먼저 살펴보는 사회, 사람을 향하는 마음으로 가득 찬 사회라는 인상을 받았다. 걷는 내내 마음이 따스했다. 곳곳에서 불씨들이 반짝였다.

너를 읽고 싶어

내셔널 갤러리는 1824년에 개관한 국립 미술관이다. 13세기 중반부터 20세기 초까지의 작품(약 2300점)을 소장하고 있다. 네 개의 관으로 구성되어 있으며 누구나 무료로 관람할 수 있다.

"두 시간 정도면 충분하겠지?"

내가 말했다. 아내는 건물 외관을 사진 찍고 있었다.

"무슨 소리야? 적어도 서너 시간은 구경해야지. 꿈에 그리던 미술관인데!"

아내가 펄쩍 뛰었다.

"그렇게나 오래 있을 거야?"

"아무 데도 안 가고, 종일 그림만 보는 사람도 많아."

"그동안 난 뭐하라고?"

"나랑 같이 그림 감상해야지."

"어떻게?"

"그걸 왜 나한테 묻는데?"

빗줄기가 제법 굵었다. 차가운 빗방울이 얼굴 위로 떨어졌다. 몸이 더웠다.

나는 문학 및 음악에 관심이 많았다. 솔직히 미술에는 그다지 흥미를 느끼지 못했다(소 닭 보듯 했다). 시각장애인에게 있어 미술 작품은 그저 그림의 떡일 뿐이었다. 아내를 위하는 마음으로 방문한 미술관이었다. 그곳에서 내가 어떤 감흥을 느낄 거라고는 기대하지 않았다.

사람들이 길게 줄 서 있었다. 세계적인 미술관답게 이른 시간부터 북

새통이었다. 건물 입구 어림에서 두리번기리고 있는데 안내원이 우리를 손짓해 불렀다. 장애인은 줄을 서지 않아도 된다고 했다. 직원의 안내를 받으며, 미술관 안으로 들어갔다.

"화장실 좀 갔다 올게."

내가 말했다.

세수도 하고 기분 전환도 할 겸 화장실 안으로 들어갔다. 아내는 밖에서 대기했다.

> **Wife Says**
>
> 여기는 어디? 그 유명한 내셔널 갤러리. 나는 누구? 초보 화가, 미술 학도. 드디어 미술관이다! 미대를 겨우 두 학기 다녔을 뿐인 나는 그림에 관한 한 아직 햇병아리이다(병아리 치곤 덩치가 좀 크다). 하지만 서양미술사를 관통하는 흐름, 보석 같은 정전들을 두 눈으로 볼 수 있을 거란 생각에 가슴이 꺼이나 떠었다. 레오나르도 다빈치부터 고흐, 벨라스케스, 렘브란트, 얀 반 에이크 등. 하나라도 더 보고 싶은 마음에 몸이 들썩거렸다.
>
> 하지만, 그럼에도 불구하고, 그렇다고 해도, 아무리 그래도, 내 욕심만 채울 생각은 추호도 없었다. 남편이 지루해하면 언제라도 미

술관을 나갈 작정이었다. 그리고 남편을 위해 나 나름대로 준비한 것도 있었다. '어떻게 하면 그림을 실감나게 설명할 수 있을까?'를 몇 달 동안 고민했다. 우리의 미술관 투어를 위해 말이다.
"네가 좋으면 나도 좋아. 네가 좋아야 나도 좋아." 남편을 기다리며 중얼거렸다.

흰지팡이를 펴 들고 화장실 안을 걸었다. 세면대에서 한동안 세수를 했다. 열이 가라앉았다. 좌변기가 있는 칸으로 들어가 문을 잠갔다. 볼일을 보고 싶은 생각은 없었다. 옷을 입은 채 변기에 털썩 앉았다.
기분이 썩 좋지 않은데, 아니 꺼림칙한데, 솔직히 나쁜데, 그 이유를 단박에 알 수 없었다. 아내 때문인가? 나를 이해해주지 않아서? 나 때문인가? 쿨하지 못해서? 머리가 복잡했다.
그러다 갑자기 아내의 목소리가 귀에 들렸다. 아내는 '네가 이렇게 즐거워하잖아. 그러니까 괜찮아.'라고 말했다. 나를 위한 배려였다. '네가 좋아하는 것 같아서 나도 좋아.'라고도 말했었다. 불과 20분 전에 트라팔가 광장에서. 그런데 나는 왜 이럴까?

우리가 트라팔가 광장에 도착할 무렵, 비가 부슬부슬 내리기 시작했다(1805년 영국 해군이 무적을 자랑하던 스페인 함대를 이겼는데 이 전투

를 기념하기 위해 조성한 광장이 트라팔가 광장이다). 하지만 아무도 우산을 펴 들지 않았다. 비를 맞고 다니는 게 일상처럼 보였다. 영국인들다웠다고나 할까. 로마에 가면 로마법을 따라야 하는 법. 우리도 비를 한번 맞아 보기로 했다. 시원했다. 비를 좋아하는, 아니 사랑하는 나로서는 더할 나위 없이 행복했다. 우리나라에 가서도 이렇게 해 볼까 생각했지만 역시 관두는 게 좋을 듯했다. 광인으로 오해받을 수도 있고 무엇보다 머리카락 빠지니까. 언제 이렇게 비를 맞아 보겠어, 하며 우리는 아이처럼 빗속을 돌아다녔다.

"안 추워? 비 맞아도 돼?"

내가 뒤늦게 물었다.

"네가 이렇게 즐거워하잖아! 그러니까 괜찮아."

아내는 추웠지만 나를 위해 참아주었던 것이다.

광장에는 별것 없었다. 동상 두어 개(넬슨 제독, 사자)와 작은 분수가 하나 있을 따름이었다. 아기자기한 조형물도 없고 예쁜 장식, 하다못해 그 흔한 먹거리 하나 없었다. 어쩐지 좀 헐렁헐렁한 느낌의 광장이었다.

아내는 이 각도 저 각도에서 사진을 몇 장 찍었고, 나는 광장 바닥이며 사자 동상 따위를 만져 보았다. 200여 년이 넘는 긴 세월 동안 광장을 스쳐갔을 사람들을 상상했다. 광장의 기억을 읽고 싶었다. 점자를 읽듯 나는 손끝으로 광장 여기저기를 더듬었다. 광장의 기억은 '죽음'과 무관하지 않을 것 같았다. 승리한 전투를 기념한다는 건 수많은 주검과 그들의 넋을 기리겠다는 것과 다르지 않으니까.

나는 트라팔가 광장에 반해 버렸다. 쓸데없이 요란하지 않아서 좋았고, 텅 빈 채 넉넉해서 마음에 들었다. 놀이동산 같은 광장에서 사람은 손님이 되지만, 공터 같은 광장에서 사람은 그 무엇도 될 필요가 없다. 광장과 더불어 공생하면 그뿐이다. 무언가로 가득 차 있는 광장은 사람을 밀어내지만, 텅 비어 있는 광장은 사람을 손짓해 부른다.

"바닥을 왜 그렇게 만져? 돈이라도 떨어져 있을까 봐?"

"돈 말고 광장의 기억을 더듬고 있어."

"무슨 소린지 하나도 모르겠네. 그래도 네가 좋아하는 것 같아서 나도 좋아."

"뭐가?"

"광장 말이야. 볼 것 하나 없는 광장이지만, 네가 맘에 들어 하는 것 같아서 나도 좋다고."

변기에 주저앉은 채 거듭해서 되뇌었다. 나도 좋다고. 나도, 나도.

아내의 마음을 읽고 싶었다. 그 곱고 선한 마음을 읽고, 외우고, 닮고 싶었다.

화장실에서 나왔다.

"일 잘 봤어?"

"시원해."

역시 해우소였다. 심신이 개운했다.

"변기에 앉아 있는데 말이야. '이봐! 지질하게 굴지 마. 창피하지도 않아?' 하는 말소리가 들리는 거 있지. 누군가 속삭이더라고. 해우소 유령이었을까?"

"유령은 무슨. 그거 나였어."

두 시간이든 네 시간이든, 아내와 함께 즐기자고, 욕심을 뽕지고 다짐했다. 그게 당연했다. 아내와 나는 성격도 다르고, 상애 유형도 달랐다. 함께 살기 위해서는 서로를 이해하고 보듬어야 했다. 서로가 서로를 배려하고 아껴야 마땅했다. 처음부터 이렇게 마음먹었어야 했는데 속 좁게도 그러지를 못했다.

낯선 여행, 떠날 자유_2 Day

어느새 아내는 제 흥에 겨워 콧노래를 흥얼거리고 있었다. 왜 안 그렇겠는가. 그림을 그리는 사람에게 있어 성지나 다름없는 곳에 와 있는걸. 우리는 한국어 오디오 가이드를 대여해 전시실로 향했다.

"그림을 정면에서 보고 싶은데 앉은키가 작아서 아쉽네."

아내가 침울하게 말했다. 그림을 올려다봐야 해서 아쉬운 모양이었다.

"눈높이가 맞지 않으면 상이 왜곡돼 보이겠다. 안아서 올려 줄까?"

"말이라도 고맙네요."

"빈말 아닌데!"

가슴 한편이 저렸다. 아내를 안아 올려서 비장애인과 같은 눈높이를 갖게 하고 싶었다. 기꺼이 인간 사다리가 되어 주고 싶었다.

"알았어. 필요하면 부탁할게."

드디어 전시실 안으로 들어갔다. 본격적으로 이 방 저 방을 옮겨 다니며 그림을 감상했다.

"쇠라의 〈아스니에르에서의 물놀이〉야."

아내가 말했다. '오디오 가이드'가 있었지만, 내게는 큰 도움이 되지 못했다. 일부 작품에 대해서만, 그것도 너무 간략하게만 설명했기 때문이다. 뭐니 뭐니 해도 나에게는 아내가 최고의 가이드였고 가장 좋은 눈이었다.

"쇠라는 순색의 점을 찍어서 그림을 그린 화가야. 센강 변에서 물놀이하는 사람들, 강을 가로지르는 다리 등이 그려져 있어."

"순색이 뭐야?"

"채도가 높은 색들이야. 회색이 섞이지 않은 밝은 색들."

"그림이 선명하겠네?"

"선명하다기보다 색의 톤이 밝아."

"어두운 걸 싫어했나?"

"빛에 관심이 많았대. 점을 찍어서 빛을 표현할 정도로."

수많은 점으로 이루어진 빛. 어떤 모습일지 궁금했다. 작고 보잘것없는 점들이 모여서 사람이 되고, 빛도 되고, 종래엔 세상이 되는 것. 가히 점들의 역습이라 할 만했다. 이런 관점에서 보면 '광활한 우주 속의 먼지 같은 나'가 아니라 '아름다운 우주를 수놓는 별꽃 같은 나'라고 해야 옳을 듯했다. 쇠라는 그러한 세계를 그렸던 건지 모르겠다. 나는 그의 세계가 마음에 들었다. 아내와 함께 둘러보는 미술관. 나쁘지 않았다.

반 고흐의 그림이 전시된 방으로 들어섰을 때였다. 십수 년 전 예술사 강의에서 들은 내용이 떠올랐다. '고흐의 그림은 여전히 현재 진행 중이다. 그의 그림은 아직도 완성을 향해 나아가고 있다.' 물감을 하도 두껍게 덧

칠한 나머지 고흐의 그림은 지금도 채 마르지 않은 상태라고 했다. 이 순간에도 그의 그림은 성마르지 않고 촉촉할 것이다. 말랑말랑할 게다.

나는 고흐의 〈해바라기〉를 보지 못했다. 느꼈을 뿐이다. 손을 뻗어 그림을 더듬고 싶었다. 꽃잎 하나하나를 손끝에 새기고 싶었다. 그의 마음을 읽고 싶었다. 감히 내 지문을 그림에 찍는 상상을 했다. 고흐와 더불어 그림을 완성하는 광경도 그려 보았다. 충동들이 내 안에서 용솟음쳤다. 물론 가당치 않은 일들이었다. '미쳤지, 미쳤어.' 속으로 자책하면서도 왠지 모르게 들뜨고 즐거웠다.

"나는 여기 좀 서 있을게. 돌아보고 와."

내가 아내에게 말했다. 아닌 게 아니라 〈해바라기〉 앞에서 조금 더 머물고 싶었다. 어쩌면 그때 나는 아우라를 느끼고 있었는지 모르겠다. 원본 미술품에서 뿜어져 나온다는 아우라가 정확히 무엇인지 나는 모른다. 다만 약간의 경외감, 신비로움, 이끌림 등을 그림에서 느꼈고, 그 때문에 그 자리를 뜨고 싶지 않았다.

"금방 올게."

아내가 쌩 달려갔다. 새장 밖으로 날아가는 새 같았다, 라고 하기에는 아내가 조금 무겁다. 조금? 많이?

타박티박, 사람들의 발소리가 실내를 떠 다녔다. 예술가의 혼이 담긴 명화를 앞에 두고 있으려니 괜스레 살갗이 간질거렸다.

'고흐 씨! 해바라기는 어떤 그림인가요? 뭘 생각하며 그렸나요? 당신의 마음을, 생각을 읽고 싶군요.' 내가 물었다. 대답? 당연히 없었다. 살갗이 한결 간질거렸다.

'고흐 씨! 당신의 그림을 제대로 읽은 이가 있긴 합니까? 나만 이렇게 답답한가요? 또 나만 이렇게 궁금한가요? 혹시 우리는 그림을 감상하는 법부터 익혀야 하는 거 아닙니까?' 타박타박 발소리들이 허공에서 춤을 추었다.

"일본에서 오셨나요? 팸플릿을 드릴까요?"

혼자 있는 내게 직원이 말했다.

"한국에서 왔습니다. 시각장애인이에요."

내가 대꾸했다.

"그렇군요. 바로 뒤에 의자가 있습니다. 앉아서 감상하시겠어요?"

"고맙습니다."

아내가 올 때까지 나는 의자에 앉은 채 고흐를 감상했다. 볼 수 없어도 시각 예술을 향유할 수 있다는 것, 들을 수 없어도 청각 예술을 음미할 수 있다는 것, 몸이 불편해도 얼마든지 여행할 수 있다는 걸 내면화한 하루였다. 방법과 모습이 다를 뿐이었다. 불가능하다고 생각하면 언제까지나 불가능하지만, 가능하다고 생각하는 순간 거짓말처럼 가능해지는 일이었다. 문득 우리의 이 여행이 더 소중하게 여겨졌다.

"만족스러워?"

미술관을 나오며 아내에게 물었다.

"많은 그림을 본 건 정말 좋았는데, 작품 하나하나를 음미하지 못한 듯해서 아쉬워."

"다음에 또 오자. 그때는 온종일 죽치고 있어 보지, 뭐."

"그럴까? 뒷목이 뻐근해질 때까지 감상해 볼까?"

"아예 목 베개를 챙겨 오자."

음미할 게 없는 인생, 다시 말해 읽을거리 하나 갖지 못한 인생, 얼마나 무료할까? 어떤 의미에서, 우리는 '평생의 읽을거리' 하나를 발견하기 위해 애쓰며 살고 있는 건지 모른다. 당신은 무엇을 찾고 있나? 돈? 명예? 추억? 사람? 그게 무엇이든 '우리가 찾고 있는 것, 읽을거리가 우리를 대변한다.'라고 말해도 과언이 아닐 듯싶다.

우리는 또 올 거다. 음미하기 위해, 읽어 내기 위해. 그러니까 잠시만 안녕, 내셔널 갤러리.

하늘을 오르는 이유

"길 잘 찾네!"

나는 아내를 칭찬했다.

"치! 한 번만 실수해도 타박할 거면서."

아내가 새침하게 말했다.

"아니야. 길도 잘 찾고, 미술관에서 그림 설명도 잘해 주고, 대단해!"

"진짜?"

아내의 목에 힘이 들어갔다.

템스강 상류에 위치한 타워 브리지는 영국의 대표적인 랜드마크다. 1894년에 세워졌으며 총 길이는 260미터이다. 다리 양옆으로 높이 50미터의 철골탑이 있다.

우리는 옆문을 이용해서 탑으로 들어갔다(비장애인들은 답 전면으로 입장했다).

티켓을 끊는 과정에서 작은 오해가 있었다. 원래 장애인은 무료로 입장할 수 있었는데, 그걸 몰랐던 우리는 직원이 요구하는 대로 18.7파운드

(약 2만8000원)를 지불해 버렸다. 알고 보니 이 18.7파운드는 한 사람 분의 입장료였다. 우리가 장애인 증명서를 보여주지 않은 탓에 직원이 나를 장애인으로 인식하지 못한 모양이었다. 이렇게 나를 아내의 보호자로 오해하는 경우가 종종 있다. 한참 지나 우리나라에 와서야 이 사실을 알았다. 그래서 지금이라도 환불받으러 가 볼까 한다. 아내한테 말해 봐야겠다. 좋아할까?

　전망대로 올라가기 위해 엘리베이터를 기다렸다. 아내는 몹시 들떠 있었다.

　"나 엄청 대단하지? 표도 잘 샀고, 이제 엘리베이터 타고 타워에 올라가면 나 진짜 슈퍼맨 되는 거 아니야? 나 너무 멋진 것…."

　"한국에서 오셨나 봐요?"

　앗! 우리나라 사람이 지척에 있었다. 아내의 말을 다 알아들었겠지?

외국 나왔다고 너무 방심했나 보았다.

중년의 부부가 반갑게 인사를 건넸다. 프랑스를 거쳐 런던에 왔다고 했다. 영국에서 처음 만난 한국인들이었다.

이국땅에서 동향인을 만나면 그렇게들 반갑다던데, 이번에는 상황이 좋지 않았다. 하필 아내가 들떠 있을 때 나타날 게 뭐람. 우리는 서로 어색하게 웃으며 엘리베이터를 탔다.

타워 브리지 전망대에 도착했다.

"엄마! 어떡해!"

아내가 소리쳤다.

"엄마는 대구에 있잖아. 왜 그래?"

"바닥이 뚫려 있어. 죽어도 난 못 가."

인도교가 탑과 탑 사이를 연결하고 있었는데, 문제는 그 인도교가 투명한 유리로 만들어져 있다는 것이었다.

"뻥 뚫린 허공 같아. 유리 바닥이 휠체어 무게를 버텨 낼 수 있을까?"

아닌 게 아니라 아내는 약간의 고소공포증을 가지고 있다. 내가 볼 땐 아닌데 스스로 그렇게 주장한다.

"글쎄⋯. 그건 모를 일이지."

내가 말했다. 그리고 몇 걸음 앞으로 걸어갔다. 매끄러운 바닥이 발에 닿았다. 아내가 뒤에서 발을 동동 굴러댔다. '50미터 허공이라 이거지?' 하며 나는 쭈그리고 앉았다. 천천히 유리 바닥에 얼굴을 가져다 붙였다. 그리고 눈을 크게 떴다. 어떤 형상들이 눈앞을 스쳐 지나갔다. 뭐였지? 다시 한 번 집중해 보았다. 꼬리에 꼬리를 물고 미지의 형상들이 눈앞을 흘러갔다. 나는 인도교 아래로 지나가는 차들의 행렬을 흐릿하게나마 보았다.

"너도 올라와!"

아내를 불렀다.

"못 가. 안 가."

"슈퍼맨이 될 거라며? 길도 잘 찾고, 그림 설명도 잘 했는데 여기서 포기할 거야?"

처음에는 격렬히 저항하던 아내도 마침내 유리 위로 올라왔다. 물론 휠체어 무게 때문에 유리가 박살나는 일 따위는 없었다. 우리를 포함한 많은 사람이 유리 위에서 즐거워했다. 어른, 아이, 모두가 유리 위에 드러 눕고 엎드리고 난리법석이었다. '스마트폰, 컴퓨터, 술, 담배 따위가 없어도 이렇게 잘 놀 수 있구나!' 신기했다.

사람들의 여가 선용을 위해 게임 콘텐츠를 개발하는 것도 좋고 아기자기한 놀이터를 조성하는 것도 의미 있겠지만, 진짜 우리에게 필요한 건 그런 식의 대단한 오락 콘텐츠가 아닐지도 모르겠다.

"무섭다더니 잘만 놀데!"

타워 브리지를 나오며 내가 말했다.

"무서웠어. 겨우겨우 참은 거야."

"그래, 잘했어. 언제 또 올라가보겠어? 저런 높은 데를…."

"……."

"안 그래?"

내가 다시 물었다.

"안 그래. 런던에서 가장 높은 곳으로 가고 있어. 지금."

스카이 가든은 런던에서 가장 높은 건물이다. 런던을 한눈에 조망할 수 있는 스카이 가든 전망대가 35층에 있다. 런던 아이가 유료인데 반해, 스카이 가든 전망대는 사전에 예약만 하면 누구나 무료로 입장할 수 있으므로 인기가 높다(예약이 선착순으로 마감되기 때문에 접수를 서둘러야 한다).

"정말 괜찮겠어?"

하늘을 찌를 듯 높게 솟은 스카이 가든 앞에서 내가 물었다.

"사진만 찍고 금방 나올 거야. 몇 분이면 충분해."

엘리베이터를 타고 35층으로 올라갔다. 스카이 가든 전망대가 나왔다. 사방이 통유리로 돼 있었다. 런던의 스카이라인이 발아래 쭉 펼쳐졌다. 시야를 가로막는 게 하나도 없었다. 부들부들 떨며, 아내가 카메라를 눌러댔다. '저렇게 마구잡이로 누르면 뭐가 찍히나!' 신심으로 궁금했다.

하늘을 올려다보았다. 쨍, 햇살이 이마를 때렸다. '햇살을 딛고 파란 하늘 위를 걷는다면 어떤 기분일까? 신나겠지? 재밌겠지? 혹시 외롭진 않으려나? 그런데 하늘 끝까지 올라가야 되나, 아니면 땅으로 내려가야 되나? 오르락내리락하면 되나?' 마음이 위아래로 출렁였다. 자유로운 비행. 생각할수록 현기증이 났다. 그냥 땅 위를 걷고 싶었다. 눈 감고도 갈 수 있는 땅이 차라리 나았다.

"도저히 안 되겠어. 그만 내려가자."

아내가 쥐어짜듯 말했다. 그러고 보니 붐비던 실내가 한산했다. 다들 내려가 버린 모양이었다.

"그러자. 그만 돌아가자."

타워 브리지, 스카이 가든. 대지로부터의 외도를 끝낼 시간이었다. 우리가 망망한 하늘을 오를 수 있는 건 발밑에 단단한 땅이 버티고 있기 때문이다. 우리가 속해 있는 대지, 그 넉넉한 품을 눈으로 더듬기 위해 우리는 애써 하늘을 오른다.

영원하기 위하여

우리는 세인트 폴 대성당을 한 바퀴 크게 돌았다. 계단 위에 있는 정문으로는 휠체어가 들어갈 수 없었기 때문이다.

세인트 폴 대성당은 중세시대 르네상스 양식으로 지어진 성당이다. 웨스트민스터 사원이 왕족을 위한 곳인데 반해, 세인트 폴 대성당은 서민들을 위한 장소였다. 세계에서 두 번째로 높은 성당으로서, 돔의 높이가 110미터에 달한다. 윈스턴 처칠의 장례식, 찰스 왕세자와 다이에나 왕세자비의 결혼식 등이 거행된 성당으로 유명하다. 성당 지하에 윈스턴 처칠, 넬슨 제독 등 유명 인사 200여 명의 유골이 안치되어 있다.

후문 쪽에 장애인 표시가 되어 있었다. 우리보다 먼저 온 장애인들이 몇 명 더 있었다.

대성당의 후문은 주로 장애인 및 노약자들이 이용하는 문이었다. 직원이 열어 주어야 출입할 수 있었고, 후문 안쪽에 있는 엘리베이터 또한 직원이 키를 꽂아야 움직였다.

대성당 안으로 들어갔다.

"장애인 화장실이 있나요?"

오디오 가이드를 대여하며 아내가 물었다.

"바랄 걸 바라세요. 이렇게 오래된 건물에 그런 게 있겠어요?"

직원이 한 말이 아니다. 내가 한 말이었다.

"물론입니다. 저쪽에 있습니다."

아내가 의기양양하게 앞장섰다. 그 뒤를 내가 뜨악한 표정으로 따라갔다.

"이런 걸 두고 깨알 같은 배려라고 하는 거야. 알겠어?"

아내가 힘주어 말했다.

"어럽쇼! 누가 보면 성당 직원인 줄 알겠네."

화장실에 다녀온 다음 본당을 찬찬히 둘러보았다.

"정말 화려하다. 너무 멋있어."

아내가 사진을 찍으며 연신 감탄했다.

"뭐가 어떻게 멋있는데?"

내가 물었다. 아내가 머뭇거리며 성당을 묘사했다. 성당의 돔이며 아

치 모양의 창문, 천장의 장식들과 벽화 따위를 꽤 열성적으로 설명했다. 어떤 부분은 알아듣기가 수월했고 또 어떤 부분은 그렇지가 못했다. 설명을 듣는 동안 나는 레이먼드 카버의 소설 《대성당》을 생각했다.

소설 속 화자인 '나'는 대성당을 시각장애인에게 그려 준다. 그림을 그리는 동안 시각장애인은 '나'의 손을 가볍게 잡고 있다.

"성당이 이렇게 생겼군! 자, 지금부터는 자네도 눈을 감게. 앞을 보지 않고 그림을 완성하는 거야."

'나'는 그 말에 따른다.

"다 그렸으면 눈을 뜨고 그림을 보게. 어떤가?"

시각장애인이 말한다. '나'는 계속 눈을 감은 채 대답한다.

"이런 경험은 처음이에요. 이거 정말 대단하군요!"

이것이 소설의 마지막 줄이다. 타인을 이해한다는 것, 더 나아가 타인과 소통한다는 것의 의미를 다시금 생각하게 만든 소설이었다. 나도 호텔에 가서 아내랑 대성당 그림이나 그려 볼까 생각하다가 웃어 버렸다. 그런데 진짜 한번 그려 봐? 에이! 그림을 완성하기도 전에 나가떨어져 버릴 것 같다. 티격태격할 수도 있고.

엘리베이터를 타고 지하로 내려갔다. 대성낭 시하는 닙골딩이었다. 그렇다고 해서 결코 칙칙하거나 무거운 분위기는 아니었고, 일종의 박물관 같은 분위기였다.

윈스턴 처칠, 찰스 다윈 등 여러 위인들의 유골과 거대하고 육중한 관들이 지하 여기저기에 자리하고 있었다. 관을 이토록 가까이에서 보는 건 처음이었다. 또 이렇게 많은 관을 보는 것도 처음이었다. 손을 뻗으면 닿을 거리에 그들의 관이, 그들의 유해가 있다는 사실에 우리는 압도당했다. 어찌 보면 그들은 영면에 듦으로써 영원을 살고 있었다. 수많은 대중이 그들을 보며 영감과 깨달음을 순간순간 얻어 갈 것이었다. 영원토록 말이다. 그런 의미에서 그들은 여전히 대중과 소통하고 있었다.

무언가가 영원하기 위해서는 세계와 끊임없이 소통해야 한다. 소통을 포기하는 순간 잊히게 되고 세계로부터 아웃돼 버리는 듯하다. 이 나라의 학생들은 먼 과거를 현재처럼 보며 자라나겠지? 역사 교육이 절로 될 거야! 죽는다는 것의 의미를 생각하며 어른이 되고 늙어 가겠지? 시간을 차곡차곡 쌓아 올려 역사를 일구어 내는 그들의 문화가 무척 부러웠다.

손님의 조건

"내가 너를 모르는 것처럼."

아내가 노래를 흥얼거렸다. 기분이 좋은 모양이었다.

"무슨 노래야?"

"서울 이곳은."

아내가 대꾸했다. 런던까지 와서 부르는 노래가…. 하여간에 특이했다. 헛웃음이 났다. 벌써 저녁나절이었다. 비가 꽤 세차게 내렸다. 휠체어에 걸어 둔 우산을 꺼내 아내에게 건넸다. 전동 휠체어는 전기로 움직이기 때문에 물에 젖으면 좋지 않았다.

"너는?"

여분의 우산이 하나 더 있었지만 왠지 나는 빗속을 그냥 걷고 싶었다.

"로마에선 로마법을…. 알지? 영국인 흉내 좀 내 볼게."

아내는 탐탁지 않은 눈치였다. 괜히 감기 걸리면 어떡할 거냐, 사람이 왜 그렇게 미련하냐. 이런 말들을('말'이라고 쓰고 '잔소리'라고 읽는다) 지치지도 않고 해댔다.

"엄청 배고프네. 넌 어때?"

짐짓 시장한 듯 내가 말했다.

"너무 신나서 배고픈 줄도 몰랐어. 밥 먹어야겠다."

아내가 비로소 잔소리를 아니, 하던 '말'을 멈추고 음식점을 찾기 시작했다.

"……."

조금 전과 달리 아내가 조용했다. 중얼대지도 않았고, 노래를 흥얼거리지도 않았다. 길 찾기! 아내가 짊어진 짐의 무게가 생각보다 큰 것 같았다.

"여유 있게 찾아 봐. 아무리 배고파도 널 잡아먹진 않을 거야."

"거짓말! 조금만 헤매도 그냥 아무데나 들어가자고 할 거면서."

어색한 분위기 속에서 몇 분을 걸었다. 그러다가 우연히 예쁜 골목을 발견했다. 여행 책자에 나올 법한 골목이었다. 자석에 이끌리듯 골목 안으로 들어갔다. 골목 한가운데에 노천 식당이 있었다. 'MOD 피자'라는 식당이었다. 가게 앞에 파라솔과 테이블 몇 개가 펼쳐져 있었다. 조용하고 한적해서 좋았다.

"오늘 저녁은 여기서 먹을까?"

아내의 목소리가 밝았다. 파라솔 밑에 앉았다. 다행히 비가 들이치지 않았다.

"경사로를 대 드릴 테니 안으로 들어오세요."

직원이 말했다. 음식점으로 들어가기 위해서는 계단 하나를 올라야 했다.

"괜찮아요. 밖이 좋아요."

"경사로가 준비돼 있어서 안으로 들어오실 수 있어요."

날씨가 약간 서늘한 데다 비까지 내려서 그런지 직원이 거듭 권했다. 이런 작은 음식점에도 휠체어 장애인을 위한 경사로가 준비돼 있다는 게 놀라웠다. 일종의 문화 충격을 받았다. 우리나라 음식점에는 이런 경사로가 없다. 장애인 편의 시설을 갖춘 음식점은 거의 전무하다. 그래서 장애인은 대형 건물 내에 있는 식당을 이용할 수밖에 없다. 왜일까? 사회적 약자를 위한 배려보다 경제적 효율성이 우선시되기 때문이다. 거칠게 말하면 장애인은 종종 손님으로 대우받지 못한다. 돈이 없어서가 아니라 물리적, 사회적, 심리적 장벽이 높기 때문이다.

"밖이 좋아요."

우리는 한 번 더 밖에서 식사하겠다고 말했다. 비 오는 날 노천 식당에서 먹는 한 끼의 식사! 우리의 로망이었다. 샐러드와 피자 한 판 그리고 맥주 한 잔씩을 주문했다. 음식 맛을 떠나서, 그날의 식사는 정말이지 최고였다. 다수뿐 아니라 소수도 존중하는 성숙한 문화, 손님의 조건을 따지지 않는 열린 문화, 그 당연한 문화가 반가웠다.

돌이켜 보면 바쁜 하루였다. 시간이 아까워서 부지런히 쏘다녔다. 쉬지 않고 움직였다.

그런데 너무 바지런했던 걸까?

스카이 가든 근처에서 아내가 멈춰 섰다.

"휠체어 배터리가 얼마 안 남았어. 어쩌지?"

아내가 다급하게 말했다.

"벌써?"

나도 놀랐다. 스마트폰을 꺼내서 하루 동안 얼마나 걸었는지를 확인했다.

"10.5킬로미터를 걸었네!"

배터리를 이용해 이동할 수 있는 실제 거리는 12킬로미터가 채 되지 않았다. 조금만 더 움직이면 휠체어가 멈춰 설 것이었다. 아주 위험했다.

넘어진 김에 쉬어 간다고, 우리는 벤치에 앉아 숨을 돌렸다. 나도 다리가 제법 아팠다. 확실히 많이 걸은 모양이었다.

큰 도로답게 차가 많이 다녔다. 거리에 사람들이 넘쳐났다.

"호텔까지 갈 수 있을까?"

아내가 걱정스레 말했다.

"배터리를 최대한 아껴 보자. 노숙할 수는 없잖아."

내가 애써 가볍게 말했다.

"노숙이라니? 네가 밀고 가야지."

"밀어? 휠체어를? 내가?"

"휠체어가 멈추면 당연히 네가 밀어야지."

"200킬로그램을 밀면서 호텔까지 가라고?"

"다른 방법이 없잖아."

"헐!"

아내는 진지했다. '배터리가 꼴깍 숨넘어가는 순간, 나 역시 죽겠구나.' 싶었다. 예수님, 부처님, 천지신명님, 부디 배터리를 지켜 주시옵소서, 기도했다. 어느새 사위가 어두웠다. 휠체어 배터리가 얼마 남지 않았으므로 택시를 타야 했다. 다른 방법이 없었다. 걸어서 호텔까지 가는 건 불가능했다. 호텔까지 한 번에 가는 버스도 없었다.

"택시 탈 수 있을까?"

아내에게 물었다. 대답을 바라고 한 말은 아니었다. 솔직히 좀 불안했다. 만약 택시를 못 타면 어떡하지? 막막했다. 전동 휠체어를 타고 일반 택시에 탑승한다는 게 가능할까 심히 의심스러웠다. 아내도 평소 같지 않게 말을 아꼈다.

우리는 서울에서 주로 장애인 콜택시를 타고 다녔다. 전동 휠체어를 탄 채 탑승할 수 있는 유일한 택시였다. 장애인만 이용할 수 있는 이른바 특별 교통수단이었다. 택시비가 매우 저렴한 건 좋은데(비용의 대부분을 서울시에서 지원한다), 태생적으로 커다란 단점을 가지고 있었다. 그건 이용자에 비해 택시 대수가 턱없이 적다는 것이다. 그래서 장애인은 택시를 호출한 후 하염없이, 그야말로 하염없이 차를 기다려야 한다. 기약 없는 기다림이 시작되는 것이다.

이런 이유로, 장애인은 시간 약속을 좀처럼 할 수 없다. 운이 좋으면 30여 분 안에 택시가 올 수도 있지만, 때에 따라서는 무세 시간이 훌쩍 지나도록 감감무소식일 수도 있기 때문이다. 급하면 저상버스나 지하철을 탈 수도 있지만, 저상버스 또한 대수가 매우 적고 지하철 역시 아직은 장애인이 마음 놓고 타기는 어려운 상황이다.

지방은 이보다 상황이 더욱 나쁘다. 저상버스가 아예 다니지 않는 지

낯선 여행, 떠날 자유_2 Day

역도 많고, 장애인 콜택시를 이용하려면 며칠 전에 예약해야 하는 지자체도 많다. 장애인의 이동권이 심각하게 제한되고 있는 것이다.

그런데 영국의 택시 블랙캡은 휠체어를 타고도 탑승할 수 있다고 했다. 블랙캡은 특별 교통수단이 아닌 일반 택시인데 어떻게 그게 가능한 건지 궁금했다.

얼마 지나지 않아 블랙캡 한 대가 우리 쪽으로 다가왔다. 아내가 손을 흔들었다. 못 본 척하고 지나가 버리면 안 되는데…. 걱정됐다. 실제로 우리나라의 저상버스 기사들은 장애인을 보고도 그냥 지나가 버리기 일쑤였다. 장애인을 번거롭게 여기기 때문이었다.

차가 멈춰 섰다. 기사가 차에서 내렸다. 휠체어를 한번 보더니 뒷좌석 문을 열었다. 뭘 어쩌려는 걸까 궁금했고 긴장됐다. 기사가 승객이 올라타는 차 옆면에서 경사로를 잡아 뺐다. 그리고 우리에게 손짓했다. 그는 손님을 골라 태우지 않았다. 장애인 승객을 귀찮아하지 않았고, 경계하지도 않았다. 가벼운 미소를 띤 채 우리를 맞이했다. 우리는 그에게 특별할 것 없는 손님일 따름이었다.

그런데 작은 문제가 있었다. 경사로의 각도가 너무 가팔랐다. 아내가 올라가지 못하자, 기사가 차 트렁크에서 경사로 하나를 더 꺼내 왔다.

그리고 원래 있던 경사로에 새 경사로를 덧붙여 주었다. 경사로의 길이가 길어진 만큼 각도가 한결 완만해졌다. 아내가 경사로를 타고 택시 뒷좌석으로 들어갔다.

'이 나라! 사회적 약자를 이렇게 배려하는구나. 돈이 많다고 선진국이 되는 건 아니구나.' 택시를 타는데 마음이 울컥했다. 세 시간 넘게 덜덜 떨며 차를 기다리던 서울의 겨울밤이 떠올랐다. 오지 않는 택시 때문에 끝내 갈 수 없던 병원도 생각났다. 차가 너무 늦게 잡혀서 놓쳐 버린 기차, 입장할 수 없던 공연장 등 택시에 얽힌 사연이 한아름이었다. 애증의 마음으로 서울을 떠올렸다.

장애인도 비장애인과 똑같은 택시를 탈 수 있게 하는 것, 이것이야말로 수요자 중심의 진정한 복지가 아닐까 생각했다. 장애인들이 원하는 건 특별 교통수단이 아니다. 저렴한 택시요금은 더더욱 아니다. 그저 다른 사람과 동등하게 대중교통을 이용하는 것, 그것이다.

차창 밖으로 런던의 밤이 흘렀다. 요금은 17파운드였다. 팁까지 20파운드(약 3만 원)를 주었다. 전혀 아깝지 않았다. 차에서 내린 아내는 한참 동안이나 콧노래를 웅얼거렸다. 택시에서 흘러나오던 팝송이었다. 가수? 모른다. 제목? 모른다. 그냥 기분 좋게 흥얼거렸다.

셋째 날 ;

안테나를 세우다

산다는 건 다 그래

여행 사흘째 날이 되자 우리에게 있어 빅벤은 동네 뒷산 같았다고 할까? 아니면 매일 먹는 집밥 같았다고 할까? 아무튼 싱거운 존재가 돼 있었다. 호텔에서 트라팔가 광장까지 가기 위해서도 빅벤을 스쳐 지나가야 했고, 템스강 변을 걷다가도 고개만 들면 빅벤을 볼 수 있었기 때문이다. 매시간 울려 퍼지는 빅벤의 종소리, 그건 차라리 빅벤의 목소리였다. 친근하고 편안한 목소리 말이다.

빅벤은 1859년에 세워진 시계탑이다. 높이가 98미터에 이른다. 시침의 길이가 2.8미터, 분침의 길이가 4.9미터인 거대한 시계가 박혀 있다. 13.5톤이 넘는 종이 매시간 울린다.

"쉬었다 갈 겸 사진이나 찍을까? 마침 빅벤도 저기 있네."

"그러든가. 지나가는 김에."

가로수 밑에서 쉬었다 가듯 우리는 빅벤 아래에서 잠시 숨을 돌릴 요량이었다. 느긋하게 걸어서 빅벤에 도착했다. 그런데 문제가 생겼다.

"정말 더 못 가? 확실해?"

설마 하는 심정으로 내가 물었다.

"바리케이드를 둘러쳐 놔서 더는 못 가."

장날이었다. 가는 날이 장날이라더니 하필 빅벤이 공사 중이었다. 우리가 영국에 막 도착했을 때도 공사 중이긴 했는데, 요 며칠 사이에 공사

규모가 더욱 커진 듯했다. 바리케이드 안으로 들어갈 방법이 없었다.

'빅벤! 하던 대로 해. 갑자기 비싸게 굴지 마.'

머릿속에서 빅벤의 가치가 쑥 올라갔다. 집토끼보다 산토끼가 훨씬 매력적으로 느껴지는 것과 같았다. 런던까지 와서 빅벤을 만져 보지도 못하다니! 빅벤을 배경으로 사진 한 장 찍을 수가 없다니! 운명의 장난이 너무 심했다.

그때였다. 머리 위에서 빅벤의 목소리가 울려 퍼졌다. '산다는 건 다 그래' 하고 말하는 듯했다. 가을하늘처럼 맑고 깊은 종소리였다. 사람의 마음을 선하게 만드는 힘이 깃들어 있었다. 아홉 시 정각이었다. 칼같이 정확한 녀석이있다.

빅벤은 대대적인 보수 공사로 인해 2021년까지 타종이 중단된다고 한다. 우리는 이 사실을 한국으로 돌아온 후 알았다. 나는 침묵하는 빅벤을 상상할 수 없다. 매시간 하늘과 땅을 향해 말을 쏟아내던 녀석이었다. 2차 세계대전 중 국회의사당이 불타오를 때에도 말하기를 쉬지 않은 녀석이었다. 노랫소리 같던 그의 나직한 음성을 어떻게 잊겠는가. 우리에게 매시간 말을 걸어 주던 그가 그립다.

"평생 들을 종소리는 영국에서 다 들었어."

빅벤을 뒤로하고 나오며 아내가 말했다. 틀린 말은 아니었다. 왜냐면 우리는 새해 자정에 울려 퍼지는 보신각 종소리를 좀처럼 듣지 못하는 체질이기 때문이다. 늦게 자면 다음날 컨디션이 몹시 좋지 않은 까닭에, 우리는 12월 31일에도 평소같이 일찍 잔다. 그러니까 아마 맞을 거다. 평생을 들어도 영국에서 들은 것만큼의 종소리를 우리는 듣지 못할 거다.

"그거 알아? 나, 빅벤 소리 들으면서 소원 빌었잖아. 새해 자정에 하는 것처럼."

아내가 비밀 얘기하듯 말했다.

"도대체 언제?"

"어젯밤에. 그제밤에도."

"헐, 세상에!"

빅벤이 얼마나 황당했을까? '뭐지? 쟤 왜 나한테 소원을 비는 거야?' 하지 않았을까? 혹시 너무 놀란 나머지 실어증에 걸려 버린 건 아닐까?

산다는 건 다 그래! 놀라운 일의 연속이지. 녀석의 말이 자주 떠오를 것 같다.

갈구 - 구도 - 도넛

불이 초에 옮겨 붙었다. 불 내음이 훅 끼쳐왔다. 어린 시절, 깡통에 불을 넣고 돌릴 때 맡았던 그 냄새였다. 아득한 불 내음에 아찔했다. 귀를 초 가까이 가져다 댔다. 불은 타오를 뿐 소리를 내지는 않았다. 얼굴께가 뜨거웠다. 파이프 오르간이 성가를 연주했다. 묵직하고 웅장한 소리였다. 제왕의 나직한 읊조림 같았다.

나는 두 손을 모으고 신을 찾았다. 내가 당신을 느낄 수 있도록 어떻게 좀 해 달라고 간청했다. 나의 소망이 허공 속으로 흩어지지 않게 해 달라고, 한 번만이라도 내 말에 귀 기울여 달라고 기도 올렸다.

"뭐라고 기도했어?"

아내가 물었다.

"너는?"

"지난 잘못들을 용서해 달라고, 무사히 여행을 마칠 수 있게 도와달라고, 여기 모인 사람들이 다 행복했으면 좋겠다고. 너는?"

기도 내용만 봐도 역시 착한 아내였다.

"비밀이야. 괜히 말했다가 기도발 떨어지면 어떡해!"

우리는 웨스트민스터 사원 본당에서 초에 불을 붙인 후 잠시 기도했다. 사원 한편에 이런 장소가 마련돼 있었다. 누구나 약간의 헌금을 내면 초에 불을 켜고 기도할 수 있었다. 유구한 역사를 가진 성당에 들어와 있

다는 자각 때문인지, 사원 특유의 경건한 분위기 때문인지 몰라도 기도할 맛이 좀 났다. 유신론자가 아닌 나도 자연스럽게 손을 모았다.

'수도원 중의 수도원'으로 일컬어지는 웨스트민스터 사원은 11세기 참회왕 에드워드가 세운 세인트페트 성당을 모체로 하고 있다. 13세기에는 헨리 3세의 지시에 따라 고딕 양식으로 완성됐다. 역대 왕들의 대관식이 거행된 사원으로 유명하다. 1997년에 다이에나 왕세자비의 장례식이 이곳에서 치러지는 등 영국의 주요한 국가 행사가 여전히 이 사원에서 거행되고 있다.

사람들이 계속해서 본낭 안으로 들어왔다. 모두 외국인들이었다. 웃고 떠드는 사람은 한 명도 없었다. 다들 몸가짐을 조심했다. 사원 안으로 들어오기 위해 적어도 수십 분 이상을 기다린 사람들이었다. 저들은 무엇을 보기 위해 이곳에 왔을까. 어떤 마음으로 여기를 찾았을까. 나는 또 어떠한가. 도대체 수도란 무엇인가. 상념이 머리를 스쳤다. 관성적으로 걸음을 내딛고 싶지 않았다. 관습적으로 사고하지 않았으면 했다. 누가 뭐래도, 우리는 지금 구도자들의 성지에 와 있으니까.

사원 안으로 들어가는 게 녹록지 않았다. 붉은 사제복을 입은 안내원이 우리를 맨 앞줄로 보내 주었는데도 그랬다. 워낙 줄이 길었고, 출입구는 병목현상으로 꽉 막혀 있다시피 했다. 길게 늘어선 줄에 질린 나머지 사원 외피만 구경하고 돌아가 버리는 사람도 많았다.

"액운이 들었나! 가는 곳마다 장날이네. 빅벤도 공사 중이더니 여긴 또 왜 이래?"

"쉿! 교회까지 와서 액운 타령할 거야?"

아내님이 나무라셨다. 기다림에 지쳐갈 때쯤 사원 안으로 들어갈 수 있었다. 첫발을 내딛자 청량한 기운이 몸을 감싸왔다. 겨우 문 하나를 통과했을 뿐인데 마치 다른 세계로 들어선 듯했다. 주위에 사람이 많지만 이상하게 마음이 차분했다.

다행히 웨스트민스터 사원에도 한국어 오디오 가이드가 있었다. 아무래도 우리끼리 하는 자유여행이다 보니, 오디오 가이드가 없으면 '여기는 어디? 우리는 누구?'가 돼 버리기 십상이었다. 우리는 신도 자리에 앉아 오디오 가이드를 들었다. 신도 자리는 신도들이 앉아 미사를 드리는 곳이었다(웨스트민스터 사원은 지금도 매일 미사를 드린다. 관광지라기보다 종교 기관에 가깝다. 엄숙해야 하므로 실내에서 사진을 찍을 수 없다).

본당 중앙으로 갔다. 검은색 대리석 판이 바닥에 고정돼 있었다. 검은 바탕 위로 흰색 글씨들이 빼곡했다. 1차 세계대전에 참전한 무명의 용사들을 추모하기 위한 곳이라고 했다. 나는 주저앉아 손을 뻗었다. 대리석의 찬 기운이 손끝에 전해졌다. 해독할 수 없는 글자들, 미지의 기록들을 빠짐없이 읽고 싶었지만 가능한 일이 아니었다. 감히 용사들의 마음을 짐작해 보았다. 자신의 신념을 관철시키기 위해, 가족과 이웃을 지키기 위해, 민족의 안녕을 위해, 인류 평화를 위해 기꺼이 몸 바친 용사들. 한국전쟁과 세계대전, 전쟁의 이름이 다를 뿐 용사들의 마음만은 다 같을 듯했다.

"만지면 안 될 것 같아."

아내가 속삭였다. 나는 마지못해 손을 뗐다.

"저기 초가 있어. 사람들이 불을 붙이고 기도해. 가 보자."

이렇게 해서 우리는 예정에 없던 기도까지 했다. 다음으로 우리는 엘리베이터를 타고 지하로 내려갔다. 지하는 유명인의 무덤과 각종 조각들로 가득했다. 관들이 즐비한 건 세인트 폴 대성당과 같았지만, 화려하기로는 사원 쪽이 훨씬 더했다.

"벽이며 조각상들이 온통 쌍아색 아니면 금색이야."

"진짜 금인가?"

"깨물어 볼 수도 없고…. 맞겠지, 뭐."

유명인의 무덤 중 유독 셰익스피어의 것만은 사원 지하로 옮겨 올 수 없었다고 한다. '나의 무덤에 손대는 자, 저주를 받을 것이다!'라는 글이

낯선 여행, 떠날 자유_3 Day

묘비에 새겨져 있기 때문이라고 한다. 관에 담긴 채 여기저기 옮겨 다니기는 싫었나 보다. 묘지 이전을 잘못해서 꿈자리가 뒤숭숭해졌다는 식상하기까지 한 이런 이야기가 서양에도 왠지 있을 것 같다.

사원 안에 은은히 울려 퍼지는 오르간 소리를 뒤로하고 우리는 밖으로 나갔다. 정원을 둘러보기 위해서였다. 월요일, 목요일, 금요일에만 정원이 개방된다는데, 때마침 우리가 방문한 날이 목요일이었다. 신의 섭리가 이런 건가 싶었다.

정원에 가려면 사원을 아예 나간 다음 건물을 빙 돌아 뒷문으로 다시 들어와야 한다고 했다. 정원으로 바로 통하는 길이 계단이라 우리는

이용할 수 없다는 것이었다. 그런데 한참을 걸어도 후문 비슷한 게 나오지 않았다. 사원에서 점점 멀어지는 것 같았다. 사제복을 입은 안내원들이 자취를 감췄고, 거리의 풍경도 달라졌다. 정장 차림의 사람들이 거리를 바쁘게 오갔다. 우리는 방향을 잡지 못하고 헤맸다. 정원 따위 안 보면 어때, 하고 막 포기하려는 찰나. 아내가 반갑게 소리쳤다.

"빨간 옷이다. 사원 안내원인가 봐."

나 역시 그가 반가웠다. 정원 따위 안 봐도 그만이라고 생각했는데 아니었나 보았다. 사람의 마음은 정말 종잡을 수가 없다. 내 마음인데도 그렇다. 안내원이 우리를 인도해 주었다. 사원 관계자만 출입할 수 있는 길이라고 했다. 그래 봤자 별거 있겠어? 생각했는데 아니었다. 별것이 있었다.

"블라블라. 사람들이 살던 곳입니다."

정원으로 통하는 복도 위에서 안내원이 말했다. 복도는 인적 하나 없이 적요했다. 아치형 천장이 높았다. 커다란 창으로 햇살이 쏟아져 들어왔다. 복도 양쪽으로 방들이 늘어서 있었다.

"사람들?"

우리가 말을 알아듣지 못하지 안내원이 복도 한쪽을 가리켰다. 팻말이 있었다.

"중세 시대 때 수도사들이 머물던 곳이래. 정숙해 달라고 쓰여 있어."

아내가 번역 앱으로 확인한 내용을 말해 주었다.

옛 수도사들의 공간에 우리가 들어와 있었다. 천 년 전 수도사들이 거주하던 방과 그들이 이용하던 기도실이 우리 앞에 있었다.

"둘러보셔도 좋습니다."

안내원이 조용히 말했다. 나는 조심스레 방문을 열어 보았다. 실내에 갇혀 있던 공기가 몸을 부딪쳐 왔다. 나는 숨을 크게 들이마셨다. 천 년 전을 살던 수도사가 거기에 있었다. 초에 불을 붙였다. 불이 초에 옮겨 붙었다. 불 밑에서 성서를 읽었고 기도했으며 구도를 닦았다. 나는 서늘한 마음으로 그를 지켜보았다. 불 내음이 훅 끼쳐왔다. 어린 시절, 깡통에 불을 넣고 돌릴 때 맡았던 그 냄새였다. 아득한 불 내음에 아찔했다. 그는 불 밑에서 무엇을 갈구했을까? 무결한 마음, 노모의 건강, 나라의 안녕, 인류의 속죄 그리고 신의 목소리, 이런 것들이 아니었을까?

휠체어 위에서 아내를 안아 올렸다. 방을 보여 주고 싶었다. 턱 하나를 밟고 올라섰다.

"보여?"

"어. 뭐가 있냐면…."

"말하지 않아도 돼."

그렇게 우리는 중세 천 년의 내밀한 속살을 보았다.

한편, 소문난 잔치에 먹을 건 없었다. 어렵게 도착한 정원에는 작은 잔디밭과 나무가 얼마간 있을 뿐이었다. 생각해 보면 이해 못 할 것도 없었다. 이곳은 수도사들이 머리를 식히며 산책하던 곳이었으므로 화려하다면 오히려 그게 이상할지 몰랐다. 아! 그러고 보니 정원에 특이한 사람이 한 명 있긴 했다. 그녀는 공주 드레스를 입고 정원 여기저기를 돌아다녔다.

"안녕하세요?"

그녀가 우리에게 인사했다.

"네, 안녕하세요? 혹시 사진 좀 찍어 주실 수 있을까요?"

"물론이죠."

친절한 공주가 사진을 찍어 주었다. 별난 옷차림을 한 안내원이었다. 우리는 공주의 배웅을 받으며 사원 밖으로 향했다.

"끝까지 말 안 할 거야? 아까 뭐라고 기도했는지?"

아내가 다그쳤다.

"뭐였더라? 음…. 너랑 별반 다를 게 없었어."

"치! 말하기 싫구나."

"진짜야."

나는 억울했다. 수도사들의 기도, 무명용사들의 기도, 사원을 찾은 이들의 기도…. 세상의 모든 기도는 닮아 있다고 생각한다. 무언가를 갈구하는 삶은 아름답다. 신앙의 유무나 종교의 종류 따위는 중요하지 않다. 지금, 당신은 그 무엇을 갈구하는가? 그렇다면 당신은 이미 구도의 길 위에 올라 있는 건지도 모른다. 그 길 끝에 뭐가 있는지 각자가 확인해 볼 일이다.

"우리 저거 사자."

아내가 기프트 숍에서 말했다.

"저거, 갈구해? 그런 거야?"

내가 물었다.

"무슨 말이야?"

우리는 사원 기프트 숍에서 공주 인형과 왕자 인형 그리고 동전지갑 두 개를 샀다. 그런데 구도의 길 끝에 이런 것만 잔뜩 쌓여 있으면 어쩌지? 신께서 '오 마이 갓!' 하고 놀라시는 거 아니야? 은근히 걱정됐다.

"도넛이다. 저것도 사 먹자."

설상가상이었다. 아내가 도넛 가게로 질주해 들어갔다.

"이제 그만 갈구해. 신께서 노하시면 어떡해?"

아무래도 구도의 길 끝에 도넛도 있을 것 같다. 오 마이 갓!

장인과 장애인

정오 무렵 그린 파크에 들렀다. 푸른 하늘을 머리에 인 채 공원이 진녹색으로 빛나고 있었다. 공원이 아니라 숲속에 발을 들여놓은 듯했다.

세인트 제임스 파크, 하이드 파크와 더불어 런던의 3대 공원으로 불리는 이 공원은 16세기까지 왕실의 사냥터로 사용됐으나, 17세기부터 시민들의 휴식처로 사랑받아 오고 있다. 특히 꽃이 없는 공원으로 유명하다. 오로지 아름드리나무와 잔디로만 조성되어 있어 그린 파크라는 이름이 붙었다.

"줬다 뺏어 가는 게 어딨어!"

나도 모르게 볼멘소리가 튀어나왔다.

"무슨 소스 같은 걸 뿌려 주는데?"

아내가 어리둥절한 말투로 말했다.

"오케이, 굿!"

남자가 핫도그를 내밀었다. 원래는 그의 것이었으나 우리가 돈 주고 산, 우리의 핫도그였다. 내가 한 입, 아내가 한 입 베어 문, 말하자면 소유 이전이 이미 끝난 핫도그였다.

"맛있게 드세요."

나타날 때만큼이나 빠르게 남자가 사라졌다. 바람 같은 사내였다. 대체 무슨 일이 벌어진 거지? 의아해 하며 우리는 공원 벤치에 우두커니 앉아 있었다

일의 전말은 이렇다.

우리는 그린 파크 초입 부분에서 핫도그 하나와 콜라 한 잔을 샀다. 합쳐서 5파운드(약 7500원)였다.

"블라블라, 블라블라?"

푸드트럭 위에서 남자가 물었다. 아니, 뭔가를 묻는 것 같았다. 질문의 내용을 이해하지 못한 우리는 딱히 대답할 말이 없었다. 그래서 애매한 표정으로 웃어 주었다. 설마 웃는 얼굴에 침 뱉겠어? 하면서.

"흐음…. 리얼리? 블라블라?"

우리는 다시 한 번 웃으며 오케이라고 대답했다. 빨리 핫도그나 줬으면 했다. 우리의 마음이 전해진 걸까? 남자가 핫도그와 콜라를 건네주었다. 마지못한 태도로, 뭐 마려운 표정으로. 얼마쯤 걸으니 벤치가 나왔다. 아름드리나무가 벤치 위로 그림자를 길게 드리우고 있었다. 나는 아내를 마주보며 벤치에 앉았다. 콜라를 한 모금했다. 시원했다. 톡 쏘는 느낌이 좋았다. 핫도그를 한 입 베어 물었다. 맛이 뭔가 이상했다. 너무 퍽퍽했다. 앙꼬 없는 빵 같다고나 할까. 빵 사이에 소시지 하나. 이게 다였다. 채소도 소스도 하다못해 설탕도 아무것도 없었다. 이걸 핫도그라고 할 수 있나?

그제야 우리는 블라블라의 뜻을 알아차렸다. '핫도그에 뭘 넣어 드릴까요? 네? 필요 없으세요? 그럼 뭘 뿌려 드릴까요? 네? 소스도 필요 없으세요? 정말 그냥 드려요?' 대충 이런 말이 아니었을까. 음! 진정한 오리지널 핫도그로군 하면서 위안하기엔 너무나 허전한 핫도그였다.

"너 먹어. 난 입맛이 없네. 아까 도넛을 너무 많이 먹었나 봐."

아내가 말했다.

"나도 그다지 배가 안 고파."

"그래도 그냥 먹어."

"……."

머리 위에서 나뭇잎이 살랑살랑 몸을 흔들었다. 그때였다. 누군가 핫도그를 낚아채 갔다. 푸드트럭에 있던 남자였다.

"줬다 뺏어 가는 게 어딨어!"

나도 모르게 볼멘소리가 튀어나왔다.

"무슨 소스 같은 걸 뿌려 주는데?"

아내가 어리둥절한 말투로 말했다.

"오케이, 굿!"

남자가 핫도그를 내밀었다. 기꺼운 태도로, 숙변에서 자유로워진 표정으로. 그가 소스를 뿌려 주고 간 덕에 우리는 핫도그를 맛있게 먹을 수 있었다. 그는 왜 굳이 몇십 미터를 걸어와서 소스를 뿌려 주고 갔을까? 내가 판 건 핫도그라고 할 수 없어! 이런 양심의 소리라도 들은 걸까? 아니면 덩치만큼이나 오지랖이 넓은 사내였을까? 모를 일이다. 핫도그 하나를 만들어 팔아도 자기 일에 최선을 다한다면 그가 바로 장인이 아닐까? 앞으로 핫도그를 먹을 때마다 블라블라 사내를 생각할 것 같다. 우리는 폐가 빵빵해질 때까지 그린 파크의 맑고 서늘한 공기를 들이마셨다.

공원을 나서며 우리는 예의 그 푸드트럭에 한 번 더 들렀다.

"아까는 정말 감사했어요."

우리가 말했다.

"맛이 괜찮던가요?"

"네. 덕분에요."

"다행이네요. 그런데 와플도 맛이 좋아요."

"……"

와플은 3파운드(약 4500원)였다. 장사 수안이 좋은 사내였다. 맛은? 글쎄!

세이렌의 변신은 무죄

런던에서 가장 번화한 광장인 '피카딜리 서커스'에 놀러 갔다. 그곳에서 괴상한 사람들을 많이 만났다.

"너 정말 예쁘구나."

여자가 부채를 흔들며 말했다.

"저요?"

아내가 설마하는 투로 물었다.

"그래, 너. 어쩜 그렇게 예쁠 수가 있지?"

여자가 미소 지었다. 황금빛 얼굴에 주름이 패었다.

"어디 보자 세상에! 너, 아주 용감하기까지 하구나!"

여자가 한 발 다가서며 말했다. 황금색 드레스가 부드러운 곡선을 그렸다. 아내가 조금 물러섰다.

"겁먹지 마라. 넌 용감한 아이잖니. 자! 이리 오려무나."

여자가 손을 내밀었다. 장갑마저 황금색이었다. 햇살 속에서 여자의 모든 것이 빛났다.

"이 아이, 예쁜 데다 영리하기까지 해."

옆에서 지켜보던 남자가 끼어들었다. 남자 또한 황금빛 일색이었다. 머리카락, 얼굴, 콧수염, 옷, 구두 등 어느 것 하나도 예외가 아니었다.

"당신 생각도 그래요?"

여자가 재밌다는 듯 말했다.

"저것 봐. 운전도 무척 잘해. 최고야."

남자가 아내를 보며 감탄했다.

"나더러 최고래. 예쁘대!"

아내가 상기된 어조로 말했다.

"뭘 하고 있니? 이리 오렴."

여자가 유혹하듯 말했다. 남자가 윙크했다.

"가지 마!"

내가 속삭였다. 아내가 잠시 멈춰 섰다.

"그러지 말고 너도 같이 가자."

아내가 배시시 웃었다.

"오란다고 가면 어떡해? 돈이라도 뜯기면 어쩌려고?"

"나를 칭찬하고 있어!"

아닌 게 아니라, 황금빛 2인조는 연신 '멋있어!', '최고야!', '예뻐!' 하며 아내를 유혹해댔다.

"세이렌도 저랬어. 귀여운 모습과 아름다운 목소리로 사람들을 홀렸다고."

내가 다급하게 말했다.

"그럼 나는 오디세우스 할게."

아내가 낭창하게 말했다.

"그러면 나는 오디세우스의 동료야? 결국 괴물한테 잡아먹히겠네."

피카딜리 서커스. 나는 처음부터 이곳이 이상했다. 몹시 수상쩍은 곳이었다.

"희한한 사람이 많아!"

이곳에 오자마자 아내가 한 말이었다. 구체적으로 어떤 사람들이 있었냐면, 우선 공중 부양하는 남자가 있었다. 머리부터 발끝까지 온통 은색으로 도배한 그는 공중에 뜬 채 아래를 굽어보고 있었다. 득도라도 한 건지, 아주 평온해 보였고 움직임도 적었다. 은색 동상이 공중에 떠 있다고 아내가 오해할 정도였다.

다음으로 황금빛 2인조가 눈에 띄었다. 금빛으로 도금돼 있는 그들은

낯선 여행, 떠날 자유_3 Day

행인들을 향해 끊임없이 추파를 던져댔다. 몹시 수다스러웠고 부산했다.

또 악기를 연주하며 노래 부르는 여가수도 있었고, 행인들을 붙잡고 마술쇼를 보여 주는 거리의 마술사도 있었다.

"좋은 카메라를 가졌구나. 한번 만져 볼까?"

황금색 여자가 우리 카메라를 보며 말했다.

"정말 근사한 휠체어군. 아주 멋스러워."

황금색 남자가 휠체어 주위를 빙빙 돌며 말했다.

나는 '다 빼앗기는 거 아니야?' 하고 생각했다.

"이봐요. 사진 좀 찍어줘야 되겠어요."

돌연 황금색 여자가 행인을 멈춰 세운 후 말했다. 여자의 갑작스러운 행동에 행인이 당혹스러워했다.

"자네도 이리 오게."

황금색 남자가 나를 잡아끌었다.

"하나, 둘, 셋, 하면 찍는 거야."

황금색 남자가 모자를 벗어 아내에게 씌어 주었다. 나쁜 사람들 같진 않다는 생각이 머리를 스쳤다. 2인조가 우리 옆으로 와서 포즈를 잡았다. 아주 능숙해 보였다. 길을 가던 사람들이 모두 이쪽을 주시했다.

찰칵!

"어디 보자, 이봐요. 사진이 흔들렸잖아요. 원 모어 타임, 오케이?"

황금빛 여자가 카메라맨을 독려했다.

찰칵! 카메라가 순간을 영원 속에 기록했다.

"재밌게 여행하게나."

남자가 손을 토닥이며 내게 말했다. 나는 헤벌쭉 웃으며 그의 손을 힘껏 맞잡았다. 우리는 2인조에게 2파운드(약 3000원)를 건넸다. 그들이 밝게 답례했다.

황지우 시인 식으로 말하면, 2인조는 내게 '세이렌이었다가, 세이렌이었다가, 세이렌일 것이었다가, 한 장의 추억으로 남은 그대'였다. 아, 사람을 너무 경계하면 안 되는데! 장애인이란 이유만으로 경계의 대상이 되는 때가 종종 있다. 예컨대 물건을 사러 가게에 들어갈 때, 혹은 행인에게 길을 물을 때, 사람들은 경계부터 하고 본다. 장애인을 부담스러워하는 것이다. 그 순간 장애인은 세이렌이 돼 버린다.

성별이 달라서, 외모가 눈에 띄어서, 삶의 방식이 독특해서. 새로이 태어나는 세이렌들이 얼마나 많은가? 세상의 모든 세이렌이 '세이렌이었다가, 세이렌이었다가, 세이렌일 것이었다가, 한 장의 추억으로 남은 그대'가 되길 바란다.

집으로 돌아온 뒤에도 우리는 2인조에 대해서 자주 얘기했고, 그들과 찍은 사진을 틈만 나면 쳐다보았다. 쭈뼛대던 우리를 향해 먼저 다가와 준 2인조가 고맙다. 동양인 혹은 장애인에 대한 편견 없이 마구 들이대 준 그들에게 감사한다. 그들이 아니었다면 우리는 멀찍이 서서 그들을 구경만 했을 것이다. 소중한 추억을 선물해 준 그들이 보고 싶다.

낯선 여행, 떠날 자유_3 Day

저상버스가 뭐길래

런던에서 버스를 기다리며, 지난 일들을 생각했다.
불과 몇 년 전까지만 해도 다음과 같은 일이 흔했다.

아내 : 여보세요? 기사님? ㅇㅇ정류장인데요. 언제쯤 오세요?
기사 : 뭐라고요?
아내 : ㅇㅇ번 버스 기사님 아니세요?
기사 : 맞는데, 뭘 기다린단 거요? 당신, 내 전화번호 어떻게 알았어?
아내 : 휠체어 탄 장애인이에요. 버스 회사에서 전화번호를 알려줬어요. 기사님한테 전화한 후 버스에 타라고 하던데요.
기사 : 그래요? 나 오늘 쉬는데.
아내 : 네? 그러면 오늘은 다른 기사님이 운전하시나요?
기사 : 그게 아니라 저상버스가 고장 났어요. 오늘은 못 타요.
아내 : 한 대밖에 없는 저상버스가 운행하지 않으면 어떡해요?
기사 : 회사에 전화해 봐요.

휠체어를 탄 장애인이 저상버스에 탑승하는 방법

스텝 1. 버스 회사에 전화하거나 회사 홈페이지에 접속해서 저상버스 운행 시간을 파악한다. 저상버스는 가뭄에 콩 나듯 드문드문 다니기 때문이다.
스텝 2. 기사에게 전화한 후 ㅇㅇ정류장에서 탑승할 것임을 밝힌다. 장애인이 예고 없이 정류장에 나가 있으면 기사가 몹시 놀라기 때문이다(대부분 태워 주지 않는다).
스텝 3. 도착 예정 시간보다 일찍 정류장에 나간다.
스텝 4. 기사 및 승객들의 눈총을 받으며 버스에 탑승한다.

그 시절에는 저상버스를 한 번 타는 게 하늘의 별 따기보다 어려웠다. 구체적으로 '그 시절'이 언제였냐면, 1980년대? 아니다. 1990년대? 아니다. 2006년 즈음에 저상버스가 도입됐으니 그해부터 2010년까지 줄곧 그랬다.

그렇다면 지금은 어떨까? 다행히 저상버스 운행 정보를 인터넷이나 앱을 통해 쉽게 구할 수 있다. 그래서 장애인이 버스를 타기 쉬워졌냐면, 애석하게도 그렇지는 않다. 여전히 불편하다. 다음과 같은 일이 예사로 일어난다.

"리프트가 고장 났어요. 다음 버스를 타세요."

기사가 정류장에 서 있는 우리에게 말한다. 그리고 쌩 하고 달려가 버린다. 우리는 버스 꽁무니를 보며 아쉬워한다.

"리프트 좀 잘 관리해 주세요. 고장이 너무 잦아요."

우리가 버스 회사에 전화 걸어 민원을 접수한다. 놀랍게도 5분 뒤 고장 났다던 그 버스가 되돌아온다.

"회사에 전화했어요? 타세요."

기사가 못마땅한 표정으로 리프트를 내려준다.

"고장 났다고 하지 않으셨어요?"

"그런 줄 알았죠. 근데 아니네."

기사가 장애인을 태우기 싫었거나(번거롭고 귀찮을 수 있다), 리프트를 조작할 줄 몰랐던 거였다. 드문 일이 아니다. 이런 촌극이 현재 우리나라에서 벌어지고 있다. 도대체 저상버스가 뭐길래 사람을 이렇게 힘들게 할까? 정말 궁금하다.

런던의 명물 2층 버스가 정류장으로 들어오고 있었다. 기사에게 아내가 손을 흔들었다. 기사가 고개를 끄덕였다. 버스가 정류장에 멈춰 섰다. 버스 뒷문 쪽에서 리프트(버스 밑바닥과 인도를 연결하는 널따란 판)가 자동으로 튀어 나왔다. 뒷문이 열렸다. 아내가 리프트를 타고 버스 안으로 들어갔다. 뒷문 바로 앞에 휠체어 장애인을 위한 공간이 마련돼 있었다(좌석이 없는 빈 공간이다). 아내가 그곳에 휠체어를 정지시켰다.

마중 나와 있던 기사가 "오, 베스트 드라이버!" 하고 아내를 칭찬했다. 승객들이 가볍게 웃었다.

같은 시각. 나는 흰지팡이를 펴 들고 버스 앞문으로 들어갔다. 두 장의 오이스터 카드를 카드기에 가져다 대기 위해서였다. 근처에 있던 승객이 카드기의 위치를 알려 주었다. 기계에 카드를 댔다. 삑! 하고 소리가 났다. 나머지 한 장의 카드도 가져다 댔다. 같은 소리가 났다.

"유 돈 페이!"

기사가 말했다. 나는 얼른 알아듣지 못했다. 되묻는 수밖에 없었다.

"왓?"

"유 돈 페이."

뭐라는 거야? 나는 그저 어벙하게 웃어 주었다.

"오케이!"

기사가 다시 말했다. 나의 어벙한 미소에 넘어갔나? 나는 천천히 걸어 뒷문께로 갔다. 마침 아내 앞좌석이 비어 있었다. 드디어 버스가 출발했다. 놀랍게도 모든 승객이 자리에 앉은 후였다. 이런 느긋한 출발은 난생 처음이었다.

버스가 달렸다. 런던의 명물 2층 버스 안에 우리가 있었다. 무척 신기했다. 영화 속에 들어와 있는 듯했다. 아닌 게 아니라, 해리포터가 2층 버스를 타고 런던에 가지 않았던가.《해리포터와 아즈카반의 죄수》에서! 일

상이 영화가 되는 순간이었다. 현실이 낯설어질 때 사람은 행복을 느끼는 것 같다.

"다음 정류장에서 내려야 돼."

아내가 말했다. 벌써 내리다니 아쉬웠다. 아내가 장애인 전용 벨을 눌렀다(휠체어 장애인석 바로 옆에 이 벨이 있다). 그러자 조금 특이한 벨소리가 울려 퍼졌다. 기사가 다시 고개를 끄덕였다. 버스가 정차했다. 예의 그 리프트가 버스 바닥과 인도를 연결했다. 뒷문이 열렸다.

"고맙습니다."

인사하며 우리가 내렸다. 그제야 다른 승객들이 하나둘 버스에서 내리기 시작했다.

"정말 편했어."

아내 말대로였다. 2층 버스와 리프트는 매우 견고했고(저상버스를 이용하다 보면 가끔 약해 보이는 리프트를 타게 된다), 무엇보다 기사 및 승객들의 매너가 아주 좋았다. 모든 버스가 저상인 영국! 장애인도 자연스럽게 버스에 탑승하는 영국! 살기 좋은 곳이었다. 조금 과장하면 감격스럽기까지 했다. '저상버스가 뭐길래 저렇게 감동하는 걸까?' 아마 영국인들은 이해하기 힘들 것이다. 그들은 장애인이 탈 수 없는 버스를 상상하지 못할 테니까.

"그건 그렇고, 아까 기사가 나한테 뭐라고 한 거지?"

"몰라."

"유 돈 페이. 돈을 안 냈다는 거야? 돈을 낼 필요가 없다는 거야?"

"……"

생각해 봤자 머리만 아팠다. 수수께끼 하나쯤 가진 채 살아도 좋겠지 뭐, 하며 우리는 호텔로 향했다. 근데 진짜 뭐지? 뭘까? 어휴, 머리 아파!

🔍 Wife Says

나는 포항에서 나고 자랐다. 중학생 때까지는 걸을 수 있었으므로 통학에 별 문제가 없었다. 하지만 고등학교에 입학하면서부터 상황이 복잡해졌다. 나는 장애가 심해져서 아예 걷지 못하게 됐고, 집에서 20킬로미터나 떨어져 있는 고등학교에 다니게 됐다. 참고로 우리 집은 포항 외곽에, 학교는 시내에 있었다. 지금은 포항에도 저상버스가 다니지만(약 스무 대가 일부 노선에 한하여 제한적으로 운행된다. 그러나 여전히 우리 동네에는 저상버스가 다니지 않는다), 예전에는 그렇지 못했다.

나는 어떻게 통학했을까? 정답은…. 아버지가 매일같이 등하교를도 왔다. 아침 7시까지 학교에 태워다 주고 저녁 5시에 다시 데리러 오는 식이었다. 아버지는 매일 80킬로미터를 운전했다. 오로지 나를 위해. 삼 년을 하루같이. 비가 오나 눈이 오나 하루도 거르지 않고 먼 길을 오갔다. 가끔 아버지가 수업 중간에 교실 문을 똑똑 두드리던 때도 있었다.

"현희 아버님, 이 시간에 무슨 일이십니까?"

"선생님, 죄송합니다. 제가 오후에 중요한 약속이 있어서요. 조퇴 좀 하면 안 되겠습니까?"

나는 이따금씩 친구들의 부러운 시선을 받으며 교실 밖으로 나가곤 했다. 그럴 때마다 표정 관리에 특히 신경 썼다. 너무 좋아하면 친구들한테 미안하니까. 예의상 아쉬운 듯한 표정을 지으며 학교 밖으로 나갔다.

"조퇴시켜서 미안하다."

내 마음도 모르고 아버지는 못내 미안해했다. 나는 '천만에요! 내일도 일찍 오세요!' 속으로 중얼거리며, "어쩔 수 없죠." 하고 대답했다.

"모처럼 일찍 나왔는데 뭐 좀 먹을래?"

집에 가는 길에 사 먹던 조각피자, 핫도그, 핫초코…. 그 달달한 맛을 어찌 잊겠는가? 저상버스가 없어서 불편했지만 아버지로 인해 든든하고 행복했다. 고맙습니다. 사랑합니다. 나의 아버지!

총명탕이 필요할 때

"뽀엠이 뭐야?"

아내가 물었다. 포엠이라. 나도 처음 듣는 단어였다.

"포엠이 있냐고 자꾸 묻잖아. 뭐라고 대답하지?"

아내는 호텔 직원과 통화 중이었다. 빨래를 맡기기 위해서였다. 그런데 직원이 계속 포엠을 운운하는 모양이었다. 나는 참다못해 인터폰을 낚아챘다. 그리고 막힘없이 말했다.

"저한테 말씀하세요. 네, 네, 아! 그런 말씀이셨군요."

아내가 놀란 듯 나를 쳐다보았다.

"언제부터 그렇게 영어를 잘했어?"

나는 씨익 웃었다. 상상 속에서 그랬다는 거다.

"포엠을 계속 물어. 그냥 알았다고 할까?"

입이 있어도 할 말이 없었다. 나라고 무슨 뾰족한 수가 있겠는가. 세탁 한 번 하는 게 이렇게 어려울 줄 몰랐다. 호텔로 돌아온 후, 우리는 객실 내에 구비되어 있는 세탁용 비닐에 옷들을 넣고 세탁 서류를 적었다. 셔츠 개수, 바지 개수 등을 적는 서류였다(옷마다 세탁비가 달랐다). 그리고 세탁실로 인터폰을 했는데 영 의사소통이 되지 않았다. 전화만 하면 바로 와서 세탁물을 가져갈 줄 알았는데 생각과 딴판이었다.

"아! f, o, r, m? 폼. 폼은 다 적었어요."

포엠에 얽힌 수수께끼가 풀린 순간이었다. 세탁 서류를 적었냐는 물음이었던가 보았다. 마침내 아내가 인터폰을 내려놓았다. 길고 긴 통화였다. 폼을 포엠이라고 발음해서 우리를 헷갈리게 만든 직원이 원망스러웠다. 폼, 포엠, 폼, 포엠! 몇 번을 발음해 봐도 같은 단어라는 생각이 들지 않았다.

하긴 누굴 탓하랴. 알아듣지 못한 우리가 문제지. 직원은 직원대로 얼마나 답답했을까. 살다 보면 이럴 때가 있다. 본의 아니게 상대를 오해하고 피해자 코스프레라도 해야 직성이 풀리는 순간이.

"세탁도 맡겼고 오늘 할 일은 다 했네!"

바야흐로 하루를 정리할 시간이었다. 테이블을 랜드마크 삼아 앞으로 세 걸음, 왼쪽으로 여섯 걸음, 오른쪽으로 세 걸음을 옮겼다. 세면대가 만져졌다. 욕실에 딸려 있는 세면대였다. 커피포트에 물을 받고 테이블로 돌아갔다. 1분쯤 물을 끓였다.

"됐어. 그만 부어."

아내의 지령을 받으며 팔팔 끓는 물을 컵에 따랐다. 그리고 한약 봉지를 컵에 담갔다. 따뜻하게 데워진 한약을 아내에게 건넸다.

"이걸 마시면 몸이 건강해지겠지?"

아내가 말했다.

"그거 총명탕이잖아."

안약을 눈에 넣으며 내가 말했다.

"혼나 볼래?"

"……."

눈물이 주르륵 흘렀다(안약 때문일까?). 아내는 뽀빠이가 시금치를 먹듯 총명탕을 들이켰고, 나는 안약 두 개를 10분 간격으로 점안했다.

당신의 안테나는 안녕한가요

저녁 10시 경, 조금 일찍 잠자리에 들었다. 노곤했다. 며칠 동안의 피로가 빚쟁이들처럼 사납게 몰려들었다. 누운 것까진 좋았는데, 쉽게 잠들지 못했다. 인생 파노라마가 한 편의 영화가 되어 머릿속에서 상영됐다.

돌이켜 보면, 나는 언제부턴가 하루하루를 버텨 내고 있었다. 사는 게 힘들다고 투정 부리고 매사에 시큰둥했다. 더 이상 가슴이 격하게 고동치지 않았고, 웃는 일도 좀처럼 없었다. 요컨대 몸과 맘이 뻣뻣하게 굳어 버렸다

대체 언제부터였지? 어른이 됐다고 사삭하면서부터였다. 우습게도 그런 순간이 있었나. 아, 이제 나는 어른이 됐구나! 어제와는 다른 삶을 살게 되겠구나! 하던 때가 있었다. 아마 중학교를 졸업하던 무렵이었던 듯하다. 머리에 피도 안 마른 녀석이 세상 다 산 얼굴로 그랬다. 일단 그

렇게 자각하고 나니(마음먹고 나니), 모든 일에 심드렁해져 버렸다. 한마디로 세상만사가 재미없었다. 그렇게 나는 진짜 어른이 됐고, 시큰둥한 삶, 심드렁한 삶을 살았다. 자꾸만 살 속으로 파고드는 내향성 발톱처럼 나는 가난한 자아 속으로 침잠해 갔다.

그런데 유럽에 와서는 그럴 수가 없었다. 자아 속에 접어 둔 마음의 안테나를 어떻게든 길게 잡아 빼야 했다. 세상을 향해 안테나를 곧추 세워야 했다. 바보가 되지 않으려면 어쩔 수가 없었다. 남이 뭐 하나, 뭘 먹나, 여긴 어딘가, 뭘 하는 곳인가…. 정보를 하나라도 더 수집하기 위해 집중했다.

그런데 이게 웬일! 정신을 차려 보니 삶의 결이 달라져 있었다. 포엠과 폼 사이에서 고민하고, 시계탑의 목소리에 귀 기울이고, 돈을 내라는 운전기사의 말에 어벙한 웃음을 흘렸다. 오늘만 해도 나는 타인의 언어와 그들의 속내를 읽기 위해 애썼다. 아이처럼 하루를 버티지 않고 즐겼다. 아이처럼 많이 웃었고 행복했다. 아이처럼.

삶은 세상이 보내오는 모스부호로 가득 차 있다. 안테나를 길게 빼고 곧추세워야 신호가 겨우 잡힌다. 전파를 수신하고 못하고는 전적으로 안테나의 상태에 달려 있다. 밖을 향해 뻗어 나간 안테나는 세상이 보내오는 온갖 메시지를 수신하지만, 자신을 향해 꺾여 있는 안테나는 그 무엇도 수신하지 못한다. 전파를 잡아내지 못하는 라디오만큼 재미없는 게 또 있을까?

아내도 어지간히 피곤했나 보았다. 잠꼬대를 했다. 뭐라는 거지? 저건 또 무슨 신호지? 해독해야 되나?

넷
째
날 ;

거짓말보다 더 나쁜 것

고속버스 로망스

1969년 07월, 닐 암스트롱은 아폴로 11호를 타고 달에 올랐다. 그리고 2017년 07월 우리는 전동 휠체어를 타고 메가 버스에 올랐다.

메가 버스가 출발했다. 감회가 새로웠다. 우리가 런던 교외로 향하고 있었다. 상상하지 못한 일이었다. 전동 휠체어를 타고 고속버스에 탑승하는 것. 우리나라에서는 불가능한 일이었다. 꿈만 같았다. '옥스퍼드냐, 동물원이냐'를 놓고 티격태격하던 게 후회됐다.

우리는 아침부터 불화했다. 나는 런던 동물원에, 아내는 옥스퍼드에 가고 싶어 했기 때문이다.

"차라리 동물원이 낫다니까!"

내가 다시 말했다. 대화가 빙빙 돌 뿐, 앞으로 나아가지 못했다.

"너, 옥스퍼드에 가고 싶어 했잖아."

아내가 조금 전과 토씨 하나 다르지 않게 말했다.

"쉽게 동물원에 가는 게 낫지, 어렵게 옥스퍼드에 갈 거야? 아니, 갈 수는 있어?"

거시 듣친 말투로 내가 말했다.

"그러니까 확인해 보자는 거 아니야! 덮어놓고 포기해 버리면 어떡해?"

상황은 이랬다. 우리는 여행을 계획할 무렵부터 옥스퍼드에 가고 싶었다. 그래서 인터넷으로 차편을 알아보았더니, 메가 버스라는 게 검색됐다. 메가 버스는 런던에서 근교(맨체스터, 에든버러, 옥스퍼드 등)로 나갈 때 이용하는 고속버스의 일종이었다.

티켓을 예매하기 위해 메가 버스 홈페이지에 접속했다. 여기서 그만 문제가 생겨 버렸다. 공지사항에 따르면, 휠체어를 이용하는 장애인은 사전에 티켓을 예매해야 불편 없이 버스에 탈 수 있다고 했다. 그렇지 않으면 상황에 따라 탑승이 불가능할 수 있다는 것이었다. 게다가 장애인일 경우 예매는 전화로만 받는다고 했다.

너무 까다로웠다. 휠체어를 탄 채 메가 버스에 탑승했다는 후기가 하나도 없어서 이상하다 했는데 그럴 만했다. 결국 우리는 버스 티켓을 예매하지 못했다. 국제전화를 걸어 이런저런 설명을 하고 편의 제공을 신청한다는 게 능력 밖의 일로 여겨졌다. 옥스퍼드 아니면 갈 데 없을까 봐? 토라진 마음을 달랬다. 대신 동물원이나 가지 뭐, 하고 얼렁뚱땅 문제를 덮었다.

여행 넷째 날 아침이었다. 아내는 헛걸음하더라도 메가 버스 정류장에 한번 가 보자고 했고, 나는 그럴 바에야 동물원으로 바로 출발하자고 했다.

"왜 그렇게 포기가 빨라? 남자 맞아?"

"넌 타협을 몰라. 고집불통이야."

우리는 경쟁하듯 서로의 가슴에 생채기를 냈다. 말들이 허공에서 몸을 꼬아댔다. 이런 말까지 해도 되나 싶다가도 솔직한 게 제일 좋지 했다. 마음이 갈팡질팡하는 동안에도 입은 쉬지 않았다.

"고생만 실컷 하고 옥스퍼드에 가지 못할 수도 있어. 상관없어?"

내가 거듭 물었다.

"동물원에 가는 건 차선책이잖아. 나보다 네가 더 가고 싶어 했어. 옥스퍼드."

멀리서 빅벤이 울렸다. 물을 한 잔 마셨다. 기껏 여행 와서 괜한 자존심 싸움을 하고 싶지는 않았다.

"일단 가 보자."

자리를 털고 일어서며 내가 말했다. 이왕 이렇게 된 거 될 대로 되라는 심정이었다. 옥스퍼드에 갈 수 있으면 좋은 거고, 그렇지 못해도 어차피 밑질 건 없었다. 무거운 분위기 속에서 호텔 밖으로 나왔다. 두 사람 모두 예민했고, 무엇보다 긴장하고 있었다. 환상적인 하루가 될 것인가? 아니면 흑역사가 탄생할 것인가? 우리는 갈림길에 서 있었다. 모 아니면 도였다. 2층 버스를 타고 빅토리아 코치 정류장까지 간 후, 다시 몇 분쯤 걸었다.

"저 앞이야. 다 왔어."

오랜만에 아내가 입을 열었다.

"그래?"

내가 어색하게 대답했다. 정류장에 메가 버스 직원이 한 명 서 있었다.

"옥스퍼드에 갈 수 있나요?"

아내가 물었다.

"그럼요. 버스가 곧 올 거예요."

직원이 가벼운 어투로 말했다.

"휠체어! 탈 수 있나요?"

아내가 전동 휠체어를 가리키며 물었다.

"문제없어요. 조금만 기다리세요."

방법이 있긴 한가 보았다. 우리는 한시름 놓았다. 나는 점점 겸연쩍어졌다. 민망했고 아내에게 미안했다. 아침부터 얼굴을 붉힌 게 후회됐다. 얼마 후 메가 버스가 정류장으로 들어왔다. 이곳이 출발역이었으므로 버스는 텅 빈 상태였다.

예의 그 직원이 휴대용 경사로를 들고 나타났다(들고 다닐 수 있는 널따란 판이다. 2층 버스의 리프트와 유사한 기능을 한다). 우리는 저거구나 했다. 놀랍게도 메가 버스 역시 저상버스였다. 확실히 복지가 잘돼 있는 나라였다.

버스 뒷문이 열렸다. 직원이 휴대용 경사로를 뒷문 안으로 밀어 넣었다. 경사로가 버스 바닥과 인도를 연결했다. 아내가 경사로 위로 휠체어를 운전했다. 나도 휠체어를 따라 경사로를 밟고 올라갔다. 달 위를 걷는 것처럼 발걸음이 가벼웠다.

뒷문 바로 앞에 휠체어 좌석이 마련돼 있었다(빈 공간이 있었다). 기사와 직원이 일반 좌석들을 조금씩 앞으로 밀어 이 공간을 만들어 준 것이었다(우리가 보는 앞에서 실제로 이 작업을 수행했다. 튼튼하게 고정돼 있는 좌석들을 옮기는 게 쉽지 않아 보였다).

머릿속에서 생각들이 어지럽게 명멸했다. 그들은 자신의 맡은 바 일을 묵묵히 수행하고 있었다. 무언가를 베풀고 있다는 기색이 전혀 없었다. 그 무뚝뚝한 태도가 오히려 고마웠다. 요란하지 않은 담백한 친절, 안으로 잘 갈무리한 조용한 호의! 나는 그들에게서 '베풂'의 태도가 어떠해야 하는지를 배웠다. 우리는 '적자생존'의 생태계가 아닌 성숙한 공동체 사회를 여행 중이었다. 그들의 노고와 따스한 배려에 코끝이 찡했다.

"휠체어를 이쪽으로 조금만 움직이세요."

휠체어를 정확한 위치에 정지시키기 위해 직원이 말했다.

"됐나요?"

아내가 물었다.

"약간만 왼쪽으로요."

직원이 주저앉아 휠체어의 바퀴를 응시하며 말했다.

"네. 그대로 멈추세요. 이제 휠체어 바퀴를 고정시키겠습니다."

직원이 굵은 체인 몇 개를 가져왔다. 그리고 휠체어 바퀴를 하나씩 체인으로 묶었다. 그런 다음 체인과 버스 바닥을 연결했다. 이로써 휠체어가 버스 바닥에 단단히 고정됐다.

"안전벨트를 해 드리겠습니다."

직원이 휴대용 안전벨트를 가져왔다.

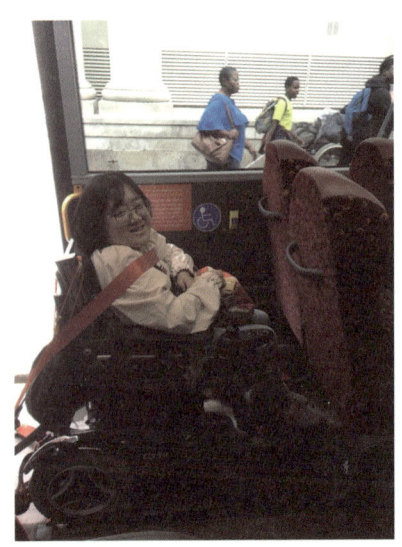

"저걸로 뭘 어쩌려는 거지? 무서워!"

아내가 속삭였다.

"안전벨트라잖아."

옆 좌석에 편안히 앉아 내가 말했다. 솔직히 좀 유쾌했다. 무사히 버스에 탔고, 이것저것 안전장치까지 하고 있지 않은가. 즐겁지 않을 이유가 없었다.

"이 사람들이 나를 결박해. 꽁꽁 싸매고 있어."

"안전벨트라잖아."

"이건 너무 심해. 어쩌지?"

"……."

이것도 다 추억이다, 하는 마음으로 나는 메가 버스 안을 사진 찍었다. 여러 장 찍다 보면 어쩌다 제대로 된 사진이 찍히곤 했다.

"오케이! 굿!"

드디어 작업이 끝난 모양이었다.

"티켓은 얼마인가요?"

우리가 물었다. 나는 18파운드(성인 요금 약 2만7000원), 아내는 14파운드(교통 약자 요금 약 2만1000원)였다. 왕복 요금이었다.

버스기 출발했다. 20분 간격으로 버스가 계속 있어서인지 승객은 많지 않았다.

'결과적으로 내가 잘못한 거 같긴 한데 사과해? 말아?'

나는 내심 갈등했다.

해 보지도 않고 으레 못할 거라 치부해 버리는 것. 얼마나 유치한가. 또 얼마나 비겁한가. 여행을 통해 나는 내가 조금 더 성장하길 바랐다.

"저기, 아까 말이야. 아침에…."

망설이다 입을 뗐다.

"버스 안에 화장실도 있어."

내 말을 듣지 못했는지, 아내가 호들갑스럽게 말했다. 그 바람에 입술에 걸려 있던 말이 쏙 들어가 버렸다.

"속일 걸 속여."

내가 콧방귀 뀌었다.

"네 뒤에 진짜 있어."

정말이었다. 뒷문 쪽에 작은 화장실이 있었다. 기념 삼아 들어가 보았다. 냄새가 고약했다. 아내가 이걸 노렸었나 보았다. 우리는 이어폰을 나눠 끼고 스티브 바라캇의 〈오디세이〉를 들었다. 짙푸른 바다가 선율을 타고 넘실댔다. 버스 창밖으로 푸른 초원이 달려들었다.

두 시간 삼십 분 후, 버스가 글로스트 그린 정류장에 도착했다. 우리의 목적지이자 메가 버스의 종점이었다.

Wife Says

나는 버스를 타고 옥스퍼드에 갔다. 굳이 옥스퍼드에 가고 싶었다기보다 고속버스를 타 보고 싶었다. 영국에서는 가능할 것도 같았다. 내 예감은 틀리지 않았다. 나는 장애인이 된 후 처음으로 고속버스를 탔다.

2014년 4월 20일, 300여 명의 휠체어 장애인들이 버스터미널에 모였다. 그들은 고향에 가기 위해 버스표를 샀다. 그리고 버스 탑승을 시도했다. 경찰은 이를 불법집회로 규정하고 최루액을 쏘았다. 곳곳에서 장애인들이 쓰러졌다. 그날은 '장애인의 날'이었다.

해프닝이 아니다. 이런 일은 해마다, 또 명절마다 우리나라에서 반복되고 있다. 우리나라도 고속버스가 저상이면, 나 같은 사람들도 고향에 갈 수 있을 텐데. 아쉬웠다. 실향민 아닌 실향민. 그게 나였다. 나는 메가 버스 안에서 내 고향 포항을 생각했다.

춤추는 로봇과 옥스퍼드 옹

옥스퍼드는 런던과 또 달랐다. 일단 공기가 퍽 맑았다. 공기 중에 매연이 섞여 있지 않았다. 또 건물들이 전반적으로 낮았다. 단층 아니면 3층 이하의 건물들이 대부분이었다. 코와 눈이 편한 도시였다. 버스에서 내린 우리는 5분쯤 걸어 콘마켓 스트리트로 갔다. 크라이스트 처치 칼리지에 가려면 이 거리를 통과해야 했다.

콘마켓 스트리트는 옥스퍼드의 번화가였다. 상점과 음식점이 즐비했고, 사람들로 북적였다. 대학가 특유의 멋이 살아 숨 쉬는 거리였다. 축제를 앞 둔 것처럼 조금은 술렁였고, 과하지 않게 흥청거렸다. 거리가 젊음으로 일렁였다. 거리 곳곳에 볼거리도 꽤 많았다. 아기자기한 공연들이 산발적으로 펼쳐졌다.

"저게 뭐야! 깡통 로봇?"

아내가 신기한 장난감을 발견한 꼬맹이처럼 말했다. 컨츄리풍의 재즈곡이 거리에 흘렀다. 타닥, 탁, 탁, 탁, 타닥, 타닥, 탁, 탁! 리듬을 탄 발소리가 경쾌하게 울려 퍼졌다.

"뭐야? 뭐야? 가 보자."

아내가 홀린 듯 앞으로 딸려나갔다.

"깡통 로봇이 탭댄스를 춰."

아내가 설명했다.

남자가 의자에 앉은 채 깡통 로봇을 조정했다. 남자의 두 다리가 로봇의 발을 연기했고, 그의 손이 로봇의 상체를 움직였다. 타닥, 탁, 탁! 그가 다리를 움직일 때마다 로봇의 발이 스텝을 밟았다. 타닥, 탁타닥, 탁! 그가 손을 흔들 때마다 로봇의 상체가 춤췄다.

노래가 클라이맥스로 치달았다. 그에 맞춰 깡통 로봇의 춤사위도 더욱 격렬해졌다. 화답하듯 사람들이 환호하며 박수쳤다. 아내가 즐거워 죽겠다는 듯 웃었다. 원래도 흥이 많기로 유명한 사람인데 한바탕 춤사위 앞에서 오죽할까 싶었다. 아무튼 웃는 걸 보니, 나도 덩달아 좋았다.

우리는 깡통 로봇에게 1파운드(약 1500원)를 주었다. 로봇이 허리 숙여 인사했다. 왠지 말을 걸면 대답도 할 것 같은 로봇이었다. 악수라도 한번 하고 싶었지만 바쁜 듯해서 참았다.

낯선 여행, 떠날 자유_4 Day

소풍 나온 기분으로 얼마쯤 걸었다. 줄 지어 선 기프트 숍에는 아내도 나도 별다른 관심이 없었다. 콘마켓 스트리트 너머에 있는 크라이스트 처치 칼리지에 빨리 가고 싶었다. 그 할아버지를 보기 전까지는 그랬다.

걸음을 옮길수록 기타 소리가 가까워졌다. 처음에는 별 감흥이 없었다. 그 다음에는 곧잘 친다고 생각했다. 그러다 곧 나는 '환상적이잖아!' 하고 감탄할 수밖에 없었다. 돌처럼 굳은 채 움직이지 못했다.

할아버지 한 분이 기타를 연주하고 있었다. 마이크도, 스피커도, 아무것도 없었다. 오직 할아버지와 기타뿐이었다. 그걸로 충분했다. 그는 기타 하나로 시간을 꾸몄고, 공간을 팽팽하게 잡아당겼다. 그의 손끝에서 작은 세계가 태동했다. 그는 진정 고수였다.

"그렇게 잘 쳐?"

아내가 물었다.

"들어 봐. 잘 치는 정도가 아니야."

"얼마나 잘 치는데?"

"웬만한 기타리스트 두 명이 함께 연주해야 저런 소리가 나올 거야."

그는 나른하게, 그렇지만 소심스레 기타를 연주했다. 평생을 기타와 더불어 살아 왔을 게 분명했다. 한 곡이 끝났다. 연주가 잠시 멈췄다. 그에게 천천히 다가갔다. 바닥에 놓인 기타 케이스 안에 2파운드짜리(약 3000원) 동전 하나를 떨어뜨려 주었다.

"대단히 감사합니다. 정말 멋진 날이죠?"

그가 말했다. 활기차고 기운 넘치는 목소리였다.

"어떤 노래를 좋아하시죠?"

그의 갑작스러운 질문에 우리는 당황했다. 그는 어떤 대답을 원했을까. 비틀즈? 올드팝? 대충 이런 게 아니었을까.

"생일 축하 노래요."

무심결에 내가 대답해 버렸다.

"오! 누가 생일인가요?"

너털웃음을 터뜨리며 그가 물었다.

"저요."

어색하게 웃으며 내가 답했다.

"당신을 위해 연주하겠습니다."

즉흥연주가 시작됐다. 리듬이 꽤나 빨랐다. 그건 생일 축하 노래이면서 동시에 전혀 다른 곡이기도 했다. 그는 수없이 연습한 곡을 연주하듯 잠시의 망설임도 없이 기타 줄을 튕겼다. 나는 가상의 건반을 허공에 띄웠다. 그와 함께 연주하고 싶었다. 다행히 그의 코드와 멜로디를 어느 정도 읽을 수 있었다. 상상 속에서 우리는 협연했다.

"생일 축하합니다. 멋진 여행되십시오."

그가 인사했다. 작별의 순간이었다. 생일까지는 나흘가량 남아 있었지만, 그걸 굳이 사실대로 말할 필요는 없었다. 올해 내 생일을 가장 먼저 축하해 준 사람! 바로 그였다. 옥스퍼드 옹! 고맙습니다. 건강하십시오.

우리는 연소 중

어느새 점심께였다. 우리는 음식점들을 품평하며 한동안 걸었다. 일단 지나치게 사람이 많은 음식점은 피하고 싶었다. 다음으로 실내가 너무 비좁아도 곤란했다. 입구에 계단이 있어도, 척 보기에 청결하지 못해도 안 됐다. 결국 우리가 선택한 곳은 벨라 이탈리아라는 음식점이었다. 크게 붐비지 않았고, 실내가 꽤 넓었으며, 계단도 없었다. 그리고 무엇보다 가게가 예뻤다(아내가 좋아했다). 나는 영국식 버거와 맥주를, 아내는 스파게티와 음료를 주문했다. 맛? 맛은 그냥 그랬다. 맥주와 음료가 차라리 요리보다 나았다.

"옥스퍼드 학생인가 봐. 엄마랑 밥 먹고 있어."

아내가 소곤댔다.

"왜 그렇게 속삭여?"

"바로 옆 테이블이거든."

"우리말을 알아들을까?"

"!"

대학가답게 학생들이 많았다. 가족 단위로 둘러 앉아 식사하는 모습이 정겨웠다. 저들은 무슨 말을 나누고 있을까, 어떤 기분일까, 궁금했다. 나도 저럴 때가 있었다. 딱 한 번, 저와 같던 때가 있었다. 대학에 입학하던 해의 2월경이었다.

"이런 데서 잘 지낼 수 있겠냐?"

초로의 아버지가 물었다. 물음이되 답을 바라고 한 말은 아니었다.

"걱정하지 마세요. 얘가 애도 아니고…."

서른 살이 다 된 누이가 말했다.

"어휴!"

아버지의 한숨 소리를 들으며, 나는 난생 처음으로 돈가스라는 걸 입에 넣었다. 딱딱하고 맛이 썼다. 사람들은 이런 걸 왜 먹나 의아했다.

"이거 김치찌개 맞냐?"

숟가락을 도로 내려놓으며 아버지가 말했다.

"김치랑 고기 있잖아요."

누이가 털털하게 말을 받았다.

"무슨 맛이 이러냐? 난 못 먹겠다."

"그냥 드세요. 학교 식당이 다 그렇지. 얘는 4년 내내 먹어야 된단 말이에요."

"정말 잘 지낼 수 있겠냐?"

아버지가 다시 물었다. 화가 난 듯도 했고, 착잡한 듯도 했다.

"당연하지. 문제없어!"

퍽퍽한 돈가스를 꿀꺽 삼키며 내가 말했다. 왠지 그렇게 말해야 할 것 같았다. 잘 지낼 수 있겠냐, 그날 아버지는 이 말을 버릇처럼 되뇌었다. 아버지는 누이와 함께 서울로 돌아가 버렸다. 그리고 나는 아무 연고도 없는 지방에 홀로 남게 됐다. 대학 교정은 흰지팡이로 더듬어 다니기에 광야처럼 넓었고, 기숙사 방은 골짜기처럼 좁고 추웠다.

"잘 지낼 수 있겠냐?"

아버지와 마주앉아 식사한 건 그날이 마지막이었다. 하지만 그때는 아버지도, 나도, 누이도 그 사실을 알지 못했다.

'나, 잘 지내고 있나?'

'당연하지. 문제없어!'

나는 버릇처럼 자문자답하곤 했다.

"너도 그랬구나 나도 비슷한 추억이 있어."

아내가 말했다. 지난 일을 꺼내 놓는 동안 어느새 식사가 끝나 있었다. 목이 말랐다. 맥주를 한 병 더 주문했다.

"우리 부모님은 열악한 기숙사에 나를 두고 갈 수 없다고 난리쳤어.

그때 조교가…."

거동이 불편한 딸을 기숙사에 떼어 놓고 가야 하는 부모의 마음을 생각해 보았다. 감히 짐작도 되지 않았다. 초로의 아버지, 아내의 부모님, 옆 테이블의 어머니! 인종과 국적은 달라도 그 마음만은 같을 것 같다. 자식을 아끼고 사랑하는 마음 말이다. 우리는 이 마음을 연료 삼아 한평생을 살아가는 건지 모른다. 누군가의 삶이 밝게 빛난다면, 그리고 온기로 가득 차 있다면, 그는 영혼에 새겨진 내리사랑을 연소하며 살아가는 중일 게다.

'이거 스파게티 맞니?', '맞잖아요. 대충 드세요.', '왜 이렇게 맛이 없니? 이런 거 먹고 잘 지낼 수 있겠냐?', '아직도 내가 어린애인 줄 안다니깐….' 어쩌면 옆 테이블에서도 이런 대화가 오갔을지 모르겠다.

이건 마법일까

밥도 배불리 먹었으니, 이제는 이 동네를 찬찬히 둘러볼 차례였다.

옥스퍼드 동네를 간단히 소개할까 한다.

옥스퍼드는 런던에서 북서쪽으로 80킬로미터 떨어진 곳에 위치한 도시이다. 총 인구는 13만 명 정도이고, 그중 2만1000여 명 정도가 학생이

다. 1209년에 학술 도시로서의 위상을 획득했다. 옥스퍼드대학교는 공립 종합대학교로서 영어권에서 가장 오래된 대학으로 알려져 있다. 38여 개의 칼리지로 구성돼 있다. 1096년에 이미 강의를 하였다는 기록이 있다.

크라이스트 처치 칼리지는 대학 겸 성당으로서 옥스퍼드 대학 가운데 가장 규모가 크다. 1532년에 헨리 8세에 의해 설립되었다. 영국 총리를 13명이나 배출한 명문대학이다. 많은 단과대학 중 우리는 특히 크라이스트 처치 칼리지에 가 보고 싶었다. 그곳은 영화 《해리포터》의 촬영 장소였고, 소설 《이상한 나라의 엘리스》를 쓴 루이스 캐럴 교수가 평생 재직한 칼리지였다. 오래된 칼리지인 만큼 이 외에도 여러 의미를 가지고 있을 터였다. 요컨대 크라이스트 처치 칼리지는 옥스퍼드의 대표 단과대학으로서 꼭 한 번 둘러볼 가치가 있었다.

"앱이 이상한 데를 가리켜."

아내가 휠체어를 멈췄다.

앱이 또 문제였다. 출입이 금지된, 곧 쓰러질 듯한 건물을 가리키며 크라이스트 처치 칼리지라고 우겨댔다. 뻔뻔한 녀석이었다.

"여기가 아니잖아. 다시 찾지 못할까!"

앱을 다시 실행했지만 결과는 같았다. 일관성 있게 뻔뻔한 놈이었다. 말이 안 통했다. 하릴없이 주위를 돌았다. 근처에 사람이 전혀 없었다. 앱은 우리를 어디로 데려다 놓은 걸까? 궁금했지만 뻔뻔한 놈이 대답할 리 없었다. 그때였다.

"저게 대체 뭐야?"

아내가 경악에 가까운 소리를 냈다.

"무시무시하게 생긴 건물이야."

"건물이 어떻기에 그래?"

"첨탑들이 아주 날카롭고 외벽이 노르스름해. 이끼 낀 것처럼."

"마왕의 성이야?"

"그런 분위기야. 건물 앞에 사람이 엄청 많아."

"다 여기 모여 있었구나. 마왕의 성에."

지성의 전당, 크라이스트 처치 칼리지였다. 겉모습부터 예사롭지 않았다. 우리는 건물 앞에 서 있는 안내원에게 다가갔다. 모자를 쓴 여성 안내원이었다.

"칼리지에 들어갈 수 있나요?"

우리가 물었다.

"그럼요. 블라블라를 보고 싶으세요?"

안내원의 말이 너무 빨랐다.

"네? 천천히 말씀해 주세요."

"블라, 블라, 블라를 보고 싶으시죠?"

"……."

"호그와트!"

안내원이 모자를 만지며 말했다. 호그와트! 모자! 그제야 이해가 됐다. 안내원은 크라이스트 처치 칼리지의 식당, 즉 호그와트 마법학교의 연회장을 보고 싶냐고 우리에게 물었던 것이다. 우리가 고개를 끄덕였다.

"두 시부터 입장할 수 있어요. 지금은 학생들이 식사하고 있거든요."

그랬다. 우리는 영화 촬영장에 구경 온 게 아니었다. 이곳은 생생한 삶의 현장이었다. 교수들이 강의하고, 학생들이 공부하며, 밥도 먹고 연애도 하는 삶의 터전이었다. 새삼스레 신기했다. 우리는 안내원이 가리킨 방향으로 향했다. 점심시간이 한 시간가량 남아 있었다. 대충 시간을 때워야 했다. 크라이스트 처치 칼리지의 다른 건물들을 구경하며 시간을 보내기로 했다.

"멋진 잔디밭이네."

모퉁이를 돌자 잔디밭이 나왔다. 칼리지의 여러 건물들을 배경으로 잔디밭이 넓게 펼쳐져 있었다. 풀 내음이 물씬 풍겨 왔다. 향긋했다. 아내가 풀밭을 배경으로 나를 사진 찍었다. 같이 찍으면 좋을 텐데, 아쉬웠다. 바로 그때였다.

"사진 찍어 드릴까요?"

지나가던 할머니가 물으셨다. 자연스럽고 가벼운 어투였다. 아내가 흔쾌히 카메라를 건넸다. 할머니의 작은 친절이 반가웠다. 간지러운 데를 살살 긁어 주는 듯한 고마운 친절이었다. 크고 거창한 관심은 타인을 불편하게 하지만, 마른 땅에 내리는 가랑비 같은 관심은 타인을 감동시킨다.

잔디밭 건너편에 건물이 하나 있었다. 오랜 세월 풍상을 견뎌온 건물답게 시간의 흔적이 진득이 묻어 있었다. 옥스퍼드의 예배당이었다. 지은 지 수백 년은 됐을 터였다. 시간 때우러 들어온 곳이 이런 멋진 데라니! 동네 예배당이 이 정도라니! 기가 막히게 아름다웠다. 얼마나 많은 의식이 이곳에서 행해졌을까 생각해 보았다. 아득했다. 우리는 영원 같은 몇 분을 예배당에서 보냈다.

밖으로 나왔다. 예배당 왼편에 사람이 많았다. 뭔데 저러지? 우리는 그쪽으로 다가가 보았다. 모자를 쓴 안내원이 사람들을 상대하고 있었다. 우리에게 식당 쪽을 알려준 안내원이었다. 아까는 칼리지 입구에 서 있더니, 안쪽으로 자리를 옮긴 모양이었다.

"잘 찾아 오셨네요. 여기가 그레이트 홀이에요. 호그와트요."

안내원이 우리를 반겼다. 우리도 그녀가 반가웠다. 한 번 봤을 뿐인데 이상하게 친근했다. 크라이스트 처치 칼리지의 식당 건물, 그레이트 홀

낯선 여행, 떠날 자유_4 Day

(호그와트 연회장)이 우리 앞에 있었다. 우리는 줄을 서지 않고, 안내원을 따라 건물 안으로 들어갔다. 장애인은 무료로 입장할 수 있었다. 낡은 엘리베이터를 타고 위층으로 올라갔다. 나무로 된 엘리베이터였고, 안내원이 키를 가져다 대야 움직였다. 엘리베이터에서 내리자 복도가 사람들로 북새통이었다. 남자 안내원이 홀 입구에서 사람들을 통제하고 있었다. 우리는 맨 앞으로 안내받았다.

"천천히 둘러보세요."

우리와 함께 온 안내원이 인사했다. 그러고는 아래층으로 다시 내려가 버렸다. 드디어 그레이트 홀, 호그와트 연회장 안으로 들어갔다. 전통이 살아 숨 쉬는 칼리지의 식당다웠다. 테이블에 식기들이 가지런히 세팅돼 있었고, 일정한 간격으로 등불들이 놓여 있었다. 그리고 벽에는 루이스 캐럴과 같은 유명 인사들의 초상화가 걸려 있었다.

그런데 홀 크기가 생각보다 작았다. 우리나라의 단과대학 식당보다도 작은 듯했다. 달리 보면, 그레이트 홀이 작은 게 아니라 영화 해리포터 속의 연회장이 너무 크게 그려진 걸 수도 있었다.

"학교 식당이 아니라 근사한 레스토랑에 온 것 같아."

아내가 식당을 맘에 들어 했다.

'여기서 너희들이 밥을 먹었다 이거지?'

나는 해리포터와 론 위즐리, 그리고 헤르미온느를 추억했다. 그들은 나의 옛 친구들이었다. 나는 탁류 같던 10대를 그들과 함께 건너 온 셈이었다. 좀처럼 문을 열어 주지 않던 세상을 향해 노크할 수 있었던 건 그 친구들 덕이었다.

"우리는 세상에 맞서 함께 싸우고 있는 거야."

유치한 다짐이 삶을 버티게 했다. '걔네는 허구잖아. 이따위 다짐, 자기기만일 뿐이잖아.' 하는 자각이 없는 건 아니었지만 아무래도 좋았다. 그 애들이 악당 볼드모트에게 맞서기 위해 마법을 수련하듯, 나 또한 세상이 쳐 놓은 견고한 벽을 넘기 위해 공부했다. 그런 의미에서 우리는 세상에 맞서 함께 싸웠고, 힘든 시간을 같이 버텨온 셈이었다. 거짓말 같고 마법 같은 일이었다.

우리는 그레이트 홀을 뒤로하고 밖으로 나갔다. 여전히 사람들이 길게 줄 서 있었다. 엘리베이터를 타고 내려가야 했으므로 안내원의 도움이 필요했다(키를 가져다 대야 엘리베이터가 움직였다).

"엘리베이터!"

홀 입구에 서 있는 남자 안내원에게 말했다.

"잠시만 기다리세요."

안내원이 말했다. 홀 입구를 지켜야 하기 때문에 엘리베이터 쪽으로 움직일 수 없는 듯했다. 우리는 복도 한편에 석상처럼 서 있었다. 별다른 도리가 없었다. 그러는 사이에도 홀 주위는 사람들로 북적였다.

"계속 기다려야 되나?"

"저 남자, 오긴 올까?"

그렇게 몇 분이 흘러갔다. 뭔가 잘못된 게 아닐까? 의심이 들 때쯤 뒤에서 목소리가 들려 왔다.

"이쪽으로 오세요."

아니, 이 목소리는! 우리를 홀까지 데려다 준 여자 안내원이었다. 이러다 정이라도 들어 버리면 어쩌지? 위험했다.

'도대체 어떻게 알고 온 거지? 언제부터 우리 뒤에 서 있었지?'

몹시 궁금했다. 남자 안내원이 텔레파시라도 보냈나? 말로만 듣던 순간 이동 마법? 역시 호그와트 마법학교! 별의별 생각이 다 들었다. 나무로 만든 엘리베이터조차 범상치 않게 보였다. 키를 가져다 대야 움직이는 엘리베이터라니, 진짜 신기하지 않은가?

"호그와트는 마법으로 보호받고 있다던데. 그래서 앱이 헷갈려 한 거 아닐까?"

내가 진지하게 물었다.

"그만해."

아내가 딱 잘라 말했다.

"한번 생각해 봐. 갑자기 나타나서 사진을 찍어 준 할머니도 그렇고 이게 다 우연이라고?"

"그만 좀 해. 어린애처럼 왜 그래?"

여행은 세상을 낯설게 하고, 우리를 어른아이로 만든다. 지나치게 어른스러운 사람이 주위에 있다면 여행을 권해 보자. 마법에 걸린 듯 한결 젊어져서 돌아올지 모를 일이다.

입술이 있어서 다행한 날

부리나케 메가 버스 정류장으로 향했다. 옥스퍼드의 래드클리프 도서관, 오래된 골목, 작은 교회 등을 속속들이 구경하고 싶었지만 그럴 여유가 없었다.

"많이 마려워?"

뛰다시피 하며 내가 물었다.

"아직 참을 만해."

아내가 달리는 휠체어 위에서 말했다. 우리는 왜 뛰고 있을까? 래드클리프 도서관을 구경하던 중에 아내가 요의를 느꼈기 때문이다. 예고 없이 급작스레 찾아온 요의였다. 평소에도 아내는 자주 화장실에 가곤 했다. 앉은 채 생활해서인지는 몰라도 요의에 민감했다.

요의가 아내를 급습하기 전, 우리는 한창 추억에 빠져 있었다. 졸업식 가운을 입은 채 학생들이 래드클리프 도서관 앞에서 사진을 찍고 있었다.

"좋을 때다!"

아내가 말했다.

"그러게. 우리도 저럴 때가 있었는데."

아내와 나는 같은 해에 졸업했다. 하지만 나이도, 학번도, 소속된 단과대학도 모두 달랐으므로 우리는 서로에 대해 전혀 알지 못했다. 그러다가 졸업하던 해에 도서관에서 우연히 만났고, 운명의 사슬로 꽁꽁 묶이게 됐다.

"저 학생들 중에도 미래의 부부가 섞여 있을까?"

내가 물었다.

"……"

"왜 말이 없어?"

"나… 화장실!"

급한가 보구나! 서둘러야 했다. 어디를 봐도 온통 오래된 건물들뿐이었다. 도저히 장애인 화장실이 있을 것 같지 않았다. 그걸 찾느라 시간을 허비하느니 차라리 장애인 화장실이 있는 글로스트 그린 정류장으로 서둘러 가는 게 나아 보였다.

정류장이 코앞이었다. 조금만 가면 고지였다. 휠체어는 최고 속도인 시속 12킬로미터로 달리고 있었다.

"괜찮은 거지? 참을 수 있지?"

"아직은 괜찮아. 근데 점점 차오르고 있어."

나는 '조금만 더! 조금만 더!'를 속으로 외쳤다. 사실 이런 경험이 처음은 아니었다. 우리나라에서도 여러 번 겪은 일이었다. 장애인 화장실은 귀한 존재였다. 웬만한 건물에는 일반 화장실만 있을 뿐 장애인을 배려한 화장실은 없었다. 일반 화장실은 휠체어를 타고 들어갈 수 없는 구조였으므로, 지체장애인들은 어디를 가나 화장실 걱정을 해야 했다. 인간으로서의 기본적인 욕구를 해결하기 위해 골머리를 썩여야 했다.

우리는 가까스로 정류장 건물 안으로 들어갔다(버스 정류장 앞에 단층 건물이 있다. 직원 휴게실 및 승객 대기실, 화장실이 있다).

"미닫이문이야. 열어 줘."

아내가 장애인 화장실 앞에서 말했다. 나는 문손잡이를 잡고 밀었다.

"안 열려. 큰일이네!"

문이 꿈쩍도 하지 않았다. 잠겨 있었다. 똑, 똑, 똑. 노크를 했지만 아무런 반응이 없었다.

어쩔 수 없이 우리는 화장실 앞에서 대기했다. 문이 열리기만을 바랐다. 아내도 나도 침묵했다. 마음이 초조했다. 1분, 2분, 3분…. 화장실 문은 굳게 닫힌 채 움직일 줄 몰랐다. 문 안에 누가 있긴 할까, 의심스러웠다. 똑, 똑, 똑. 다시 노크했다. 귀를 문에 붙이고 동정을 살폈다. 인기척이 전혀 없었다. 사람은 없는데 문이 안에서 잠겨 버린 것 같았다. 우리나라에서도 흔한 일이었다.

우리나라의 경우, 장애인 화장실에 대부분 자동문이 설치돼 있다(영국은 수동문이다). 그래서 편하긴 한데, 그 대신 고장이 잦다. 안에 사람이 없어도 곧잘 잠기곤 한다. 하지만 이런 일 따위는 애교에 지나지 않는다.

장애인 화장실에 얽힌 별의별 사연이 많다.

몇 가지 일화를 소개해 볼까?

첫 번째 사연.

건물 관리인과 함께 장애인 화장실 문을 열고 들어갔다. 당황스럽게도 노숙자가 온갖 살림살이를 들여다 놓고 살고 있었다. 변기에 앉아 밥을 먹는다? 화장실 바닥에 누워 잠을 잔다? 씁쓸한 일이 아닐 수 없었다. 믿기지 않겠지만 이런 일이 가끔 있다.

두 번째 사연.

어렵사리 문을 열고 들어가 보니, 청소 도구들이 한가득 쌓여 있다. 발 디딜 틈조차 없다. 화장실과 창고를 구분하지 못하다니 한심한 일 아닌가? 이런 일은 비일비재하다.

세 번째 사연.

화장실 문이 열리기만을 애타게 기다렸는데 한참 후 비장애인이 버젓이 문을 열고 걸어 나온다. 비장애인들에게는 수많은 화장실 중 하나지만 장애인들에게는 오직 하나뿐인 화장실이란 걸 왜 모를까. 이런 일은 하루에도 몇 번씩 있다.

"자동문도 아닌데 어떻게 잠긴 거지? 누가 있나?"

여전히 굳게 닫힌 채 열리지 않는 화장실 문 앞에서 내가 말했다.

"직원 사무실에 가 보자."

아내가 불안한 어투로 말했다. 지금은 참을 만해도 언제 임계점을 넘어 버릴지 알 수 없었다. 불안한 게 당연했다. 사무실 안으로 들어갔다. 덩치 큰 백인 남자가 다가왔다.

"무슨 일이죠?"

"장애인 화장실 문이 잠겨 있어요. 안에 아무도 없는 것 같아요."

"저는 버스 기사입니다. 여기 직원이 아니에요. 가서 기다리십시오."

"아무리 기다려도 사람이 안 나와요."

우리의 태도에서 심상치 않은 무언가를 읽었는지, 남자가 화장실 쪽으로 걸어갔다. 쿵, 쿵, 쿵. 남자가 문을 두드렸다.

"사람 있습니까?"

쿵, 쿵, 쿵! 닻처럼 무거운 정적이 흘렀다.

"어쩔 수가 없네요. 도움이 못 돼서 미안합니다."

남자가 가 버렸다. 꼬마들이 깔깔 웃으며 뛰어다녔다. 사람들이 화장실을 바쁘게 오갔다.

"너무 걱정하지 마. 호텔에 갈 때까지 참을 수 있어."

아내가 의연하게 말했다. '참을 수 있어'가 아니라 '참는 수밖에 없어'라고 말하는 것 같았다. 요의를 두 시간 이상 참는다는 게 쉬울 리 없었다. 할 수만 있다면 내 방광의 반을 떼서 아내에게 나눠 주고 싶었다. 아무리 복지가 잘 돼 있는 나라라고 해도 영국 역시 완벽할 수는 없었다. 우리나라보다 조금 더 복지 시설이 잘 갖추어져 있고 사회 시스템이 잘 돌아간다고 해도, 그 자체로 완벽할 수는 없는 노릇이었다. 당연했다. 미완의 부분, 그 빈틈은 사람이 채워야 했다. 그 역시 당연했다.

"그러지 말고, 여자 화장실에 같이 들어가자. 휠체어를 화장실 문 앞에 세워 두고 나랑 같이 들어가. 비행기에서처럼."

"남자가 들어가면 사람들이 싫어할 거야."

"양해해 줄 것 같은데?"

우리는 여자 화장실 안으로 함께 들어갔다. 입구 쪽에 휠체어를 세워 두고 아내를 안아 올렸다. 진작 이렇게 할 걸 후회됐다.

이가 없으면 잇몸으로 살아야 한다. 잇몸도 없으면 입술로라도 살아야 한다. 나는 왜 이가 없지? 왜 잇몸이 없는 거야? 불평해 봤자, 세상은 알아주지 않는다. 우리가 이런 세상에서 할 수 있는 일은, 입술로도 잘 살아갈 수 있음을 당당히 보여 주는 것, 그것뿐이다.

아, 달달하여라

런던 아이에서 내려온 후 우리는 호텔로 돌아갔다(런던 아이는 대관람차다. 템스강 위를 날며 런던을 조망할 수 있게 한다).

"만지지 마."

아내가 내 손을 막았다.

"왜? 안 돼?"

내가 의뭉스레 물었다.

"절대 안 돼. 만지지 마."

"되게 비싸게 구네."

"비싸게 구는 게 아니라 진짜 비싸."

"민재민 본다니까. 나 믿지?"

"손민 대 봐. 그걸로 끝이야."

의외로 아내가 필사적이었다.

"목마르단 말이야. 있는 물, 마시지도 못해?"

"차라리 마트에 가자."

솔직히 나는 너무 목이 말랐다. 호텔에서 무료로 제공하는 물은 하루에 딱 한 병뿐이었는데, 어쩌다 보니 그걸 다 마셔 버린 거였다. 호텔 냉장고에 물이며 맥주며 음료들이 가득했지만 하나같이 너무 비쌌다. 마트에 가면 훨씬 싸게 살 수 있었다. 그래도 나는 귀찮았다. 그래서 냉장고에 슬쩍 손을 댔는데 아내가 눈치채 버렸다.

하는 수 없이 우리는 호텔 밖으로 나왔다. 밤공기가 제법 차가웠다. 마트는 걸어서 5분 거리에 있었다. 유리문을 열고 들어갔다. 마트 특유의 냄새가 훅 끼쳐 왔다. 이를테면 냉장고 냄새, 과자 봉지 냄새 같은 것들이었다. 전반적인 분위기는 우리나라의 마트와 그리 다르지 않았다. 좋게 말하면 모든 마트가 세계화돼 있었고, 나쁘게 말하면 뭇 마트들이 획일화돼 있었다. 냉장고 문을 열었다.

"그거랑 오른쪽 거."

아내가 알려주는 대로 물병 두 개를 집었다. 2리터짜리 물병들이었다. 계산대로 갔다. 물병을 내려놓았다. 그리고 카드를 내밀었다.

"5파운드 이하는 현금으로 계산하셔야 해요."

남자 점원이 말했다. 카드로 계산하기에는 금액이 너무 작은 모양이었다. 난처했다. 현금을 호텔에 두고 나왔기 때문이다. 혹시나 해서 나는 바지 주머니를 더듬어 보았다. 다행히 동전들이 잔뜩 든 비닐 주머니가 만져졌다(동전들을 이곳에 넣어 보관했다).

"죄송해요."

나는 비닐 주머니를 점원에게 내밀었다. 물건 값만큼 알아서 꺼내 가

저가라는 뜻이었다. 그렇다. 우리는 영국 동전들을 잘 구별하지 못했다. 동전의 종류가 꽤 많았기 때문이다. 이런 점을 악용해서 여행객의 동전에 스리슬쩍 손을 대는 점원도 많다고 했다.

"괜찮아요."

별거 아니라는 듯 점원이 동전들을 받아들였다.

"어디서 오셨어요?"

남은 동전들을 돌려주며 점원이 물었다.

"한국이요."

"오, 한국! 정말 좋은 나라죠."

점원의 너스레가 싫지 않았다. 점원이 우리말로 "안녕하세요?"라고 하며 웃었다. 한두 번 발음해 본 솜씨가 아니었다. "안녕하세요"라고 대답하며 우리도 웃었다. 별일도 아닌데 괜히 유쾌했다.

마트를 나오며 우리는 연신 '안녕하세요?'를 되뇌었다. 타국 땅에서 듣는 우리말은 그 어떤 노래보다도 듣기 좋았다. 말의 홍수 속에 살 때는 미처 몰랐던 우리말의 아름다움을, 먼 이국땅에 와서야 비로소 알게 되었다. 이 말을 혀 위에서 사탕처럼 굴렸다 아, 녕, 하, 세, 요! 사탕같이 달았다.

호텔로 돌아오자마자 컵에 물을 따랐다. 가자 한 병씩을 앞에 두고 대작했다.

"윽! 물이 왜 이렇게 달아?"

내가 말했다. 물맛이 요상했다.

"응? 뭐가 달아?"

"물이 왜 이렇게 다냐고."

"맹물 마시고 취한 거야? 달다니?"

아내가 동의하지 않았다.

알고 보니 내가 마신 물은 라임 맛이었다. 물이 달콤하고 시큼했다. 마음에 들지 않았다. 낯선 곳에선 물 하나도 신중히 골라야 하나 보았다. 그렇지 않고 함부로 골랐다가는 물마시고 양치질해야 한다.

모르는 척해야 할 때

날씨가 심상찮더니 그예 빗방울이 떨어졌다. 툭, 툭, 우산 위로 비가 부딪쳐 왔다. 우리는 싸늘한 밤공기를 들이마시며 템스강 변을 산책했다.

"밥은 잘 먹고 다니지?"

전화기 너머에서 장모님이 물었다.

"그럼. 음식이 너무 잘 맞아서 탈이야."

아내가 애써 밝게 말했다.

"춥지는 않고?"

"춥긴…. 날씨가 너무 좋아. 화창해."

"사람들하고 말은 잘 통하냐?"

"다들 얼마나 친절한지 몰라."

"여기 걱정은 하지 말고 재밌게만 놀아라."

"걱정은 무슨…. 별 일 없지?"

"일은 무슨 일."

"……."

"난 너희 걱정 하나도 안 한다."

"알지."

통화가 싱겁게 끝나 버렸다.

"날씨가 좋아? 장모님 걱정을 안 해?"

악의 없이 내가 이죽거렸다. 평소 같지 않게 아내가 말을 잇지 못했다. 아마 장모님은 다 알고 계셨을 것이다. 아내가 영국에서 음식을 잘 먹는지 그렇지 못한지, 지금 추운지 더운지, 낯선 곳에서 어떻게 의사소통하고 있는지, 여기 와서까지 당신 걱정을 얼마나 하는지…. 목소리 하나로 모든 걸 꿰뚫어 보셨을 게다.

나는 아내의 거짓말이 밉지 않았다. 아니, 깜찍했다. '세상은 착한 거짓말 때문에 돌아간다'고 말하면, 나는 양치기 소년이 되는 걸까? 하지만 정말 그런 것 같기도 하다. 한식 먹고 싶어 죽겠어, 비 오고 장난 아니야, 전혀 말이 안 통해, 만날 엄마 걱정하지라고 대답했다면, 장모님은 어땠을까? '해리포터와 함께 싸워? 그거 자기기만이잖아. 거짓말이잖아'라는 내

면의 목소리에 귀 기울였다면, 나는 어떻게 됐을까? '장애인끼리 그 먼 데를 여행한다고요? 에이, 거짓말! 그건 불가능해요.'라는 사람들의 충고를 받아들였다면 우리는 지금쯤 뭘 하고 있었을까?

때로는 서로의 마음을 다 알면서도 기꺼이 모르는 척해야 할 때가 있다. 한국! 정말 좋은 나라죠, 호텔에 갈 때까지 참을 수 있어, 이까짓 기숙사? 문제없어, 난 너희 걱정 하나도 안 한다 등의 숱한 거짓말. 어찌보면 때때로 거짓말이 솔직함보다 나은 듯하다. 우리는 종종 솔직한 게 제일 좋다며 상대에게 상처 입히곤 한다. 그러나 정말 솔직한 게 제일 좋을까? 혹시 거짓말보다 더 나쁜 게 솔직함일 수도 있지 않을까?

빗방울이 시원했다. 강바람이 상쾌했다.

"잘했어. 너 아주 예뻐. 멋있어. 근사해. 최고야."

아내의 어깨에 손을 올리며 내가 말했다.

"그거 황금빛 2인조가 나한테 했던 말 같은데?"

드디어 아내가 웃었다. 우리는 모험담을 말하듯, 지난 며칠간의 일들을 얘기했다. 그러는 동안에도 시간은 템스강처럼 소리 없이 잘도 흘렀다. 영국에서의 마지막 밤이 깊어 갔다. 우리끼리 유럽을 여행하고 있다는 것, 여덟 시간의 시차를 건너왔다는 것, 그리고도 죽지 않고 잘 살아 있다는 것, 내일이면 프랑스로 떠날 거란 것. 하나하나가 기적 같았다. 거짓말 같았다. 확실히 세상은 거짓말 때문에 돌아간다.

다섯째
날 ;

Hold my hand London & Paris

당신의 발밑에 용암이 흐른다

문제가 생겨 버렸다.

"버스가 안 서! 왜 저러지?"

버스가 정류장에 서지 않고 지나가 버렸다. 유로스타(열차) 출발 시각이 11시였으므로, 적어도 9시 30분까지는 기차역에 가야 했다. 벌써 8시 30분이었다. 시간이 많지 않았다. 우리는 워털루 정류장에서 59번 버스를 타고 세인트 판크라스 역까지 갈 계획이었다. 그다음 유로스타를 타고 프랑스로 넘어 갈 생각이었다. 그런데 분위기가 심상치 않았다. 정류장은 사람 한 명 없이 휑했고, 버스는 정류장을 무정차 통과해 버렸다. 하릴없이 다음 버스를 기다렸다. 초조했다.

"버스가 저 앞에 멈춰 서 있어."

몇 분 후 아내가 말했다. 버스가 정류장으로 들어오지 않고 한쪽에 서 있었다. 이상했다. 불안했다. 버스 쪽으로 가 보았다.

"오늘은 운행 안 합니다."

기사가 말했다.

"네? 왜요?"

"블라블라, 블라블라. 그래서 운행 안 합니다."

"다른 버스도요?"

"네, 59번 버스는 전부 다요."

"……."

우리는 아무 말도 할 수 없었다. 지구가 그대로 멈춰 버린 듯했다. 아무 생각도 나지 않았다. 귀에서 삐~ 하는 이명이 들렸다. 머릿속이 하얗게 변했다. 하필이면 오늘 버스가 말썽이라니! 마른하늘에 날벼락 같은 소리였다. 이렇게 발이 묶여 버리는 건가, 유로스타에 타지 못하는 건가, 이제 어디로 가야 하나, 호텔은, 여권은, 비행기는? 아찔했다. 머리가 터질 것 같았다.

"벌써 아홉 시야. 빨리 가야 돼."

아내가 심각한 어투로 말했다. 이대로 국제 미아가 되는 건가 싶었다.

"대사관에 전화해 볼까?"

주저하며 내가 의견을 내놓았다.

"이런 일로? 대사관이 다산콜센터인 줄 알아?"

뾰족한 수가 떠오르지 않았다. 우리는 인도 한편에 우두커니 서 있었다. 차들이 빠르게 스쳐갔다. 사람들이 잰걸음으로 오갔다. 누구에게 뭔가를 물어볼 수도, 도움을 구할 수도 없었다. 우리는 외로운 이방인이었다. 호텔에 편안히 앉아 밥을 먹고 TV를 보던 때가 그리웠다.

불과 두 시간 전이었다. 라면 국물 냄새가 솔솔 풍겼다. 영혼을 뒤흔들어 놓는 치명적인 냄새였다.

"5분 지났지?"

참다못해 내가 물었다.

"2분 30초, 31초, 32초…."

아직도 3분이 채 되지 않았다니. 믿기지 않았다. 기다림의 시간이 너무 길었다. 가혹했다. 비빔밥에서 고소하고 매콤한 향이 모락모락 올라왔다. 가히 악마의 유혹이었다.

"이제 5분 다 됐지? 아니라고 하지 마."

"4분 13초, 14초…."

"다 됐네. 먹자."

우리는 영국에 온 후 처음으로 건조밥을 먹었다. 우리는 지난 나흘 동안 한식을 한 끼도 먹지 않았지만 별 탈 없이 잘냈다. 음식이 입에 맞지 않을까 봐 걱정을 많이 했다. 그러나 막상 영국에 와서는 한식 생각을 거의 하지 않았다. 국물을 한 모금 마셨다. 위장에 새로운 길 하나가 만들어지는 듯했다. 금식 후에 먹는 음식 같았다. 등에 땀이 났다.

"그런데 라면 국물이 좀 달아."

국물을 마시다 말고 내가 말했다.

"라임 맛 생수를 부어서 그래. 물이 좀 부족하길래 어제 마시다 만 걸 부었어."

아내가 비빔밥을 뒤적이며 말했다.

"네 거에도 부었어?"

"……."

아! 영국에서 먹은 라면 밥의 맛. 어찌 잊으리오. 밥이 참 달고 맛있었다. 식기를 정리한 뒤, TV를 켰다. 호텔에 온 후 처음이었다. 채널을 부지런히 돌렸다. 뉴스가, 드라마가, 아침 체조 프로그램이, 애니메이션이 방송 중이었다. 우리는 한동안 TV를 봤다. 이상하게 재밌었다. 말을 알아듣지 못하는데도 몰입이 잘 됐다. 계속 눌러앉아 TV나 보고 싶었다.

아쉬워도 어쩔 수 없었다. 이제는 정말 떠나야 했다. 더는 미적거릴 시간이 없었다. 빠뜨린 게 없는지 꼼꼼히 살폈다. 욕실, 침대, 옷장, 소파 등을 전날 밤에 이어 다시 한 번 확인했다.

"지문이라도 감식해?"

소파 위를 손으로 훑고 있는데 아내가 뒤에서 말했다. 다행히 빠진 건 없는 듯했다. 캐리어를 닫았다. 그리고 백팩을 휠체어 뒤에 걸었다. 언제나처럼 작은 가방은 아내가 들었다.

"영국에 올 때하고 같은 모습이네."

아내가 피식 웃으며 말했다. 그러고 보니 정말 그랬다. 영국으로 출발하던 날의 아침이 생각났다. 왼손으로 캐리어를 끌며 오른손으로는 휠체어를 잡았다. 우리는 다시 한 번 하나로 연결된 유기체가 되어 정든 방을 나섰다. 그때까지만 해도, 우리는 영국 여행이 다 끝난 줄만 알았다. 마음이 묽은 죽처럼 풀어져 있었다.

시간이 재깍재깍 흘러갔다. 버스가 휙휙 스쳐 지나갔다.

"큰일났네! 어떡하지?"

아내가 울상을 지었다. 나는 영국한테 말을 걸었다. '영국! 내 손을 좀 잡아 주면 안 되겠니? 이렇게 차갑게 굴 거야? 너 이런 놈 아니잖아. 너를 오해하지 않도록, 아름답게 추억하도록 도와줘. 손을 잡아 줘.'

"어떡하냐고!"

아내가 재차 물었다. 나는 하늘을 올려다보며 영국에게 거듭 말을 걸었다. 지성이면 감천이라더니, 나의 고요한 외침을 들은 건지 영국이 화답해 주었다. 블랙캡 한 대가 우리 쪽으로 다가왔다.

"맞아. 택시가 있었지?"

아내가 반색했다. 그랬다. 버스뿐 아니라 택시도 탈 수 있었다. 우리나라와는 달리, 특별 교통수단이 아닌 일반 택시를 잡아 탈 수 있는 영국이었다. 아내가 손을 흔들었다. 블랙캡이 정차했다.

"길이 좀 막힙니다. 요금이 많이 나올 수도 있어요."

기사가 말했다. 그는 담담하면서도 친절했고, 무뚝뚝한 중에도 미소를 잃지 않았다. 국제 미아가 될 판에 요금이 문제될 리 없었다. 우리가 고개를 끄덕이자, 기사가 경사로를 설치했다. 빨리 좀 하지 싶을 만큼 동작이 느릿느릿했다. 죽다 살아난 느낌이었다. 우리의 영국 여행은 아직 끝난 게 아니었다. 뉴욕 양키즈의 포수였던 요기 베라의 '끝날 때까지 끝난 게 아니다'는 말은 진실이었다.

낯선 여행, 떠날 자유_5 Day

멀리서 빅벤이 울렸다. 택시가 출발했다. 놀란 마음을 가라앉히기 위해 심호흡했다. 한 치 앞도 보지 못하는 게 사람이었다. 어제까지 평온했으니 내일도 그러할 거라고 누가 장담할 수 있겠는가? 오늘 당장 사고로 장애인이 되더라도, 목숨을 잃더라도, 사실 이상할 게 없었다. 그게 삶이었다.

우리가 서 있는 땅 밑으로 용암이 흐르고 있음을 실감했다. 우리의 일상이 얼마나 허약한지를 목도했다. '오늘도 무사히'를 되뇌었다.

"휴가 중인가요?"

기사가 물었다. 팝송이 차 안에 흘렀다. 어디서 왔냐, 어디를 둘러 봤냐, 기차역에는 왜 가냐, 기사가 나른한 목소리로 자꾸 물었다. 긴장이 조금씩 풀렸다. 노랫소리, 나른한 말소리, 따뜻한 햇볕, 적당히 흔들리는 차…. 졸음이 고삐 풀린 말처럼 달려들었다.

굿바이 영국! 봉주르 프랑스!

어린 시절 나는 공상에 빠져 살았다. 지금 생각하면 하나같이 유치하고 가당찮은 공상들이었다. 그중에서 하나만 예를 들어 보면, '허공에 노크하기'가 있었다.

나는 왜 허공에 대고 노크를 했을까? 그건 4차원의 문을 열고 싶었기 때문이다. 허공의 어느 한 지점을 열심히 노크하면 4차원의 공간이 열린다는 식의 얘기, 한 번쯤 들어보지 않았나? 아무튼 나는 그 말을 믿었다. 그래서 콩! 콩! 콩! 허공에 열심히 노크했다. '두드려라. 그리하면 열릴 것이다.'라는 성경 구절도 있지 않던가? 하지만 결국 4차원의 문은 열리지 않았고, 나는 곧 다른 공상 속으로 빠져 들었다.

나는 한참 후에야 깨달았다. 어린 시절 나의 방법이 잘못돼 있었음을. 4차원의 문은 그렇게 여는 게 아니란 것을 해리포터를 통해 깨달았다. 해리포터는 온몸으로 그 방법을 알려 주었다. 그는 킹스 크로스 역의 막힌 벽 쪽으로 주저 없이 돌진했다. 그 순간 호그와트로 가는 4차원의 문이 열렸다. 나는 무릎을 탁 쳤다. 아, 바로 저거였구나! '쩨쩨하게 노크라니… 벽에 돌진 정도는 했어야지.'

결국 나는 과감하지 못했고 그 때문에 4차원의 문을 열지 못했던 것 같다.

우리의 목적지인 세인트 판 크라스 역은 킹스 크로스 역과 가까웠다. 나도 해리포터처럼 킹스 크로스 역 9와 4분의 3 플랫폼(막힌 벽)으로 돌진하려 했으나, 뜻대로 되지 않았다. 유로스타 출발 시각이 코앞이라 딴짓할 시간이 없

낯선 여행, 떠날 자유_5 Day

었다. 거기다 아내가 용납하지 않았다. 아! 4차원의 문이여, 안녕!

늦지 않게 세인트 판크라스 역에 도착했다. 다행이었다.

기차를 타고 국경을 넘어 간다는 것! 신기했다. 환상적이었다. 꼭 한 번 해 보고 싶은 일이었다. 애거사 크리스티의 소설 《오리엔트 특급 살인 사건》이 생각났다. 밀폐된 공간, 달리는 열차, 그 속에서 벌어지는 살인 사건은 아주 짜릿하고 긴장됐다. 그런데 내가 피해자가 되면 어쩌지? 범인의 얼굴을 볼 수 없으면 다잉 메시지도 남길 수 없는데! 그건 큰일이었다.

"어디 가서 그런 소리하지 마. 철없게!"

아내가 정색했다. 먼저 우리는 비지터 센터로 갔다. 오이스터 카드의 잔액과 보증금을 환불받기 위해서였다. 환불 금액이 10파운드(약 1만 5000원) 이하일 때는 무인 기계를 이용하면 됐지만, 환불 금액이 그 이상일 때는 비지터 센터에 방문해야 했다. 주로 걸어 다녔고(나흘 동안 40킬로미터 이상 걸었다), 간간히 블랙캡도 이용한 까닭에 오이스터 카드에 잔액이 꽤 많았다.

창구 직원에게 오이스터 카드와 체크카드(오이스터 카드를 충전할 때 사용했던 체크카드였다)를 건넸다.

"환불 금액은 며칠 후에 계좌로 입금될 겁니다."

직원이 말했다. 현금으로 돌려주는 게 아닌 모양이었다.

"오이스터 카드 만들 때, 아가씨 역무원이 많이 도와줬는데…."

아내가 말했다. 우리는 지하철 노선도까지 살뜰히 챙겨 줬던 역무원을 생각했다. 다음으로 우리는 환전 센터에 들러 남아 있는 파운드를 유로로 바꿨다.

"지폐를 어떻게 섞어 드릴까요?"

직원이 물었다. 유로의 지폐 체계가 어떻게 되더라? 갑자기 머리가 멍했다.

"작은 지폐들로 섞어 주세요."

불친절하기 그지없던 우리나라의 환전 센터가 생각났다. 지폐를 받아 들었다. 영국에서의 흔적을 하나하나 지우는 듯해서 괜스레 아쉬웠다. 마지막으로 우리는 출국장으로 들어갔다. 캐리어 및 가방 등을 검색대 위에 올렸다. 그리고 금속 탐지기로 몸을 검색받았다. 여권에 도장이 쾅 찍혔

다. 입국 심사를 받던 때가 떠올라서 빙그레 미소 지었다. 영어로 된 질문을 알아듣지 못할까 봐 얼마나 긴장했던지. 아, 세상의 모든 처음은 하나같이 아름답고 사랑스럽다.

탑승 대기실로 갔다. 우리 말고도 장애인 승객이 많았다. 수동 휠체어를 타는 장애인만 대여섯 명이 넘었다. 우리는 대기실 한쪽에 앉아 역무원

을 기다렸다. 얼마 후 역무원 몇 명이 대기실 안으로 들어왔다. 그리고 수동 휠체어들을 밀기 시작했다. 숙련된 조교들처럼 일사불란했다. 열차 승강장으로 내려가는 것 같았다. 그런데 그 누구도 우리한테는 아무런 관심이 없었다. 희한했다. 하는 수 없이 우리는 눈치껏 그들 뒤를 쫓아갔다.

엘리베이터에서 내렸다. 유로스타가 플랫폼에 들어와 있었다. 경사로가 열차와 승강장 사이를 연결했다. 신기하게 생긴 경사로였다. 몹시 길었고, 곡선으로 돼 있었다. 그 덕에 경사가 매우 완만했다. 장애인을 위한 깨알 같은 배려였다. 경사가 가파를수록 불편하고 위험하기 때문이다. 아내가 경사로를 타고 올랐다. 그 뒤를 내가 따랐다.

'안녕, 런던! 안녕, 영국!'

작별의 순간이었다. 투박한 배려, 특별하지 않은 교통수단, 특별할 것 없는 우리, 평온하면서 유쾌한 인생. 이것이 우리가 만난 영국이었다.

운이 좋았다. 예약상, 원래 우리 자리는 꽤나 떨어져 있었다. 아내는 장애인 좌석(휠체어가 들어갈 수 있는 빈 공간. 열차 칸의 맨 뒷자리)에, 나는 그보다 몇 줄 앞에 앉아야 했다. 하지만 승무원이 배려해 준 덕에 우리는 마주 앉아 갈 수 있었다. 마침 우리가 탄 칸에 승객이 많지 않아서 가능한 일이었다(우리는 2등석을 예약했다. 값이 저렴한 3등석에 비해 승객이 적었다). 아! 우리는 어딜 가나 한 쌍의 유기체란 말인가.

더구나 캐리어를 우리 가까이 놓아두었으므로 도난당할 위험도 없었다. 혹시나 해서 도난 방지용 체인을 준비해 왔는데, 사용하지 않아도 돼서 다행이었다(아내는 자신이 심혈을 기울여 고른 체인을 사용하지 못하게 돼서 서운한 눈치였다. 아닌가?).

덜컹! 열차가 움직였다. 덜컹! 가슴이 내려앉았다.

"잘 있어, 영국! 고마웠어, 런던! 안녕~."

아내가 창밖을 보며 말했다. 섭섭한 모양이었다. 나도 크게 다르지 않았다. 작가 김승옥 식으로 말하면, '당신은 영국을 떠나고 있습니다. 안녕히 가십시오.'라고 쓰인 팻말을 나는 보고 있었다.

"영국에 다시 올 수 있을까?"

"돈 모아서 또 와야지."

아내가 씩씩하게 답했다. 말처럼 쉽지는 않겠지만 기대와 희망을 또 품어 보았다. 우리는 '신사와 안개의 나라'를 떠나고 있었다. 불현듯 몹시 피곤했다. 며칠 동안 쌓인 피로가 한꺼번에 몰려들었다. 피로가 안개처럼 몸을 감쌌다. 진득하고 촘촘한 안개에서 헤어 나올 수 없었다. 식사가 나올 때까지 의자에 몸을 파묻고 잤다. 혼곤한 잠이었다. 식사를 마친 후 다시 잠 속으로 빠져 들었다. 꿈도 없는 깊은 잠이었다. 자고 일어나면 몸도 맘도 리셋돼 있길 바랐다.

"…주르…, …주르…. 봉주르!"

아내의 목소리에 잠을 깼다.

"뭐라고?"

"봉주르! 프랑스에 다 왔어."

아내가 들떠 있었다. 영국을 벌써 잊은 듯했다. 배신자 같으니. 나는 저러지 말아야지.

"프랑스 음식은 정말 맛있대. 영국하곤 비교가 안 된대."

그러고 보니 배가 출출했다. 음식다운 음식을 먹고 싶었다.

"그렇게 맛있대? 특히 뭐가? 어?"

덜컹! 열차가 멈췄다. 피가 빠르게 휘돌았다. 프랑스였다.

> Wife Says

아! 나도 자고 싶다. 남편이 쿨쿨 자고 있는 그 시각, 나는 몹시 분주했다. 파리 북 역으로 택시를 불러야 했기 때문이다. G7 앱을 아무리 뒤져 봐도 일반 택시만 표시될 뿐, 장애인용 택시는 검색되지 않았다.

도움을 청하기 위해 페이스북에 글을 남겼다. '휠체어를 타고 있다. G7 어세스(휠체어를 실을 수 있는 택시)를 어떻게 호출할 수 있나?'와 같은 질문들이었다. 그런데 답변은 올 생각이 없어 보였다(답변은 다음날 왔다).

그렇다면 남은 방법은 두 가지였다. 전화로 택시를 부르거나, 길에서 택시를 잡아타거나. 프랑스인과의 전화 통화는 아무래도 자신 없었다. 일단 역 밖으로 나가면 무슨 방법이 있지 않을까 생각했다. 영국에서처럼 잘되겠지 뭐. 잘돼야지. 제발 잘돼라. 수도 없이 빌었다. 남편이 쿨쿨 자고 있는 그 시각, 나는 몹시 분주했다.

프랑스! 우리한테 왜 이래?

파리 북 역. 그곳은 복마전伏魔殿이었다. 지나고 보니, 그때 우리는 머지않아 닥쳐 올 불운과 위험을 어렴풋이 예감하고 있었다. 결과적으로 우리는 육감을 믿었어야 했다. 조금 더 주의했어야 했다. 다음은 복마전에서의 생존기이다.

열차에서 내린 후 위층으로 올라갔다. 입국 수속을 밟기 위해서였다. 엘리베이터 문이 열렸다. 기다렸다는 듯 온갖 소리와 냄새가 득달같이 달려들었다. 수많은 사람이 각자의 언어로 웅성였다. 쉰내와 단내가 뒤섞인 괴이한 냄새가 코를 자극했다.

"왜들 저래?"

아내가 놀랐다. 바닥에 아무렇게나 주저앉아 있는 사람들, 곳곳에 드러누운 사람들, 사람들, 사람들. 사람이 너무 많았다. 그들을 피하며 걷기가 힘들 정도였다.

"조심해야 돼. 파리는 치안이 진짜 안 좋대. 언제 가방을 낚아채 갈지 몰라."

아내가 나지막이 말했다. 왠지 수긍이 갔다. 그 정도로 역의 분위기가 좋지 못했다. 느낌이 안 좋았다. 뭐랄까, 역 전체에 어떤 긴장감 혹은 불온한 기운이 감돌았다. 밀폐된 공간에 너무 많은 사람이 밀집해 있었다. '위험해! 오늘…. 고생 좀 하겠어.' 육감이 신호를 보내왔다.

스텝 1. 시련-입문 과정

먼저, 우리는 입국장으로 갔다. 그런데 입국 수속부터가 쉽지 않았다. 영국과 달리 장애인을 배려해 주지 않았다. 우리도 비장애인들과 다름없이 줄을 서야 했다. 얽히고설켜 있는 사람들 틈에서 줄 서 있는 것만으로도 진이 빠졌다. 특히 휠체어 바퀴에 누군가의 발이 밟히기라도 하면 큰일이었으므로 우리는 더욱 신경 써야 했다. 긴장한 상태에서 가다 서다를 반복하려니 적잖게 힘들었다.

한 시간 후 입국 심사를 받았다. 형식적인 질문도, 짧은 인사 한마디도 없었다. 기계적으로 여권에 도장을 찍는 게 다였다. 대기 중인 사람이 너무 많아서인 듯했다. 까다로운 질문을 기대한 건 아니지만 어쩐지 좀 김이 샜다.

스텝 2. 시련-초급 과정

다음으로 우리는 북 역 지하로 가서 버스표를 사야 했다. '까르네'라고 불리는 파리의 버스표는 낱장으로 사는 것보다 묶음으로 사는 게 훨씬 저렴했다. 버스에서는 한 장을 2유로(약 2600원)에 팔았고, 북 역에서는 10장을 15유로(약 1만 9000원)에 팔았다.

그런데 지하로 내려가는 엘리베이터를 찾을 수 없었다. 역무원에게 물어보고 싶었지만, 북 역에는 승객만 많고 직원은 적었다. 엘리베이터든 직원이든 나타나기만 해라, 하며 앞으로 나아갔다. 그때였다. 발끝에 뭔가가 차였다. 그리고 거의 동시에 누군가의 손이 내 발목을 움켜잡았다. 나는 소스라치게 놀랐다.

"블라블라!"

바닥에서 말소리가 들렸다. 영어도 아니고 프랑스어도 아니었다. 처음 듣는 언어였다.

"가방을 건드린 것 같아. 머리에 베고 있었나 봐. 누워 있어."

아내가 속삭였다.

"블라블라!"

말소리가 허리께에서 났다. 앉은 모양이었다.

"화가 많이 났나 봐."

아내가 긴장했다.

"죄송합니다. 시각장애인이에요."

어투에 신경 쓰며 내가 말했다. 탁! 탁!

"블라블라, 블라블라!"

우리 캐리어를 치며 그가 말했다. 어느새 머리 위에서 말소리가 들렸다. 일어선 모양이었다. 많이 언짢은 듯했다.

"실수였어요. 죄송합니다."

영어를 전혀 알아듣지 못하는 것 같았다. 안 되겠다 싶어서 흰지팡이를 빼 들었다. 최대한 길게 만든 후, 바닥을 툭툭 쳐 보였다.

"블라!"

"뒷걸음질 치는데? 케인을 처음 보나 봐."

장애인 혹은 케인을 처음 보는 듯했다. 어떤 나라에서 온 사람인지, 여기서 뭘 하고 있는지 궁금했다. 몇 초가 흘렀다. 그의 심중을 알 수 없었다. 나는 고개를 숙여 보인 후 자리를 떴다.

"다시 누웠어."

아내가 뒤돌아보며 말했다. 쫓아오지는 않을까 노심초사했는데 안심이 됐다. 다시 케인을 작게 접었다. 지뢰를 피해 걷듯 조심하며 앞으로 나아갔다.

스텝 3. 시련-중급 과정

"까르네를 사려고 하는데요. 엘리베이터가 어디 있나요?"

어렵게 만난 직원에게 아내가 물었다. 직원이 손가락으로 한쪽을 가리켰다. 불친절했다. 그쪽으로 가 보았다. 벽에 가려진 엘리베이터가 있었다.

"바리케이드로 막혀 있어. 고장이래."

고장 난 엘리베이터를 가리키면 어쩌란 말인가. 하는 수 없이 우리는 다른 직원을 찾아 헤맸다.

"지하로 내려가고 싶은데요."

바빠 보이는 직원에게 아내가 말했다. 아니나 다를까, 이번에도 직원이 손가락질했다.

"고장이더라고요."

아내가 난감해하며 말했다.

"그러면 저쪽으로 가 보세요."

귀찮다는 듯 직원이 입을 열었다. 짜증스럽긴 우리도 마찬가지였다.

"우리나라에 온 것 같아."

아내의 말대로였다. 불친절한 공무원들, 불편한 시설들, 복잡한 역. 영락없는 우리나라였다. 엘리베이터 방향으로 털래털래 걸었다. 아내도 나도 지쳐 있었다.

"엘리베이터 앞에서 싸움이 났어. 물건들이 사방에 흩어져 있고…."

한바탕의 활극이 벌어지고 있었다. 열린 캐리어 밖으로 물건들이 쏟아져 나와 있었다. 여행객 사이에 다툼이 생긴 모양이었다. 직원들이 싸움을 뜯어 말리는 중이었고, 주위에 구경꾼들이 모여들어 있었다. 왜 하필 엘리베이터 앞에서 저런담! 오늘 일진이 왜 이 모양인가? 헛웃음이 났다. 허허롭게 웃었다.

"웃지 마. 싸우다 말고 쳐다보잖아."

"알았어. 싸움 구경이나 하자."

그렇게 상황이 정리되길, 엘리베이터를 탈 수 있길 바랐는데….

"세상에! 이것도 고장이야."

하늘도 무심했다. 파리 북 역은 정말이지 복마전이었다. 지하로 내려가는 모든 엘리베이터가 죄다 고장 난 상태였다. 그것도 모르고 우리는 우왕좌왕한 셈이었다. 비장애인들은 에스컬레이터를 타고 지하로 잘도 내려갔다. 다들 까르네를 사러 가는 중이겠지, 생각하니 괜스레 억울했다. 장애인이기 때문에 버스를 비싼 값에 타야 하는 건가, 이런 것마저 쿨하게 받아들여야 하는 건가, 생각할수록 속이 아팠다.

"미안해. 나 때문에 내려가지도 못하고…."

아내가 의외의 말을 했다. 미안한 건 난데!

"내가 혼자서라도 사 올 수 있으면 좋겠는데, 미안해."

내가 솔직히 말했다. 속에 있는 말을 하고 나니 그래도 기분이 조금은 가벼워졌다. 그까짓 까르네! 그냥 낱장으로 사면 그만이었다. 조금 비싸게 버스를 타는 것뿐이었다. 이렇게 된 이상 어쩔 수 없었다.

"이제 뭐하면 되지? 여기서 할 일은 다 했지?"

나는 복마전에서 벗어나고 싶었다. 호텔에 가서 쉬고 싶었다.

"할 건 없는데…. 있잖아…."

아내가 전에 없이 말끝을 흐렸다.

"화장실 가고 싶어."

긴장한 탓인지 아내가 요의를 느꼈다.

"지금 갈래?"

마지막으로 화장실에나 가자, 하는 심정으로 내가 가볍게 말했다.

"아까부터 화장실을 찾고 있는데 다 세난 뒤에 있어. 게다가 너무 좁아. 장애인 화장실이 있을 것 같지 않아."

"어떡하지? 많이 급해?"

"참을게. 호텔에 갈 때까지 어떻게든 참아 봐야지. 장애인 화장실을 찾느라 쩔쩔매기 싫어."

비장애인들은 하지 않을 걱정을 장애인이기 때문에 해야 하는 경우가 종종 있다. 비장애인들은 겪지 않을 고통을 장애인이기 때문에 견뎌야 하는 경우가 종종 있다. 그걸 느낄 때마다 서글펐다.

"최대한 빨리 호텔에 가자."

이 말을 할 때만 해도 북 역에서 벗어나는 게 그토록 어려울 줄 몰랐다.

스텝 4. 시련-고급 과정

출구로 나갔다. 드디어 프랑스 여행이 시작되는 듯해서 설렜다. 햇볕이 이마를 쨍하고 때렸다. 부지불식간에 얻어맞고 나니 머리가 띵했다. 역 안에 있을 때는 몰랐는데, 바깥은 우리나라의 초여름처럼 더웠다. 우리는 입고 있던 얇은 재킷을 벗어 버렸다. 한결 홀가분했다.

파리는 런던과 사뭇 달랐다. 런던보다 활기차고 시끌벅적했다. 날씨는 더할 나위 없이 화창했고 사람들은 웃으며 몰려다녔다. 마치 거대한 유원지에 온 듯했다. 과연 빛과 낭만의 도시다웠다. 택시들이 역쪽으로 끊임없이 들어왔다. 그리고 사람들이 끝도 없이 타고 내렸다. 다 고만고만한 크기의 택시들이었다. 휠체어를 태울 수 있는 차들이 아니었다.

프랑스는 영국과 달리 장애인용 택시가 따로 있었다. 'G7 어세스'라는 택시가 바로 그것이있다. G7은 다국적 택시 회사로서 여러 종류의 택시를 운행하고 있다. 소비자들은 자신에게 맞는 택시를 호출할 수 있다. 택시 유형은 다음과 같다. 일반 택시인 G7, 친환경적인 G7 그린, 고급 택

시인 G7 VIP, 크기가 큰 G7 벤, 익명의 승객과 함께 타는 G7 셰링(요금이 저렴하다), 휠체어를 태울 수 있는 G7 어세스(파리에 100여 대밖에 없다).

"기다리면 G7 어세스가 올까?"

아내가 말했다.

"한 대쯤은 지나가지 않겠어?"

나는 말하면서도 반신반의했다. 택시가 오지 않으면 어쩌지? 빨리 가야 되는데…. 화장실이 급할 텐데…. 초조했다. 그때였다.

"도와드릴까요?"

아주머니 한 명이 우리 쪽으로 다가왔다. 행색이 몹시 추레했다. 좋지 못한 냄새가 났다

"G7 어세스를 타고 싶어요. 휠체어 택시요."

우리가 말했다. 뭐랄까, 지푸라기라도 잡고 싶은 심정이었다.

"아! 저기 가면 있어요. 따라 오세요."

집시가 앞장섰다.

"따라 가도 되려나?"

"G7 어세스를 아는 눈친데?"

별일 있겠나 하는 생각으로 집시를 쫓아갔다. 육감이 요란스레 경종을 울려댔다. 꺼림칙했지만 그놈의 택시를 향한 기대가 더 컸다. 바보 같았다.

"오~!"

어느새 남자 집시가 합류했다. 그가 무슨 이유에선가 감탄했다.

"조용히 해!"

여자 집시가 쏘아붙였다. 남자가 킬킬댔다. 몇 분 후 집시들이 걸음을 멈췄다.

"여기에요. 아무거나 잡아타면 되요."

북 역의 다른 출구 앞이었다.

"아뇨. 휠체어 택시를 찾고 있어요. G7 어세스요."

아내가 딱딱하게 말했다. 출구만 바뀌었을 뿐 조금 전의 그곳과 다를 게 없는 곳이었다. 일반적인 택시들만 드나들고 있었다. 역시 뭔가 잘못됐구나 싶었다. 소문으로만 듣던 프랑스의 치안 상태, 집시들의 횡포 따위를 떠올렸다.

"뭐? 무슨 휠체어 택시? 뭐라는 거야?"

남자 집시가 이죽거렸다.

"데려다 줬으니 돈 줘요."

여자 집시가 뚱녕스럽게 말했다. 기가 막혔다. 보기 좋게 걸려 든 셈이었다.

"동전이 없는데 어쩌지?"

"지폐밖에 없잖아."

목소리를 낮춰 아내와 상의했다. 지폐를 주기에는 너무 아까웠다. 팁이라면 몰라도, 이건 뜯기는 게 아닌가. 그들은 수고비를 요구하는 게 아니었다. 그저 돈을 빼앗으려 하고 있었다.

"돈 달라고!"

여자가 윽박질렀다.

"우리가 찾는 곳이 아니에요."

내가 말했다.

"캐리어 좀 줘 봐요."

남자가 캐리어 손잡이를 낚아채려 했다. 내가 힘주어 잡았다.

"도와주려고 하는데 왜 이래?"

남자가 가까이 다가왔다. 고약한 냄새가 코를 찔렀다.

"마담!"

여자가 아내 옆쪽으로 돌아갔다. 이대로 있다가는 위해를 당할 것 같았다. 하지만 뭘 어떻게 해야 좋을지 생각나지 않았다. 그야말로 우리는 속수무책이었다. 남자가 캐리어를 잡아당겼다. 손잡이를 놓치면 정말 큰일이었다. 옷, 휠체어 충전기 등이 모두 캐리어 안에 있었다. 심장이 터질 듯 빠르게 뛰었다. 아내는 여자 집시와 실랑이 중이었다.

"도와주세요!"

있는 힘껏 소리쳤다. 남자가 가슴을 확 떠밀었다.

"블라블라!"

새로운 목소리가 들렸다. 낮고 굵은 목소리였다. 뒤이어 호각도 울렸다. 누군가 어깨를 잡아당겼다. 아내와 나는 역 출입구 쪽으로 이끌려 갔다. 바리케이드 안쪽으로 들어간 후에야 숨을 제대로 쉴 수 있었다. 역무원과 집시들이 옥신각신했다. 역무원은 집시들을 쫓기 위해 소리쳤고, 집시들은 우리에게 다가오려고 안간힘을 썼다. 호각 소리를 듣고 역 안에서 다른 역무원이 달려 나왔다. 싸움이 더 거칠어졌다.

캐리어에 등을 기대고 앉았다. 겨우 호흡이 돌아왔다. 불과 몇 미터 앞에서 고성이 오갔다. 발소리들이 어지럽게 울렸다. 눈 뜬 채 코 베일 수 있다는 걸 실감했다. 정신을 똑바로 차리지 않으면 언제 위험에 처할지 몰랐다. 우리는 의지할 곳 하나 없는 남의 나라를 여행 중이었다. 낯선 세상이었다.

"괜찮아?"

아내에게 물었다.

"집시들이 너무 필사적이야."

우리는 상황이 정리되기만을 조용히 기다렸다. 비록 내용은 알 수 없었지만, 집시들의 말이 이상하게 가슴을 후볐다. 그들의 시선이 칼날처럼 몸에 박혔다. 한참 후에야 소란이 가라앉았다. 폭풍이 할퀴고 간 듯했다.

스텝 5. 시련-마스터 과정

"블라블라."

우리를 도와준 역무원이 다가왔다. 흑인 남자였다.

"고맙습니다."

우리가 영어로 말했다.

"블라블라."

그는 계속 프랑스어로 말했다. 영어를 못하는 듯했다. 우리가 거듭 고맙다고 하자, 별일 아니라는 듯 어깨를 툭 치며 웃었다.

"G7 어세스 택시. 휠체어 택시."

아내가 휠체어를 가리키며 말했다. 그가 고개를 끄덕였다. 기다리라고 손짓했다.

"택시가 오면 안내해 줄 건가 봐."

아내가 한시름 놓은 듯 말했다. 역 쪽으로 들어오는 택시들을 정리하는 게 흑인 역무원의 일인 것 같았다. 그를 믿어 보기로 했다. 10분, 20분, 30분, 시간이 속절없이 흘러갔다. 우리는 세쏙 출입구 앞에 서 있었다. 기다리면 택시가 오긴 할까? 얼마나 더 기다려야 하나? 궁금했지만 역무원에게 물을 수가 없었다. 우리는 프랑스어를 못하고 그는 영어를 못했다. 햇볕은 여전히 따가웠고, 아내의 요의는 점점 심해졌다. 그러는 사이에도 사람들은 택시를 타고 부지런히 오갔다.

여보소 공중에 / 저 기러기 / 공중엔 길 있어서 잘 가는가 / 여보소 공중에 / 저 기러기 / 열십자 복판에 내가 섰소 / 갈래 갈래 갈린길 / 길이라도 / 내게 바이 갈 길은 하나 없소

김소월의 '길'에서처럼 우리가 갈 수 있는 길, 우리가 탈 수 있는 택시는 하나도 없었다. 답답하고 막막했다.

"파리에 G7 어세스가 워낙 적어서 기다려도 안 올 것 같아. 전화해 볼까?"

아내가 지친 목소리로 말했다. 음성이 깔깔했다. 목이 말라도 화장실 때문에 물을 마시지 못하고 있었다. 택시를 호출하기 위해 G7 회사로 전화했다. 그런데 로밍이 불안정한데다, 의사소통까지 잘 되지 않아서 택시를 부를 수가 없었다. 통화 품질이 매우 안 좋았고, 우리도 또 통화 상대도 영어를 능숙하게 하지 못했다. 이대로는 안 되겠다 싶어서 예의 그 역무원에게 도움을 청했다.

"잠시만요. 프랑스인을 바꿔드릴게요."

통화 상대에게 양해를 구한 후 역무원에게 전화를 내밀었다.

"블라블라."

그가 전화를 되돌려 주며 말했다. 불안정한 로밍 탓에 통화가 종료돼 있었다. 한숨이 절로 났다. 너무나도 절망스러웠다. 난민 같던 승객과의 시비, 고장 난 엘리베이터, 포기할 수밖에 없었던 까르네, 참고 있는 요

의, 목마름, 집시와의 다툼, 터지지 않는 휴대폰, 오지 않는 택시…. 할 수만 있다면 파리 북 역의 멱살을 틀어쥐고 싶었다.

그때였다. 돌연 역무원이 주머니에서 휴대폰을 꺼내 들더니 G7 회사로 전화했다. 한동안 통화가 이어졌다.

"네임."

그가 아내의 이름을 물었다. 택시를 부르기 위해서 필요한 듯했다.

"폰 넘버."

전화번호도 물었다.

"블라블라."

통화를 끝내고 전화를 흔들어 보이며 그가 말했다. 기다리라는 것 같았다. 다시 10분, 20분…. 더디게 시간이 흘렀다. 역무원이 전화를 귀에 가져다 대는 시늉을 하며 우리에게 뭔가를 자꾸 물었다. 택시 기사로부터 전화가 왔는지를 묻는 것 같았다.

얼마 후 아내의 휴대폰이 울렸다. 마침내 택시가 연결됐다. 우리도 기뻤지만 역무원도 우리 못지않게 좋아했다. 아내가 그에게 전화를 건넸다. 그가 기사에게 현재 위치를 설명했다. 그가 택시 앞까지 캐리어를 끌어 주었다. 은인인 그에게 팁밖에 줄 수 없어서 안타까웠다. 언어가 달랐으므로 고맙다는 인사조차 제대로 전할 수 없었다.

그가 악수를 청했다. 손이 거칠고 따스했다. 처음으로 맞잡은 프랑스의 손이었다. 우여곡절 끝에 우리는 복마전에서 벗어날 수 있었다.

열정에 전염되다

G7 어세스는 우리나라의 장애인 콜택시와 비슷했다. 밴을 개조한 택시라 뒷좌석의 일부가 비워져 있고 그 빈 공간으로 휠체어가 들어갈 수 있었다.

기사가 트렁크 문을 열고, 경사로를 꺼냈다. 경사로가 트렁크와 지면을 연결했다. 아내가 경사로 위로 올라갔다. 뒷좌석 즈음에서 휠체어를 멈췄다. 나는 운전석 뒤에 앉았다. 내 뒤에 휠체어석이 있었다.

우리는 호텔 바우처를 기사에게 보여주었다. 그곳으로 가 달라는 뜻이었다. 택시는 아늑하고 편했다. 라디오에서 경쾌한 노래가 흘러나왔고, 기사가 콧노래를 흥얼거렸다. 북 역과 다르게 삭막하지 않았다. 그런데 차가 출발한 지 5분쯤 됐을 때였다. 아내가 뜬금없이 "이러다 죽을지도 몰라." 하고 소곤거렸다. 나는 "왜? 무슨 일 있어?" 물었다.

"기사가 차선을 막 바꿔. 중앙선까지 넘나들고 있어."

기사가 꽤 자유분방한 성격 같아 보였다.

"넌 안전벨트라도 맸지. 뒷좌석엔 벨트도 없어. 사고 나면 나만 죽는 거야!"

아내가 불안해했다. 목소리가 떨렸다. 나는 별일이야 있겠냐며 안전벨트를 조였다. 그러고 보니, 차가 갈지자를 그리며 달리고 있었다.

"일본인이세요?"

기사가 다시 한 번 차선을 바꾸며 물었다.

"한국에서 왔어요."

"오~ 한국!"

그가 기분 좋게 웃었다.

"지금은 어디서 오는 길이세요?"

"영국이요."

"오~ 영국! 즐거우셨어요?"

"네. 아주 좋았어요."

"프랑스하고 비교하면 어떻죠? 영국이 더 좋아요?"

"글쎄요…."

"프랑스도 되게 멋진데…."

기사가 아쉬워했다. 갑자기 아내가 어깨를 툭 쳤.

"괜히 심기 건드리지 마. 사고 나면 나만 죽어!" 하고 말했다.

"아이 러브 프랑스!"

내가 말했다.

"진짜요? 그렇죠?"

조국을 굉장히 사랑하는 기사였다. 듣던 대로 프랑스인은 조국에 대한 긍지가 매우 강한 모양이었다. 기사는 관광 명소를 지날 때마다 우리에게 그곳의 이름, 특징 따위를 설명했다. 다 알아들을 수는 없었지만 그의 감정만은 확실히 느낄 수 있었다. 그는 애인에 대해 이야기하듯 프랑스를 설명했다. 사랑이나 열정 등의 감정은 전염성이 강해서, 그의 말을 듣는 동안 우리는 프랑스를 좋아하게 돼 버렸다. '나도 저렇게 말해야지. 그러면 학생들이 덜 졸까? 수업을 집중해서 들을까? 국어에 흥미를 느낄까?' 이런저런 생각을 하는 동안에도 기사의 설명은 계속 이어졌다.

"저기가 콩코르드 광장이에요. 가까이 가 볼까요?"

기사가 노래하듯 말했다.

"꺅! 중앙선을 또 넘어가. 광장 보려다 저승 가겠어!"

아내가 단말마를 내질렀다.

"아내분이 무척 좋아하네요. 더 가까이 가 볼게요."

나는 안전벨트를 꽉 조였다.

근육질의 마음을 꿈꾸다

호텔은 에펠탑 근처에 있었다. '머큐어 파리 센터 투어 에펠'이라는 호텔이었다. 영국에서도 그렇고 프랑스에서도 그렇고, 호텔 이름이 기가 막히게 길었다. 혹시 아내는 특이한 이름을 가진 호텔을 선호하는 걸까? 그게 호텔을 고르는 나름의 기준인 걸까?

"쓸데없는 소리! 호텔을 선택하는 게 얼마나 어려운 줄 알아?"

아내가 따져 물었다.

"그럼, 알지. 짜장이냐, 짬뽕이냐보다 어려운 거지?"

"비교할 걸 비교해. 모르면 가만 있고."

아내가 내 말을 일축했다. 짜장? 짬뽕? 이보다 더 큰 딜레마가 있던가? 호텔 선택의 어려움을 공감해 주려던 건데, 그만 머쓱했다. 계단 옆에 있는 경사로를 통해 호텔로 들어갔다. 경사로, 자동문 따위가 꽤 잘 돼 있었다. 호텔이 아담하고 아기자기했다. 가격에 비해 나쁘지 않은 호텔이었다. 영국에서 묵었던 호텔보다는 규모가 작고 시설도 좋지 못했지만, 그래도 걱정한 것보다는 괜찮았다.

"원하시면 프리 빌리지 룸으로 업그레이드해 드리겠습니다."

체크인하는 과정에서 직원이 말했다. 방을 무료로 업그레이드해 줄 리는 없고, 돈을 더 내라는 건가 의심스러웠다. 굳이 방을 바꿀 필요가 없었다. 우리는 장애인 지원 객실이면 만족했다.

"장애인 객실은 스탠다드 룸이나 프리 빌리지 룸보다 크기가 작습니다. 무료로 업그레이드해 드릴 테니 보시고 결정하십시오."

업그레이드가 무료라고? 선뜻 믿기지 않았다. 사기 당하는 거 아닌가 의구심이 강하게 일었다. 먼저 2층에 있는 장애인 지원 객실부터 구경했다. 각오한 대로 좁았다. 그리고 미니바에 물 한 병밖에 들어 있지 않았다.

그 대신 욕실 및 화장실이 비교적 쓸 만했다. 휠체어를 타고 들어갈 수 있었고, 샤워 체어도 구비돼 있었다.

다음으로 10층에 있는 프리 빌리지 룸을 구경했다. 역시 전망이 2층보다 좋았다. 방도 조금 더 컸고, 미니바가 물과 음료들로 가득 차 있었다. 하지만 욕실과 화장실이 좋지 못했다. 휠체어를 타고 들어갈 수 없을 듯했다. 요컨대 장애인 객실보다 방은 컸지만 욕실 및 화장실이 좁았다.

"방이 더 크니까 편할 것 같긴 한데, 화장실에 못 가서 불편할 거야."

아내가 말했다.

"미니바도 좋고 프리 빌리지 룸이 마음에 드는데?"

"하지만 화장실이…."

"나랑 같이 가면 되지…."

"불편할 거야."

아! 역시 선택은 어려웠다. 결국 우리는 장애인 지원 객실을 택했다. 욕실과 화장실을 편하게 이용할 수 있어야 했기 때문이다. 무료로 방을 옮길 수 있었는데 아쉬웠다. 장애인이어서 어쩔 수 없었다.

"대신 프리 빌리지 룸의 미니바를 장애인 객실에 넣어 드리겠습니다."

직원이 말했다.

"정말요? 매일이요?"

"네, 매일매일 미니바를 채워 드리겠습니다. 원래 스탠다드 룸은 미니바를 채워 드리지 않거든요."

직원의 호의를 이해할 수 없었다. 방을 업그레이드해 주겠다더니, 이제는 미니바를 채워 주겠다고 했다.

"저희 어머니도 장애인이십니다."

직원이 옅게 웃으며 말했다. 짧은 말이었지만 그걸로 충분했다. 비로소 우리는 그의 호의를 아무 의심 없이 받아들일 수 있었다. 방을 선택하는 것도, 타인의 심중을 헤아리는 것도, 쉽지 않았다. 호의는 호의대로, 적의는 적의대로, 의연히 받아 낼 수 있는 마음을 가지고 싶었다. 그러기 위해서는 마음의 근육을 더 키워야 했다. 여행을 통해 근육질의 마음을 갖게 되길 바랐다.

프롤로그를 읽다

오후 여섯 시 경, 선착장으로 갔다. 바토무슈(유람선)를 타기 위해서였다. 다리 하나만 건너면 비공 신착장이었다. 다리 밑으로 센강이 흘렀다. 템스강이 가을의 정취를 담고 있다면, 센강은 여름을 품고 있었다. 템스강에서 사랑이 완성된다면, 센강에서는 사랑이 시작될 것이었다. 다리 밑에서 센강이 청춘처럼 시리게 빛났다.

바토무슈는 파리의 가장 큰 유람선이다. 승선 인원도 천 명 이상 되며, 보통은 2층짜리 배를 타게 된다. 총 운행 시간은 약 70분이다. 한국인이 많이 승선할 때는 한국어로 된 오디오 가이드도 나와 편리하다.

"바토무슈에 탈 수 있을까?"

강을 내려다보며 아내가 말했다.

"그래도 유럽인데! 편의 시설이 잘 돼 있을 거야. 걱정하지 마."

말은 이렇게 했지만 나 역시 불안했다. '괜히 헛걸음한 거면 어쩌지? 오늘 운발도 안 좋은데.' 조마조마했다. 사실 바토무슈에 탈 수 있을 거란 보장이 없었다. 탈 수 있지 않을까? 하고 기대하며 나선 길이었다. 우리가 아는 한, 전동 휠체어를 탄 채 바토무슈에 오른 장애인은 한 명도 없었다.

"선착장과 배를 잇는 경사로가 있을까? 안아서 옮겨야 하는 거 아니야? 선착장 안에 단차도 있을 텐데."

아내가 구체적으로 고민했다. 원래 휠체어를 타고 배에 오르는 게 어렵긴 했다.

"막상 선착장 앞에 오니까 좀 걱정되긴 하네."

내가 솔직히 말했다. 포근한 바람이 몸을 간질였다. 저녁 햇살이 강물 위를 떠다녔다.

"장애인을 대표해서 시찰 왔다고 생각할래. 뒤따라 올 누군가를 위해 우리가 먼저 가 보는 거지, 뭐."

아내가 애써 씩씩하게 말했다.

"그럼 가 볼까?"

장애인으로서 경제적, 물리적, 심리적으로 독립해서 살아간다는 것, 직업을 가진 채 사회에 참여한다는 것, 결혼 생활을 영위한다는 것, 여행한다는 것…. 좋든 싫든, 어느 정도의 대표성을 띠는 일들이었다. 그렇게 생각하면 함부로 행동할 수도, 쉽게 포기하거나 좌절할 수도 없었다. 기세 좋게 출발한 것까지는 좋았는데 휠체어가 심하게 흔들렸다.

"길이 너무 안 좋아!"

선착장으로 들어가는 길이 더할 나위 없이 울퉁불퉁했다. 돌길이었다. 수많은 돌들이 길에 박혀 있었다. 휠체어가 요동쳤다. 고장 나는 게 아닐까, 겁이 날 정도였다. 얼마쯤 가다 멈춰 쉬고, 가다 쉬고, 가다 쉬고를 반복했다.

"우리는 장애인 대표다. 시찰단이다."

돌길 위에서 아내가 주문을 외듯 중얼거렸다. 주위에 한국인이 없어서 다행이었다. 그런데 정말 없었으려나? 선착장으로 들어갔다. 사람이 많지는 않았다. 아직 해가 밝기 때문이었다. 어두워지면 선상에서 야경을 보기 위해 사람들이 몰려들 것이었다.

탑승권을 구입하기 위해 줄을 섰다. 장애인이나 노약자를 앞으로 보내 주지 않았나. 티켓은 1인당 12유로(약 1만6000원)였다. 할인되지 않은 정상가였다. 우리는 24유로를 냈다.

"휠체어! 탈 수 있나요?"

직원에게 물었다.

"네. 기다리세요."

탈 수는 있어 보였다. 일단 다행이었다. 직원의 사무적인 태도가 마음에 걸렸지만, 그러려니 했다. 얼마 후 바토무슈가 선착장으로 들어왔다. 티켓팅이 시작됐다. 사람들이 계단을 내려갔다. 그리고 배 안으로 들어갔다.

"우리는? 계속 기다리면 돼?"

아무도 우리를 신경 쓰지 않았다. 저러다 배가 출발하는 게 아닐까 걱정됐다.

"저기요!"

아내가 배 위의 직원에게 소리쳤다. 그제야 직원이 한쪽 구석을 가리켰다. 그쪽으로 가 보았다.

"길이 바리케이드로 막혀 있는데?"

"치워 볼게."

내가 바리케이드를 길옆으로 옮겼다. 가려져 있던 경사로가 모습을 드러냈다. 길고 구불구불한 경사로였다. 경사가 완만했다. 배 앞까지 내려갔다. 그런데 그게 끝이 아니었다.

"짧은 경사로가 하나 더 있어. 근데 너무너무 위험해 보여."

선착장의 끝과 배를 연결하는 경사로가 너무 가팔랐다. 잘못하면 휠체어가 뒤집혀 버릴 수 있었다. 센강을 건너려다 황천으로 가게 될 상황이었다.

"무서워서 앞으로는 못 내려가겠어. 뒤로 내려갈게."

아내가 휠체어를 반대 방향으로 돌렸다. 휠체어를 후진하며 경사로를 내려가겠다는 뜻이었다. 급경사를 앞으로 내려갈 경우, 휠체어에서 굴러 떨어질 위험이 있었다.

"으아아악!"

아내가 번지점프하듯 경사로를 타고 내려갔다. 비명이 허공을 찢었다. 멀뚱대며 지켜만 보던 직원이 뒤에서 휠체어를 잡아 주었다. 그 정도로 상황이 위태로웠다. 아내도 나도 십년감수했다. 겨우 가슴을 쓸어내렸다. 유람선을 타러 온 건지, 극기 훈련을 온 건지 알 수 없었다.

마침내 바토무슈에 탑승했다. 처음으로 탄 유람선이었다. 우리는 1층 맨 앞줄에 앉았다. 사람들이 2층을 선호했기 때문에 1층에는 아직 자리가 많았다. 강바람이 산들산들 불었다. 살갗이 간질간질했다. 바람결에 노랫소리가 들려왔다. 모르는 노래였지만 따라 불렀다. 유원지에 온 듯도 했고, 봄 소풍 나온 듯도 했다.

"너무 떨려."

아내가 소녀처럼 설레어했다.

"한강 유람선보다 바토무슈를 먼저 탔네."

기지개를 켜며 내가 말했다.

"우리, 정말 글로벌하다."

우리가 말을 주고받는 사이에도 사람들이 속속 탑승했다. 1층도 거의 꽉 찼다. 드디어 배가 출항했다. 발포 비타민에서 기포가 솟아오르듯, 몸속 깊은 곳에서부터 환희가 솟구쳐 올랐다.

배가 강 위를 떠갔다. 센강은 5월처럼 푸르고 싱그러웠다. 강변을 따라 키 큰 나무들이 청청하게 자라 있었고, 강둑에는 나무 수보다 많은 사람들이 그림처럼 앉아 있었다. 샌드위치를 먹으며 담소하는 사람들, 서로를 향해 사랑을 고백하는 연인들, 원형광장에서 춤을 추는 청춘들…. 모두가 흠 없이 아름다웠다. 그들을 바라보는 것만으로도 행복했다.

강둑 너머로 파리의 명소들이 하나둘 모습을 드러냈다. 배가 어떤 명소 앞을 지나고 있는지, 그곳의 특징이 무엇인지 따위가 대형 스피커를 통해 방송됐다. 프랑스어, 영어, 일본어, 중국어, 그리고 한국어 순이었다. 그런데 하나의 대상을 여러 언어로 설명하다 보니, 방송 시간이 길 수밖에 없었다. 그래서 맨 마지막에 나오는 한국어 방송은 뒷북을 치기 일쑤였다. 이미 배 뒤로 사라져 버린 대상을 설명하는 식이었다.

"와! 에펠탑이야. 우리 호텔이 탑 근처에 있지?"

배가 에펠탑 근처를 지나고 있는 모양이었다. 나는 방송에 귀 기울였다. 흠…. 에펠 씨가 만든 탑이라 이거지? 에펠 씨는 죽어서도 귀가 굉장히 간지럽겠다. 쉴 새 없이 이름이 불리니까 말이다.

"콩코르드 광장이래!"

아내가 사진을 찍으며 말했다. 이번에도 나는 방송을 경청했다. 헉! 시민혁명 때 왕족들이 처형당한 곳이라고? 왠지 광장에서 유령을 봤다는 괴담이 떠돌 것 같다.

"꺅! 루브르 박물관이야. 예술품이 잔뜩 있겠지?"

보물 창고라도 발견한 도적처럼 아내가 기뻐했다. 미술을 공부하는 사람다웠다. 나도 인류가 남긴 최고의 예술품들을 보고 싶었다. 그리고 곧 볼 수 있을 터였다. 듣지 못하는 베토벤이 교향곡을 작곡했듯, 보지 못하는 헬렌 켈러가 자연을 그토록 아름답게 묘사했듯, 나도 인류 문화의 정수를 루브르에서 감상할 것이었다.

오르세 미술관, 노트르담 대성당, 퐁네프 다리 들이 센강을 따라 흘러갔다. 우리가 차근차근 방문할 곳들이었다. 마치 영화의 예고편을 보는 듯했다. 우리는 프랑스 여행의 프롤로그를 바토무슈 위에서 보았다.

모든 프롤로그는 아름답다. 그 앞에서 우리는 숙명처럼 가슴 설렌다. 대학 오리엔테이션, 신입 사원 연수, 신혼여행 그리고 주말의 시작인 금요일 저녁. 프롤로그 없는 삶은 메마른 사막처럼 살풍경할 것 같다. 사람들은 여행의 프롤로그를 감상하기 위해, 그 설렘을 맛보기 위해 바토무슈를 타는 건지도 모르겠다.

천 개의 손을 잡고

한밤중에 호텔 밖으로 나왔다. 밤공기가 포근했다. 봄밤 같았다. 에펠탑 주위를 산책했다. 드문드문 사람이 있었지만 대체로 한적했다.

"너, 정말 예쁘게 생겼구나!"

아내가 감탄했다. 물론 나한테 하는 말은 아니었다. 아내는 에펠탑과 교신 중이었다. 저럴 때는 방해하지 않는 게 좋았다. 하루를 복기해 보았다. 지땀나게 스펙터클한 하루였다. 국세 미아가 될 뻔했고, 하마터면 집시한테 봉변당할 뻔했으며, 오지 않을 택시를 하염없이 기다릴 뻔했다. 그 니미 '~뻔'으로 끝난 게 천만 다행이었다.

시인 서정주의 〈국화 옆에서〉를 떠올렸다.

한 송이의 국화꽃을 피우기 위해 / 봄부터 소쩍새는 / 그렇게 울었나 보다. // 한 송이의 국화꽃을 피우기 위해 / 천둥은 먹구름 속에서 / 또 그렇게 울었나 보다. (하략)

우리의 유럽 여행을 위해 영국의 블랙캡은 오래전부터 그렇게 운행돼 왔나 보다. 우리의 유럽 여행을 위해 프랑스의 흑인 역무원은 수년 전부터 또 그렇게 자신의 자리를 지키고 서 있었나 보다.

우리를 향해 손 내밀어 준 사람들, 우리를 위해 안배돼 있던 사회 시스템. 하나같이 고맙고 감동적이었다. 그러고 보면, 나는 정말 무능하다. 앞을 환하게 보지 못하고, 운전도 못하고, 버스나 택시 없이는 멀리 나가지도 못하고, 영어도 못하고, 프랑스어도 못하고, 호의를 가장한 함정에 대처하지도 못하고…. 못하는 것투성이다. 인적, 물적, 제도적 도움 없이는 제대로 살아갈 수 없는 인간이 바로 나다. 타인의 손을 잡지 않고는 도저히 살아갈 수 없는 인간이 바로 나다. 나는 그걸 잘 알고 있다. 하지만 결코 부끄럽지는 않다.

다만, 누군가의 혹은 무언가의 손을 놓지 않고 계속 살아가기를 바랄 뿐이다. 천 개, 만 개의 손을 붙잡은 채 살고 싶다. 누군가에게는 힘이 되고, 누군가로부터는 힘을 얻으며 살고 싶다. 그렇게 얽힌 채 살아갈 수 있다면 좋겠다.

나는 한 송이의 국화꽃이고 싶고, 동시에 소쩍새이자 천둥이고 싶다.

낯선 여행, 떠날 자유_5 Day

내 손을 잡아 다오. 당신이 누구든, 그 무엇이든, 어디에 있든, 내 손을 잡아 다오.

정중하게 악수를 청하던 영국의 손, 그 따스한 손을 떠올렸다. 마음이 편했다. 그리고 어렵게 맞잡을 수 있었던 프랑스의 손을 떠올렸다. 내일이 기대됐다. 아내가 콧노래를 부르고 있었다. 문득 아내의 보드라운 손이 그리웠다.

"우리도 손잡고 교신 한번 해 볼까?"

환하게 빛나는 에펠탑 밑에서 내가 말했다.

여섯째 날 ;

파트너가 아니어도 좋아

돌쇠와 마님

"목말라."

아내가 마님처럼 말했다. 나는 미니바에서 냉큼 물을 꺼내 주었다.

"이거 말고 콜라."

마님이 하명하셨다. 나는 물을 미니바에 넣고 콜라를 꺼내 바쳤다. 돌쇠가 된 듯했다.

"생각해 보니까, 물이 낫겠어."

돌쇠가 마님의 명을 받들었다.

'내 무덤을 내가 팠지. 다 뿌린 대로 거두는 거야.'

돌쇠가 한탄했다.

질문 우리는 어쩌다 마님과 돌쇠가 됐을까?
1번 왕게임의 결과로 그렇게 됐다.
2번 우리의 평소 모습이다.
3번 아내의 생일이다.
4번 내가 잘못을 저질렀기 때문이다.
정답은? 4번.

"너 때문에 이게 뭐야? 불편하게시리!"

돌쇠는 입이 열 개라도 할 말이 없었다.

나는 방이 이렇게 아담한 줄 몰랐다. 휠체어가 현관 어름에서 움직이지 못하게 될 줄 몰랐다.

방의 구조는 다음과 같았다. 현관 왼편에 욕실 겸 화장실이 있다. 현관을 지나면 침대가 나온다. 침대 너머에 옷장, 미니바, 금고, 테이블 및 의자, 창문 등이 있다. 그런데 문제는 방이 비좁은 탓에, 휠체어가 현관에서 침대 앞까지만 드나들 수 있었다. 결국 침대 너머의 물건에 손댈 수 있는 사람은 나뿐이었다.

"좀생아! 몇 푼 아끼려다 이게 뭐냐?"

무덤을 너무 깊게 파서, 좀생이는 슬펐다. 그냥 아내 말대로 할걸. 큰 호텔로 예약할걸, 좀생이가 탄식했다.

"금고에 넣어 둔 여권이랑 현금 가져와."

"네. 마님!"

아내도 답답할 게 뻔했다. 이런 상황이 달가울 리 없었다. 시키면 빠릿빠릿하게 가져다줘야 부녀럭을 맞이 날 텐데, 나는 그러지도 못했다.

이런 경험이 처음은 아니었다. 국내 여행 중에도 가끔 있던 일이었다. 잊을 만하면 한 번씩 이런 일이 생기곤 했다. 그럴 때마다 겨울 들판에 선

듯 서럽고 언짢기도 하지만, 한편으로는 우리가 함께여서 얼마나 다행인가 싶기도 했다.

"이것도 다 추억이 될 거야. 그치?"

"네가 할 소리는 아니야."

내가 생각해도 그랬다.

"마님, 식사하러 갑시다. 여기 조식이 맛있다며?"

"그건 그렇지."

한결 누그러진 목소리로 아내가 말했다.

'아침마다 이래야 하는 건가? 에잇! 이것도 다 지나가겠지? 아니면 어쩌지?'

좀생이는 두려웠다. 마음 한구석이 스산했다.

"뭐해? 안 가?"

"갑니다요, 마님!"

우리는 엘리베이터를 타고 그라운드 층으로 내려갔다. 호텔에서 제공하는 조식을 먹기 위해서였다. 숙박료에 조식 값이 포함되어 있었으므로 챙겨 먹지 않으면 손해였다.

"식당이 계단 밑에 있는데?"

"엘리베이터는 없습니까요, 마님?"

"마님 소리 좀 그만해. 계단이 아주 짧아. 그래서 엘리베이터가 없어."

부드러운 카푸치노, 갓 구워낸 빵, 육즙을 머금은 소시지…. 음식 냄새가 모락모락 풍겼다. 입안에 침이 고였다.

"차라리 다른 식당을 찾아볼까?"

내가 말했다. 계단 몇 칸 때문에 아침부터 허둥대기 싫었다.

"다른 길이 있는지부터 알아봐야지."

아내가 차분하게 말했다.

'길이 있을까? 없으면 어쩌지? 포기하고 다른 식당을 찾는 게 낫지 않을까?'

나는 고개를 저었다. 우리는 식당을 뒤로한 채 돌아 나왔다.

'죄송합니다. 계단을 이용해야 하셔야 합니다.'라는 대답이 돌아와도 실망하지 말아야겠다고 다짐하면서 프런트로 갔다. 우리는 이런 류의 대답에 이골이 나 있었다.

"식당에 갈 방법이 있나요?"

프런트에 가서 물었다.

"리프트가 있습니다. 안내해 드리겠습니다."

직원이 데스크 밖으로 나왔다.

'영국보다는 못해도, 확실히 서울보다는 낫구나.'

안도하며 그를 따라갔다. 직원들만 이용하는 문을 열고 들어갔다. 계단 옆에 리프트가 있었다. 버튼을 누르고 있으면(버튼에서 손을 떼면 안 된다), 수직으로 움직이는 널따란 판이었다. 계단이 매우 짧았기 때문에, 엘리베이터보다 단순한 리프트를 설치해 놓은 듯했다. 리프트를 타고 내려갔다. 음식 냄새가 뱃속을 사정없이 찔러댔다. 홀린 듯 식당 안으로 들어갔다. 테이블까지 안내한 후, 직원이 프런트로 돌아갔다.

"이제 어쩌지?"

"……."

여느 호텔처럼 조식이 뷔페로 제공됐다. 알고는 있었지만 그래도 난 감했다. 눈이 안 보이는 나, 손발이 자유롭지 못한 아내, 우리에게 뷔페는 난공불락의 성이었다.

"어슬렁거리면 누군가 도와주지 않을까?"

"어떤 음식들이 있는지 구경부터 해 보자."

독일제 커피 머신, 토스트를 포함한 온갖 빵들, 베이컨 및 소시지, 계란 요리들, 과일들, 주스, 쨈, 꿀까지. 젖과 꿀이 흐르는 천국이 여기구나 싶었다.

"도와드릴까요?"

그때 직원이 상냥하게 물었다. 영어를 능숙하게 하는 여성이었다. 억양이 매우 풍부했다. 우리가 원하는 음식들을 그녀가 넉넉히 가져다주었다. 서두르지 않았고 친절했다. 조식이 아니라 디너 같았다.

"사진 찍어 드릴게요."

아내가 테이블 위로 카메라를 들어 올리자, 직원이 재빨리 말했다.

"고맙습니다. 정말 친절하세요!"

"당연히 해 드려야죠. 내일도 뵐 수 있겠죠? 편하게 오세요."

그녀는 우리가 식사하는 내내 더 필요한 건 없는지, 불편하지는 않은지 등을 살펴 주었다. 도움보다는 대접에 가까운 배려였다. 그녀 덕분에 닷새 동안 편안히 아침을 챙겨 먹을 수 있었다. 우리는 느긋하게 식사했다. 한 시간이 십 분처럼 흘렀다. 최대한 골고루 먹었다.

800원짜리 빵 하나, 캔 커피 하나. 이렇게만 먹고 하루를 버틸 때가 있었다. 십수 년 전, 도서관을 오가며 공부할 무렵이었다. 식비를 줄이면 책을 더 살 수 있었다. 빵을 배 터지게 먹어봤으면, 고기를 질리게 먹어봤으면, 커피를 물처럼 마셔봤으면, 뭐라도 좀 먹어봤으면 할 때가 있었다. '삶이 나아지긴 할까?' 밤낮으로 고민했다. 미래가 막막해서 눈앞이 캄캄했다. 젊음이 먹장같이 어둡게만 여겨졌다. 겨울나무처럼 외롭고 추웠다. 그럴수록 작고 따스한 새 한 마리를 그렸다.

"무슨 생각을 그렇게 해?"

식당을 나오며 아내가 물었다.

"네 생각하지!"

아내가 실소했다.

"왜 웃으십니까요, 마님?"

"이제 마님 소리 그만해. 방 때문에 구박하지 않을게."

나는 이렇게 면천됐다. 모든 건 지나가기 마련이고, 길은 어디로든 통해 있으며, 포기하지 않는 한 삶은 나아진다는 걸, 또 한 번 느꼈다.

기계는 인간을 구원하지 않는다

루브르 박물관에 가기 위해 버스를 기다렸다.

'잘 탈 수 있을 거야. 무사히 탈 수 있겠지? 탈 수 있으려나?' 심란했다. 버스를 타는 건 언제나 부담스러웠다. 기사가 불친절하진 않을지, 승객들이 눈치 주진 않을지, 이래저래 걱정됐다. 영국에서처럼 쉽게 타고 내릴 수 있기만을 바랐다.

N12번 버스가 정류장으로 들어왔다. 아내가 기사에게 손을 흔들었다. 리프트가 뒷문 쪽에서 자동으로 나왔다. 아내가 리프트를 타고 버스 안으로 들어갔다. 문 바로 앞에 휠체어석(빈 공간)이 마련되어 있었다. 같은 시각, 나는 앞문을 통해 버스에 올라탔다.

"두 사람이요."

손가락 두 개를 펴 보이며 기사에게 말했다. 그런 후 5유로(약 6500원)짜리 지폐 한 장을 건넸다.

"오케이."

기사가 까르네 두 장과 거스름돈 1유로(약 1300원)를 주었다.

"이렇게 하세요."

기사가 운전석 밖으로 나오며 말했다. 그가 까르네 사용법을 가르쳐 주었다. 손이 크고 두툼한 사내였다. 운전석 옆에 있는 기계에 까르네를 집어넣었다. 곧 기계 밖으로 까르네가 튀어나왔다. 사용한 날짜기 표시되어 있었다. 표를 이용해서 지하철을 타던 예전 방법과 유사했다.

'요즘 같은 세상에 이런 아날로그라니!'

신신했다. 파리가 다르게 보였다. 휠체어석까지 걸어갔다. 빈자리가 없었으므로 나는 서서 갔다.

낯선 여행, 떠날 자유_6 Day

"여긴 내 자리야. 아무도 못 앉아. 맞지?"

아내가 배시시 웃으며 말했다. 나는 고개를 끄덕였다. 우리나라의 저상버스를 생각했다. 이름뿐인 휠체어석을 떠올렸다. 마음이 무거웠다. 우리나라의 저상버스는 모든 게 셀프서비스다. 휠체어석을 떡하니 차지하고 있는 접이식 의자부터 스스로 치워야 한다. 단단히 고정돼 있는 의자를 치우는 동안 기사는 거침없이 운전해 나아간다.

만약 다른 승객이 휠체어석(접이식 좌석)에 앉아 있기라도 하면, 휠체어를 통로에 세우고 목적지까지 가야 한다. 위험하기 그지없다. 휠체어석을 항상 비워 놓는 유럽! 고마웠다.

버스가 에비뉴 에밀졸라 정류장을 출발했다(에밀졸라는 프랑스의 유명한 작가이다). 차창으로 시원한 바람이 들어왔다. 날씨가 무척 화창했다. 햇볕이 강했지만 습도가 낮아서 덥지는 않았다.

"이만하면 별 탈 없이 잘 탔지?"

"방심하기엔 아직 일러."

아내가 깐깐하게 말했다. 사람들이 꾸준히 탔다. 우리가 내릴 때 즈음에는 버스 안이 꽤나 붐볐다. 약 15분 뒤 아내가 벨을 눌렀다. 영국에서와 같이 휠체어석 옆에 장애인 전용 벨이 있었다. 이 벨이 울릴 경우, 기사가 리프트를 내려주는 식이었다.

"벨이 안 울려!"

"뭐?"

"불도 안 들어오고 소리도 안 나."

아내가 당황했다. 역시 방심하기에는 일렀던가 보았다. 장애인 편의시설이 잘 돼 있긴 한데 이상하게 고장이 잦은 프랑스였다. 정류장을 지나쳐야 하나? 내려달라고 어떻게 말하지? 사람이 많은데 문 쪽으로 움직일 수 있을까? 한순간에 별별 생각이 다 들었다. 그때였다.

"내리실 건가요?"

가까이 서 있던 승객이 물었다. 허둥대며 우리가 고개를 끄덕였다.

"휠체어 탄 분이 내리신대요!"

"기사님, 문 열어 주세요!"

사람들이 한마디씩 했다. 메아리가 퍼져 나갔다. 이윽고 버스가 '세인부쉬 정류장'에 도착했다. 리프트가 버스 바닥과 인도를 연결했다. 그리고 뒷문이 열렸다. 우리가 내릴 수 있도록 사람들이 비켜 주었다.

아무리 잘 만든 기계라도 고장 날 수 있다. 또 제아무리 완벽한 시스템이라도 허점이 있기 마련이다. 결국 기계든 시스템이든, 사람의 손을 벗어날 수 없고, 결코 벗어나서도 안 된다는 걸 다시 한 번 실감했다. 버스 기사의 크고 두툼하던 손을 떠올렸다. 우리에게 손짓하던 승객들의 손도 떠올렸다. 파리에서 느끼는 아날로그 감성이 재밌었다. 이런 사회에서는 기계가 좀 고장 나도, 시스템의 일부가 작동하지 않아도, 큰일이 생길 것 같지 않았다. 그만큼 사람들이 미더웠다.

나는 버스에서 내리며 2014년의 봄을 생각했다. 바닷속으로 가라앉던 배, 마비됐던 구조 시스템, 무력했던 나, 손 내밀어 주지 못했던 우리. 파리의 파란 하늘 밑에서 가슴이 시렸다. 인간의 선의와 자유의지를 믿고 싶다.

꿈꾸고 그리고 나누고

마침내 우리는 모나리자와 독대했다. 손 뻗으면 닿을 거리에 다빈치의 분신이 놓여 있었다. 모나리자와 우리 사이에는 아무것도 없었다. 조금 과장하면 감개무량했고 영광스러웠다. '눈썹 없는 모나리자 씨! 나를 보고 계시오? 나의 시선이 느껴지시오? 우리는 지금 서로를 보고 있는 거요?' 우리는 각자의 방식으로 서로를 응시했다.

"이렇게 지척에서 모나리자를 보다니! 기적 같은 일이야."

아내가 넋 나간 사람처럼 중얼거렸다.

'저렇게 좋을까?'

이곳에 오기까지의 일들이 머리를 스쳐 지나갔다.

"내가 루브르에 오다니! 일생일대의 사건이야!"

아내가 히죽거렸다. 버스에서 내린 후, 루브르 박물관까지 오는 몇 분 동안 줄곧 그랬다.

"그렇게 좋아?"

"대박 사건이야!"

"너무 크게 웃지만 마."

저러다 하늘 위로 붕 떠오르는 게 아닐까 싶을 만큼 아내가 들떠 있었다. 표현은 안 했지만 나도 그리 다르지 않았다.

루브르 박물관. 인류 문화의 보고. 예술계의 성지에 드디어 발을 들여놓았다. 아치형 문을 통과하자 나폴레옹 광장이 나왔다. 그곳은 유럽의 여느 광장처럼 공터에 가까웠고 사람들로 북적였다. 조형물이 많지는 않았다. 아담한 분수 그리고 유리 피라미드가 있을 뿐이었다. 이것이면 충분했다. 루브르의 상징, 거대한 유리 피라미드가 광장 중앙에 자리하고 있었다. 이집트도 아니고, 파리 한복판에 피라미드라니. 어쩐지 좀 부조화스러웠다. 정장을 차려입고, 두루마기를 걸친 듯한 인상이랄까?

"내가 유리 피라미드를 보고 있어! 대박 사건이야!"

"그렇게 신기해?"

"넌 안 그래? 우리가 루브르에 와 있다고 하면 다들 놀랄걸?"

그건 그랬다. 우리와 루브르, 우리와 유럽. 왠지 어울리지 않았다. 뿐인가? 보기에 따라서는, 우리 부부 자체가 썩 조화롭지 못할 수 있었다. 우리 사회에서 '장애인 부부'란 그런 존재였다. 부조화 속의 조화, 안정과 파격, 그 안의 멋. 나는 우리가 조금 더 멋스러워지길 바랐다.

"너, 정말 멋진 놈이구나."

내가 말했다.

"나?"

"너도 멋있고, 정장 위의 두루마기도, 유리 피라미드도."

우리는 피라미드를 배경으로 함께 사진 찍었다(행인이 흔쾌히 찍어 주었다). 원래는 피라미드를 통해 박물관 안으로 들어갈 수 있는데, 하필이면 피라미드가 보수 공사 중이었다. 하는 수 없이 우리는 피라미드를 뒤로하고 돌아 나왔다. 박물관 입구를 찾아야 했다.

장애인은 '99번 건물'을 통해 박물관 로비로 들어갈 수 있었다. 우리는 이 건물을 찾기 위해 한참을 헤맸다. 알고 보니 99번 건물은 아치형 문밖(루브르 박물관의 부지 밖), 즉 큰길가에 있었다. 우리는 그것도 모르고 나폴레옹 광장 근처를 열심히 헤맸다(직원들이 안내해 주지 않나).

99번 건물로 들어갔다. 엘리베이터를 타고 지하 2층으로 갔다. 루브르 박물관의 로비가 나왔다. 장애인은 무료로 입장할 수 있었다. 우리는 신용카드를 맡기고 한국어 오디오 가이드를 대여했다. 오디오와 함께 영상도 지원되는 기계였다.

"뭐부터 볼까나?"

보물 창고를 앞에 둔 도적처럼 아내가 말했다. 루브르 박물관은 크게 세 개의 관으로 구성돼 있었다. 이 관들이 나폴레옹 광장을 ㄷ자로 감싸고 있는 형국이었다. 우리는 드농관부터 가 보기로 했다. 드농관은 다빈치의 〈모나리자〉가 전시돼 있는 곳으로서 관광객들이 가장 많이 찾는 관이었다.

"엘리베이터가 어디 있지?"

아내가 갈피를 잡지 못했다. 박물관이 생각보다 넓고 복잡했다. 여러 개의 관, 수많은 전시실을 찾아다니는 게 쉽지 않았다. 우리말 지도가 있긴 했지만, 보행자를 위한 자료에 불과했다. 관람 순서, 이동 경로 등이 죄다 비장애인 관점으로 표시돼 있었다. 우리에게는 무용지물이나 다름없었다.

장애인용 지도가 없는 게 아쉬웠다.

더구나 엘리베이터가 여기저기 흩어져 있고 체계적으로 관리되고 있지 못한 까닭에, 우리는 이중고에 시달려야 했다. 올라가기만 하는 엘리베이터, 내려가기만 하는 엘리베이터, 바리케이드로 막혀 있는 엘리베이터, 벽 뒤에 숨어 있는 엘리베이터까지, 엘리베이터가 머리를 아프게 했다. 미로를 헤매는 듯했다.

보고 싶은 그림(주로 유명한 그림)을 찾아 헤매는 과정은 지난했지만, 꿈에 그리던 그림을 발견했을 때의 기쁨은 이루 말할 수 없이 컸다.

"앵그르다!"

금은보화를 발견한 도적처럼 아내가 외쳤다. 앵그르는 19세기를 풍미한 화가였다.

"앵그르가 아직 살아 있었어?"

내가 말했다.

"오이디푸스다! 스핑크스다!"

아내가 전시실 한가운데로 질주해 들어갔다. 앵그르를 흠모하는 아내다웠다. 앵그르의 대표작들이 전시돼 있었다. 그중에 하나가 〈오이디푸스와 스핑크스〉였다.

"스핑크스가 오이디푸스한테 수수께끼를 내고 있어."

사진을 찍으며 아내가 말했다.

'아침에는 네 발로, 점심에는 두 발로, 저녁에는 세 발로 걷는 존재는?' 스핑크스의 유명한 수수께끼였다. 풀지 못하면 스핑크스에게 잡아먹혔다.

"나는 하루 종일 네 발로 굴러다니는데…. 스핑크스한테 문제 내 볼까?"

아내가 유쾌하게 말했다.

"못 맞추면 스핑크스를 잡아먹을 거야?"

"맛없게 생겼어."

오해하지 마시길. 우리가 루브르까지 가서 신소리만 주고받은 건 아니었다. 〈오달리스크〉 등 앵그르의 명화들을 찬찬히 감상했다. 아내가 그림을 설명했고, 그걸 바탕으로 나는 이미지를 상상했다. 세계를 일주하듯 세기를 바꿔 가며 환생하듯 우리는 전시실을 옮겨 다녔다. 루브르는 거대한 시공간을 품고 있었다.

여러 그림을 감상하는 동안 이런 생각을 했다.

'예술품을 이토록 얌전하게 감상해도 되나?'

한 번쯤은 게걸스럽게 그림을 뜯어보고 싶었다. 할 수만 있다면 액자 속에서 그림을 꺼내고 싶었다. 유화의 질감을 손끝으로 더듬고 싶었고, 남아 있을지 모를 물감 냄새를 맡아 보고도 싶었다.

'앵그르, 다빈치가 물끄러미 응시했을 최초의 캔버스는 어떤 모습이었을까?'

덧칠된 물감을 한 겹씩 긁어내 캔버스의 가장 안쪽을 살폈으면 했다.

발칙한 생각을 뒤로하고 다음 전시실로 들어갔다. 이전 전시실이 잔잔한 호수였다면 새로운 전시실은 파도치는 바다였다. 문을 열고 들어가자, 사람들의 웅성거림과 웃음소리들이 섞여 들려왔다. 모두들 조금씩 흥분해 있었다.

"전시실이 사람들로 꽉 차 있어. 무슨 일이지?"

아내의 말소리가 잘 들리지 않을 정도로 실내가 소란스러웠다. 도깨비시장이 따로 없었다.

"모나리자? 설마 모나리자야?"

사막에서 오아시스라도 찾은 듯, 아내가 반갑게 외쳤다. 수많은 사람이 다빈치의 〈모나리자〉를 보기 위해 한데 모여 있었다. 워낙 겹겹이 뒤얽혀 있어서, 비집고 들어갈 틈이 없었다. 루브르에 가도 모나리자를 보기 어렵다더니, 정말 그랬다. 먼발치에서 힐끗힐끗 볼 수 있으면 다행일 정도였다.

"서 있을 자리도 없어. 그냥 가자."

아내가 질린 듯 말했다. 아쉬웠지만, 우리는 다음 전시실을 향해 나아갔다. 괜히 어슬렁대봤자 사람들 너머로 모나리자가 보일 리 없었다(아내는 앉아 있으니까). 그때였다. 누군가 내 어깨를 확 잡았다. '내가 뭘 잘못했나?' 잠깐이지만 몹시 당황했다.

"블라블라."

직원이 한쪽을 가리키며 말했다. 놀랍게도 장애인을 위한 감상 공간이 따로 마련돼 있었다. 장애인은 모나리자를 바로 앞에서 감상할 수 있었다. 비장애인은 그 뒤편까지만 접근할 수 있었다. 바리케이드가 두 공간을 갈라놓고 있었다.

"고맙습니다."

천금 같은 정보를 알려준 직원에게 인사했다. 우리는 모나리자 쪽으로 천천히 다가갔다. 네모난 유리 틀이 단상 위에 놓여 있었다. 그 유리 틀 안에 모나리자가 들어 있었다. 모나리자는 다른 그림들과 분리된 채 특별대우를 받고 있었다.

마침내 우리는 모나리자와 독대했다. 손 뻗으면 닿을 거리에 다빈치의 분신이 놓여 있었다. 모나리자와 우리 사이에는 아무것도 없었다. 조금 과장하면 감개무량했고 영광스러웠다.

'눈썹 없는 모나리자 씨! 나를 보고 계시오? 나의 시선이 느껴지시오? 우리는 지금 서로를 보고 있는 거요?'

우리는 각자의 방식으로 서로를 응시했다. 사람들이 우리 뒤에서 카메라를 쉴 새 없이 눌러댔다. 포토라인 앞에 선 듯했다. 우리의 뒷모습이 찍히고 있을 터였다.

'제길! 머리숱도 별로 없는데…'

나는 뒷머리를 쓸어내렸다.

"유화의 질감이 그대로 느껴져. 책으로 볼 때하고 확실히 달라."

아내가 그림에서 뭔가를 본 모양이었다. 그림의 질감이라…. 다빈치

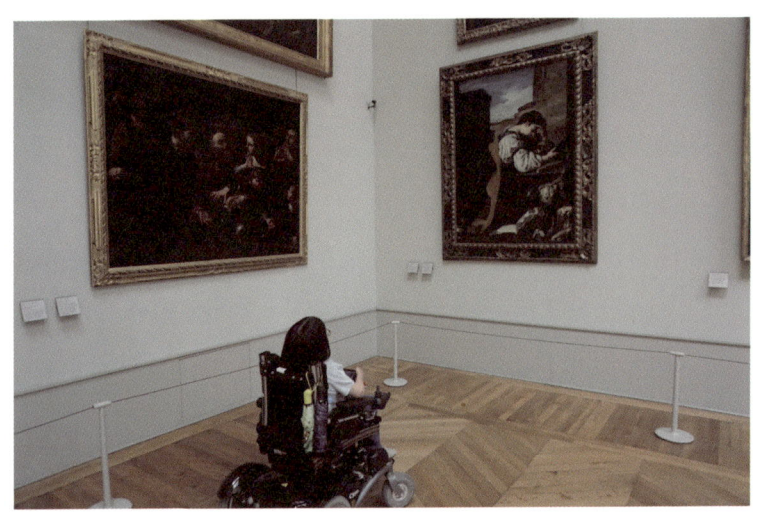

는 모나리자를 평생 동안 그렸다고 했다. 물감을 덧칠하고, 마르기를 기다리고, 다시 수정하고, 말리고, 이런 과정을 수없이 반복했다고 했다. 모나리자 위로 얼마나 많은 붓이 지나갔을지 가늠도 되지 않았다. 다빈치는 모나리자가 무엇이 되길 바라고 붓을 놀렸을까? 그가 우리에게 보여주려 했던 것과 우리가 보고 있는 것은 어떻게 다를까?

"나도 저렇게 그리고 싶어. 집에 가면 진짜 열심히 그릴 거야."

모나리자를 빤히 바라보며 아내가 다짐했다.

우리가 루브르에서 본 건, 예술가들이 일생을 바쳐 꾼 꿈의 편린일지도 모른다. 누군가의 꿈을 수많은 사람이 숨죽여 가며 감상하는 것. 그리하여 하나의 꿈이 저마다의 꿈으로 다시 태어나는 것. 숨 막힐 정도로 멋진 일이었다. 마법 같은 일이 아닐 수 없었다.

꿈꾸고 그리고 나누고! 루브르 박물관은 꿈의 보고인 동시에 꿈들의 고향이었다.

파이팅! 유니크한 우리

루브르 박물관에서 나와 노천 식당을 찾아 두리번거렸다. 지치고 굶주린 하이에나 같았다고나 할까? 그러던 중에 그를 보았다. 그는 정말이지 유니크한 화가였다. 누운 듯 엎드린 채 땅바닥에 그림을 그리고 있었다. 미니마우스, 인어공주, 백설공주…. 앙증맞은 캐릭터들이 그의 손끝에서 태어나고 있었다. 그림 솜씨가 좋은 사내였다.

정오께였다. 따가운 햇볕이 길을 뜨겁게 달구었다. 눈부신 햇살이 그림을 환하게 비추었다. 미니마우스가 인어공주가, 백설공주가 그리고 그가 길 위에 납작 붙어 있었다. 사람들이 그를 보며 감탄했다. 사진을 찍었고, 바구니에 동전을 넣었다. 누가 시킨 것도 아닌데 우리도 그렇게 했다. 그를 보고 있으면 마음이 꿈틀댔다. 메마른 마음에 빗방울이 떨어졌다.

비록 그의 다리가 불편할지라도 예술의 바다 위에서 쉼 없이 헤엄치기를 바란다. 어쩌면 그는 훌륭한 지느러미를 가졌을지 모른다. 인어공주처럼. 비록 그의 양손에 손가락이 없을지라도 슬퍼하지 않았으면 좋겠다. 그는 손가락을 잃은 대신 조물주의 손을 얻었을지 모른다. 헤파이스토스처럼. 우리는 그를 존경하는 마음으로, 또 응원하는 마음으로, 한동안 지켜보았다.

"불편한 몸으로 그림을 어떻게 그리세요? 아니, 왜 그리세요?"

그는 아마 이런 질문을 많이 받아왔을 것이다. 우리가 그러했듯 말이다. '안 보이는데 애들을 어떻게 가르쳐?', '도우미도 없이 장애인끼리 여행한다고?', '왜 남들처럼 살지 않아?' 그동안 숱하게 들어온 말들이 귓가를 울렸다. 그의 대답이 궁금했다. 그는 이런 질문들에 뭐라고 답할까?

그 분야의 최고가 아니어도 좋다. 개성 있고 유니크한 화가, 교사, 여행 들이 많아지기를 바란다. 유니크한 존재들로 가득 찬 세상! 정상과 비정상으로 양분될 수 없는 세계! 생각만 해도 행복하지 않은가? 동화 속 얘기 같지 않은가?

그는 길바닥에 납작 엎드린 채 동화를, 행복을 그리고 있었다.

> **Wife Says**
>
> '난 지금 무엇을 하는가?', '이렇게 해서 남는 게 무엇인가?', '시간만 허비하고 있는 게 아닌가?' 요즈음 들어 마음을 산란케 하던 잡념들을 거리에 두고 왔다. 그 거리의 화가를 보고 있는 동안 마음이 환해졌다. 마음을 덮고 있던 먹구름이 걷혔다. 낯선 땅에서 본 그가 나를 일깨워주었다.

세상에 공짜는 없다

역시 성당을 찾는 건 쉽지 않았다. 동네 마실 나온 게 아닌 만큼 헤매는 게 당연했다.
"이 근처가 틀림없는데…."
하염없이 근방을 맴돌았다. 비슷하게 생긴 건물들이 많아서 헷갈렸다.
"성당 간판이나!"
돌연 아내가 외쳤다. 식당도 아니고, 성당에 간판이라니! 어감이 조금 낯설었지만 그게 무슨 대수랴. 프랑스에서 가장 아름답다는 생트 샤펠 성당이 우리 앞에 있었다.

생트 샤펠 성당은 소위 대성당들에 비하면 아담했다. '가장 아름다운 성당 맞아?' 의심스러울 만큼 외벽이 낡아 있었다. 좋게 말하면 고풍스러웠고, 나쁘게 말하면 지저분했다. 외벽을 쓱 문질러 보았다. 서늘하고 거칠거칠했다. 손바닥에 그으름 같은 먼지가 묻어났다. 손을 바지에 쓱쓱 비볐다.

"성당과 나는 세월의 풍상을 나눠 가진 거야."

졸지에 부자가 된 듯했다.

"더럽게 왜 그래?"

아내가 질색했다.

"세월의 흔적, 나눠 줄까?"

"됐어. 이제 들어가자."

성당 출입구가 계단 위에 있었으므로, 우리는 건물 주위를 한 바퀴 돌았다. 다행히 장애인을 위한 출입구가 따로 있었다. 안으로 들어갔다. 티켓을 사기 위해 줄을 섰다. 장애인도 예외 없이 1인당 10유로(약 1만 3000원)를 내야 했다. 그런데 잠시 후 직원이 다가왔다. '앞으로 보내주려는 건가?' 내심 기대했는데, 그게 아니었다.

"죄송합니다. 엘리베이터가 고장 나서 2층으로 올라가실 수 없습니다."

또 고장이었다. 북 역의 엘리베이터, 버스의 벨, 이제는 성당까지…. 고장이 너무 잦았다. 실망스러웠다. 어렵게 찾은 성당이었고 처음이자 마지막이 될지도 모를 방문이었다. 하지만 다른 도리가 없었다. 돌아 나오는 수밖에. 마음이 스산했다. 그때였다. 직원이 우리를 붙잡았다.

"1층은 둘러보실 수 있습니다. 티켓값은 받지 않겠습니다."

불행 중 다행이었다. 일단 최악의 상황은 면한 듯했다. 쫓기듯 뒤돌아 나올 판이었는데, 무료로 1층이나마 구경할 수 있게 돼서 기뻤다.

"이만하면 가성비가 나쁘지 않은 관광이군! 프랑스도 괜찮은 나라네!"

그런 대로 만족스러웠다. 얼굴에 화색이 돌았다. 문득 가성비에 관한 이런저런 상념이 머리를 메웠다.

먼저 프랑스에서의 가성비. 티켓값 20유로(약 2만6000원)가 아까웠던 건 아니다. 성당을 둘러보는 대가로 당연히 지불해야 하는 금액이었다. 우리는 제값을 내고 남들처럼 관광하고 싶었다. 하지만 성당을 부분적으로만 구경할 수 있다면? 그나마도 불편을 감수한 채 관광해야 한다면? 20유로를 지불할 필요가 없어 보였다. 누구라도 그렇게 판단했을 것 같다. 그런 의미에서 그들이 우리에게 티켓값을 받지 않은 건 매우 상식적인 처사였다고 생각한다. 엘리베이터를 제대로 관리해 놓지 않아 장애인 관광객을 불편하게 했으니, 차마 돈을 받을 수는 없었을 것 같다.

언젠가 그곳에 다시 간다면 우리는 제값을 내고 성당을 속속들이 구경할 것이다. 그때는 엘리베이터가 제대로 작동할 것이고, 누구도 우리를 공짜로 입장시키지 않을 것이다. 그들은 그들의 의무와 권리를, 우리는 우리의 의무와 권리를 묵묵히 수행할 것이다. 이런 류의 합리적인 믿음이 존중받는 사회, 모두를 위한 가성비가 산출되는 사회, 프랑스였다.

　다음으로 우리나라에서의 가성비. 최근 들어 문제되고 있는 지하철 9호선의 장애인 무임승차를 생각했다. 근래에 9호선에 한하여 장애인에게도 요금을 받으려는 움직임이 있었다. 장애인도 비장애인처럼 승차 요금을 내고 싶다. 그리고 비장애인처럼 불편하지 않게 지하철을 이용하고 싶다. 요컨대 합리적인 가성비를 원한다. 장애인에게 요금을 부과하기 위한 준비가 돼 있는지 살펴볼 일이다. 각자의 의무와 권리를 재고해 봤으면 좋겠다.

　마지막으로 우리 모두의 가성비. 이른바 호갱(어수룩해서 이용하기 좋은 손님)이 되고 싶은 사람은 없다. 우리 모두가 원하는 건 합리적인 가격일 것이다.

　"고속도로가 이렇게 막히는데 통행료를 내라고? 우리가 호갱이야?"
　"그러면 명절 때라도 통행료를 받지 않겠습니다."
　"차가 막혀서 불편한 대신, 통행료를 내지 않는다 이거지?"
　이렇듯 우리는 돈과 불편을 저울질하며 살아가는지 모른다. 혹시, 우리가 생각하는 대로의 무조건적인 공짜란 허상이 아닐까?

　어렵사리 둘러본 성당 1층은 훌륭했다고 말하고 싶지만 사실 그냥 그랬다. 그래도 그럭저럭 재밌었고 인상적이었다. 누가 뭐래도 공짜는 좋은 거니까.

시떼 가 사건

성당에서 나온 후 문제가 생겼다. 시떼 가라는 거리를 걷고 있을 때였다.

"휠체어가 이상해!",

아내가 주저하며 말했다.

"왜? 배터리가 방전됐어?"

놀라서 내가 물었다.

"그게 아니라…. 진짜 큰일 났다! 어떡하지?"

아내가 멈춰 서서 휠체어를 살펴보더니 경악했다.

휠체어의 등받이가 앞쪽으로 기울어 있었다. 등받이가 뒤쪽으로 적당히 꺾여 있어야 앉아 있기 편한데, 어찌된 일인지 등받이가 앞쪽으로 넘어와 있었다.

"휠체어가 부러졌나? 도움을 구할 곳도 없는데"

심란했다. 머리에 빨간불이 켜졌다.

혼이 싹 빠져 나갈 만큼 당황스러웠다. 심하게 고장 난 것 같긴 한데, 어디가 어떻게 고장 난 건지 정확히 알 수 없어서 더 겁이 났다.

'여행이 이렇게 끝나 버리는 건가? 한국으로 돌아갈 수는 있을까?'

두려움이 앞섰다. 그때였다.

납덩이를 매단 듯 무거운 마음속으로 새소리가 파고들었다. 새들이

지지배배 노래했다. 가느다란 쇠창살은 새들의 노랫소리를 가두지 못했다. 수십 마리의 새가 우리를 보고 있었다. 깃털이 파랗고, 부리가 노란 작은 새들이었다. 상황만 좋았다면 한 마리 사고 싶을 만큼 애처롭게 예뻤다. 문득 '수십 쌍의 눈이 지켜보고 있는데, 뭐라도 해 봐야겠지?'라는 생각이 머리를 스쳤다.

휠체어의 팔걸이 쪽을 만져보았다. 나사가 손에 잡혔다. 등받이와 팔걸이를 연결해 주는 나사였다. 아마 이 나사가 헐겁게 풀려 버린 모양이었다. 팔걸이를 과도하게 누른다거나, 휠체어에 심한 충격이 가해질 경우 나사가 풀릴 수 있었다. 아무래도 여행을 하면서 휠체어에 무리가 갔었나 보았다. 문제는 이곳은 프랑스였으므로 A/S를 부를 수가 없었다. 우리 힘으로 어떻게든 해야 했다.

"괜히 만졌다가 더 망가질 수도 있어."

"잘 부탁드려요."

"등받이가 두 동강나도 난 몰라."

"협박하지 마시고요."

"진짜 내가 해?"

"빨리 하세요."

아내가 재촉했다.

'내가 이걸 고쳐야 된다고?'

황당하기도 하고, 겁도 났다. 머릿속에서 적신호가 한층 더 밝게 빛났다. '어떻게든 되겠지' 하는 심정으로 팔걸이 쪽의 나사를 시원스레 풀어버렸다. 오른쪽 나사를 풀고 왼쪽 나사도 풀었다. 그러자 힘을 잃은 등받이가 앞뒤로 심하게 움직여댔다. 금방이라도 부러져 버릴 것 같았다. 나는 등받이를 힘주어 잡았다. 적당한 각도를 찾기 위해 등받이를 조금씩 움직였다.

"지금 각도가 딱 좋아. 이대로 고정시켜 줘."

아내가 말했다. 나는 왼손으로 등받이를 붙잡은 후, 오른손으로 나사를 꽉 조였다. 그리고 손을 바꿔 같은 작업을 다시 한 번 수행했다. 마침내 등받이와 팔걸이가 절묘한 각도로 고정됐다. 그제야 머릿속에 파란불이 켜졌다. 바보 같게도, 나는 모든 일이 순조롭게 끝난 게 새들 덕분인 것만 같았다.

"얘들아, 시떼 가 사건을 널리 널리 퍼뜨려 줘. 노래해 줘."

여전히 새들이 아름답게 지저귀고 있었다.

우리 동네에는 우리말 메뉴판이 있다

"우리 동네다!"

버스에서 내리며 내가 외쳤다. 호텔이 말없이 우리를 반겼다.

"오늘도 무사히 귀가했구나."

안도의 한숨이 절로 나왔다. 따지고 보면 이곳에 묵은 지 이틀밖에 되지 않았지만, 이상하게 정겹고 편안했다. 익숙한 동네에 온 듯 긴장이 풀렸다.

어느새 저녁 7시였다. 배가 고팠다. 우리는 식당을 찾으러 호텔 근처를 탐방했다. 주위에 노천 식당이 여러 곳 있었다. 고만고만한 식당들 중 우리는 호객 행위를 가장 적극적으로 하는 곳으로 들어갔다. 직원이 하도 밝고 싹싹하게 인사해서 마음이 끌렸다.

"어느 나라 분들이세요?"

직원이 의자를 빼 주며 물었다

"한국이요."

"안녕하세요?"

직원이 우리말로 인사를 건넸다. 발음이 퍽 좋았다.

"한국어 메뉴판을 드릴게요(영어로 말했다)."

우리는 직원이 농담하는 줄 알았다. 생뚱맞게 한국어 메뉴판이라니!

"헐! 진짜 우리말이야."

아내도, 나도 깜짝 놀랐다. 프랑스 노천 식당에서 우리말 메뉴판을 보게 될 줄은 꿈에도 몰랐다. 메뉴판을 수놓은 ㄱ, ㄴ, ㅏ, ㅑ…. 그 찬연한 자태에 우리는 감동했다.

여기서 잠깐! 그동안 우리가 음식을 주문한 모습은 다음과 같았다.

"아무거나 시키자."

"그치? 뭘 주문해도 다 맛있을 텐데, 뭘."

"오브 콜스야."

"이거 예쁘다. 이걸로 할게!"

조금 후, "그래, 뭘 주문했어?"

"뭐였더라?"

대충 이랬다. 음식 이름들은 하나같이 복잡하고 난해했다. 영어도 아닌 것이 프랑스어도 아니고, 그렇다고 이탈리아어도 아닌 게 복잡다단하기 이를 데 없었다. 그런데 우리말 메뉴판이라니! 충격적이었다. 얼마 만에 보는 우리말인가. 찬찬히 읽어 보고 아주 주문할 거라 다짐했다. 고심 끝에 우리가 선택한 메뉴는….

"아서씨, 그냥 스파게티 주세요!"

"저는 오믈렛이요. 맥주도 한 잔 주세요."

우리말 메뉴판. 빛을 발한 순간이었다. 얼마 후 음식들이 나왔다.

"사진 찍어 드릴까요?"

직원이 아내 목에 걸린 카메라를 보며 말했다. 서비스 정신이 투철한 사내였다. 사진도 찍었으니 이제는 먹을 차례였다. 허기진 배가 밥을 달라고 아우성이었다. 오믈렛을 입에 넣었다. 그리고 아내가 주문한 스파게티도 뺏어 먹었다. 그야말로 최고의 맛이었다. 음식이 자극적이지 않고 편안했다. 재료의 맛이 살아 있어서 좋았다. 음식에 관한 한 확실히 프랑스가 영국보다 한 수 위였다. 먹는 내내 즐거웠다. 음식 하나로 몸과 맘이 힐링될 수 있다는 걸 느꼈다.

"왠지 단골이 될 것 같아."

"나도 그래."

기이한 예감을 느끼며 우리는 식당을 나왔다.

"안녕히 가세요."

팁을 주머니에 넣으며, 예의 그 직원이 또박또박 우리말로 깍듯하게 인사했다.

은처럼 희게 금처럼 노랗게

밤 아홉 시 즈음, 피곤한 몸을 이끌고 에펠탑 밑으로 갔다. 하루를 정리하는 데에 밤 산책만큼 좋은 것도 없었기 때문이다. 칠흑 같은 하늘을 떠받친 채, 에펠탑이 눈부시게 빛나고 있었다.

"이거, 정말 멋지잖아!"

불빛이 워낙 밝아서 탑의 윤곽을 나 역시 볼 수 있었다. 우리는 탑 주위를 천천히 돌았다.

"오늘 하루도 환상적이었지?"

"다이내믹하고 환상적이었지!"

아내가 빙그레 웃으며 말했다.

"작은 새들이 '시떼 가 사건'을 노래할까? 하늘을 날며 우리의 이야기를 노래했으면 좋겠어. 사람들의 머리 위로 노랫소리가 울려 퍼지길 바라."

내가 말했다.

"새들은 새들대로 노래하게 하고, 너는 너대로 여행 에세이라도 써 봐. 우리의 이야기를."

"내 주세에 책은 무슨…."

말은 이렇게 했지만 생각만으로도 근사했다. 뭇 사람들이 우리의 이야기를 듣는다? 여행을 통해 우리의 모습을 세상에 알리고, 많은 사람을 만나고, 작은 도움을 주고받고, 추억을 간직한 채 헤어지고, 여행을 매개로 독자들과 의사소통하는 일련의 과정이 너무도 아름답게 여겨졌다.

누군가는 우리의 뒷모습을 오랫동안 간직하겠지?(모나리자와 함께 우리의 뒷모습도 사진 찍혔을 게다). 미니마우스를 길바닥에 그리던 아저씨는 우리를 어떻게 추억할까? 선진국의 시민답던 버스 승객들은? 친절하던 호텔 직원은? 우리말을 잘하던 식당 웨이터는? 뭇 사람들은? 우리를, 우리의 여행을 어떻게 받아들일까? 사뭇 궁금했다.

비록 파트너가 아니면 어떤가? 모든 사람과 동료가 될 수는 없다. 우연히 만나, 가볍게 인사를 나누고, 사소한 도움을 주고받은 다음, 악수하며 작별하는 관계. 그리고는 서로를 아름답게 추억하는 관계. 그러다 다시 만나면 마음으로 포옹하는 관계. 나는 이런 식의 따스하고 가벼운 인간관계를 사랑한다. 파트너십에 기초한 관심은 무겁고 폐쇄적이지만, 세계시민주의에 기초한 관심은 가뿐하고 개방적이다. 가능하다면 후자의 방법으로 독자들과 얽히고 싶다. 인생이라는 여행에서 만난 소중한 인연으로. 가뿐하게, 경쾌하게 한동안 함께 걷기를 바란다.

어느새 열 시기 됐다. 마법이 시작되는 시각이었다. 에펠탑이 은처럼 히게, 금처럼 노랗게, 색을 바꿔 가며 반짝반짝 빛났다. 하루에 딱 5분만 볼 수 있는 빛의 향연이었다. 영롱하게 반짝이는 탑을 보며 우리는 여러 꿈을 꾸었다.

일곱째 날 ;

봉주르, 톨레랑스!

결핍 아닐까요?

"소설. 어떻게 쓰세요?"

기자가 조심스럽게 물었다. 질문을 재구성해 보면, '앞을 볼 수 없는 시각장애인인데 사물을 어떻게 묘사하느냐? 사건 취재는 어떻게 하느냐?'쯤을 묻고 있었다.

"상상을 많이 합니다. 예를 들어, 지금 밖에 눈이 내리잖아요? 눈을 맞으며, 밟으며, 만지며 상상해요. 눈의 빛깔과 모양 등을요."

"그러시군요. 마지막으로 하나만 더 여쭐게요. 굳이 소설을 쓰시는 이유가 있다면요?"

기자가 마이크를 내 입에 가져다댔다. 2016년 겨울, 문학상 시상식장에서였다.

"그 손으로 그림을 꼭 그려야겠냐?"

식사를 하다 말고 장모님이 아내에게 물으셨다. 몸이 불편한 아내를 걱정하시는 거였다.

"그릴 만하니까 그리지! 걱정하지 마."

아내가 씩씩하게 답했다.

"네 몸 상할까 봐 하는 말이야. 그놈의 그림, 왜 그리냐?"

"재밌거든. 가 본 적 없는 장소, 경험하지 못한 일, 만난 적 없는 사람…. 이런 걸 그릴 때 얼마나 행복한지 몰라."

"몸을 아프게 하면서까지 그런 걸 그려야겠냐? 평생 그려 봐라. 밥이 나오나, 떡이 나오나."

장모님이 답답해하셨다. 설이었다. 일 년에 한두 번, 얼굴을 마주할 때마다 이런 대화가 오가곤 했다.

"프랑스까지 가서 개선문에 올라가 보지도 못했어? 겨우 사진만 찍고 왔다고? 차라리 가지를 말지!"

혹자는 이렇게 말할지 모르겠다. 그렇다. 우리는 개선문을 멀리서 지켜만 보았다. 그 안에 들어가 보지도 못했고, 하다못해 쓱 만져 보지도 못했다. 하지만 의미 없는 경험, 실패한 여정이었다고는 생각하지 않는다.

여행 7일째 날이었다. 호텔에서 개선문까지는 한 시간이 넘게 걸렸다. 에비뉴 에밀졸라 정류장에서 N12번 버스를 타고 샤틀레 정류장까지 간 다음, 그곳에서 N11번 버스로 환승하여 샤를드골 에트월 그란데 아메 정류장까지 갔다. 아무튼 짧은 여정은 아니었다. 정류장 이름만큼이나 길고 지리한 길이었다. 개선문 하나 보자고 이렇게 멀리 가야 되나? 싶었다.

버스를 오래 타서 그런지, 나는 속이 좋지 않았다.

"속이 울렁거려!"

버스에서 내리며 내가 말했다.

"그럴 것 같더라."

아내가 기다렸다는 듯 말했다.

"나, 멀미하나 봐."

"아닐걸! 너, 조식을 너무 많이 먹었어."

"내가? 빵 몇 개밖에 안 먹었는데?"

"누가 조식을 두 시간 동안 먹냐? 아침부터 너무 과식했어."

듣고 보니 그런 것도 같았다.

"소화제 있어?"

내가 물었다.

"호텔 가서 줄게. 우선 사진부터 찍자."

"무슨 사진?"

"개선문."

"개선문? 어디 있는데?"

"우리 앞에."

"?"

차들이 쌩쌩 달렸다. 우리는 큰 도로가에 서 있었다. 개선문이 인도 위에 있을 리 없고, 그렇다고 도로 한가운데에 있지도 않을 텐데, 다짜고짜 사진을 찍겠다니!

착칵. 찰카. 찰카. 주위에서 사람들이 카메라를 눌러댔다.

"지금 개선문을 찍고 있는 거야? 그 큰 건축물이 어디 있길래?"

알고 보니 도로 한복판에 개선문이 우뚝 서 있었다. 자동차들이 개선문을 우회하여 사방으로 달리고 있었다. 개선문은 높이가 50미터, 폭이 45미터에 이르는 거대한 구조물이다. 나폴레옹 1세에 의해 건립됐으며, 프

낯선 여행, 떠날 자유_7 Day

랑스군, 특히 나폴레옹과 그의 장군들의 승리를 기리기 위해 건축됐다고 한다.

"다 찍었어. 올라가 보자."

아내가 말했다. 개선문의 맨 위층, 전망대에 올라가면 파리 시내가 한눈에 보인다고 했다. 아내가 몹시 좋아할 듯했다. 나폴레옹 황제가 공을 들여 만든 전쟁 기념물. 나도 빨리 만져보고 싶었다.

그런데 개선문에 접근할 방법이 없었다. 횡단보도가 그려져 있지 않았기 때문에 지상으로는 개선문에 다가갈 수가 없었다. 지하 통로를 통해서만 개선문 전망대로 올라갈 수 있었는데, 하필 지하 통로의 입구가 계단이었다. 휠체어를 타고 지하로 내려갈 도리가 없었다.

우리는 지하 입구 어림에서 우왕좌왕했다. 사람들이 계단을 밟고 지하로 내려가고 있었다. 그때였다. 수동 휠체어를 탄 장애인이 근처를 지나갔다. 현지인 같았다. 저 사람은 개선문에 올라가는 방법을 알지 않을까?

한 줄기 서광이 비치는 듯했다. 기회를 놓칠세라 우리는 얼른 뛰어가서 그에게 길을 물었다.

"개선문이요? 휠체어로는 못 가요."

그가 너무도 간단히 말했다. 서광이 먹구름에 가려 사그라져 버렸다. 충격적이었다. 장애인은 개선문 안으로 들어갈 수조차 없다니. 세계적인 문화제를 뒤로하고 돌아 나올 수밖에 없다니. 씁쓸했다. 우리나라에서 이런 일을 겪었다면 문화제청이나 국가인권위원회에 민원을 접수했을 텐데, 이곳은 낯선 타지였다. 우리가 할 수 있는 일이 아무것도 없었다.

실망스러웠다. 차도 하나만 건너면 나폴레옹의 숨결을, 승전의 환열을 만질 수 있는데 마지막 순간에 그것이 좌절돼 버린 것이다. 늘 그렇듯 현실은 녹록치 않았고, 이상은 멀기만 했다. 우리는 하는 수 없이 발길을 돌렸다.

"버스 타고 멀리 왔는데 고생만 했네."

"한국에 가서 개선문에 대해 소문낼 거야. 우리같이 헛걸음하는 장애인이 없도록."

아내가 야무지게 말했다. 일종의 투지이자 사명감 같은 게 느껴졌다.

"그나저나 이제 뭐 할 거야?"

"일단 좀 걸을까? 그리고 쇼핑이나 하시, 뭐. 근처에 명품 상점이 많아."

넘어진 김에 쉬어 간다고, 부모님께 드릴 선물을 사는 것도 나쁘지

낯선 여행, 떠날 자유_7 Day

않을 성싶었다.

한동안 걸으며 수많은 개선문을 상상했다. 나폴레옹이 심혈을 기울여 만든 건축물, 수백 년 동안 무수히 많은 사람이 거쳐 간 구조물, 승전의 상징, 파리의 랜드마크…. 그 모든 개선문을 상상했다. 한겨울에 내리는 흰 눈의 빛깔을 상상하듯, 한 번도 만난 적 없는 사람을 스케치하듯, 그렇게 우리는 개선문을 그렸다. 부재하는 대상을 그리는 일은 언제나처럼 즐거웠고 조금은 애달팠다.

결핍은 내게 있어 '날개'나 다름없었다. 볼 수 없음에서 오는 결핍은 많은 순간, 나를 어디론가 날려 보냈다. 나는 때때로 결핍된 무언가를 상상했고, 눈을 떠 보면 미지의 공간, 새로운 시간을 살고 있었다. 어머니의 주름살, 중학생들의 개구진 얼굴, 별빛, 달빛…. 그리고 나를 향한 아내의 미소. 이 모든 게 나의 날개였다.

벤치에 앉아 문득 어린왕자를 생각했다. 비행을 즐긴 소년, 부재하는 장미를 그리워한 로맨티스트, 생텍쥐페리의 분신, 그가 바로 어린왕자였다.

'이 근처에 불시착한 경비행기는 없나? 그걸 타면 개선문 꼭대기까지 쉽게 올라갈 수 있을 텐데. 아니지! 겨우 개선문이 뭐야? 구름 위까지, 성층권까지, 아니 이왕이면 어린왕자의 별 B612까지 날아가 보는 거야. 비행기만 있다면 생텍쥐페리처럼.'

그러고 보니 마침 7월 31일이었다. 말하자면 생텍쥐페리의 기일이었다. 나는 개선문 너머의 하늘을 올려다보았다. 그가 마지막으로 바라보았을 1944년 7월 31일의 하늘은 어떤 모습이었을까. 그는 전쟁 중이던 지상이 못 견디게 싫었을까? 그래서 서둘러 어린왕자를 만나러 간 걸까? 그는 어떤 결핍을 채우기 위해 소설《어린왕자》를 상상했고, 끝내 머나먼 별을 향해 이륙해 버린 걸까? 시리게 빛나는 파리의 하늘을 바라보며 그는 무엇을 그렸을까? 그의 결핍, 그가 상상한 세계를 그려보는 것만으로도 나는 아팠다.

"나, 아파!"

"이따가 약 줄게. 조식을 너무 많이 먹었어."

젠틀맨과 스트롱맨

벌어질 일은 결국 벌어진다고 했던가? 진짜 그랬다. 기어이 일이 벌어지고 말았다.

샹젤리제 거리를 들이보며 부모님들께 드릴 선물을 고르던 때였다.

"장모님 대답 없으셔?"

"어. 아직."

"전화해 볼까?"

"안 돼. 통화료가 얼만데!"

우리는 옷가게 앞을 십 분째 서성이고 있었다. 장모님의 대답을 애타게 기다리는 중이었다.

"나 좀 힘든데!"

더 이상 참지 못하고 내가 말했다.

"잠깐만. 톡 왔다!"

아내가 외쳤다.

"엄마가 뭐라고 했냐면, '난 저런 원피스 필요 없다. 빈손으로 와라. 너희가 사 오는 거, 아무것도 안 받을 거다.' 이렇게 왔어."

장모님께 어울릴 원피스를 사진 찍어 보내드렸는데 아무래도 부담스러우신 모양이었다.

"장모님 취향이 아닌가 보다. 다른 걸 찾아봐야겠네."

내가 목소리를 쥐어짰다.

"근데 너 표정이 왜 그래? 얼굴은 왜 그렇게 창백하고? 다리는 왜 떨어?"

"힘들다고 했잖아. 못 참겠어."

배가 찢어질 듯 아팠다. 속이 울렁거리고 심상찮더니, 배탈이 난 것 같았다.

"말을 하지 그랬어? 지금 선물 사는 게 문제야?"

아내가 다그쳤다. 나는 대꾸할 정신도 없었다.

"명품 상점들만 잔뜩 모여 있어. 공중화장실 같은 건 없는데 어찌지?"

"그러지 말고, 아무 식당에나 들어가자."

"힐! 제정신이야? 이 상황에 먹을 게 생각이 나?"

아내가 펄쩍 뛰었다. 그래도 나는 고집을 굽히지 않았다. 식당만이 나의 살 길이었다. 길거리에서 거사를 치를 수는 없지 않은가.

"걸을 수 있겠어? 휠체어 뒤에 올라탈래?"

달콤한 유혹을 뿌리치고 나는 고개를 저었다. 만에 하나라도, 휠체어가 오물로 인해 더럽혀지는 일만은 막아야 했기 때문이다. 4.0, 5.0, 6.0, 뱃속의 지진 강도가 점점 강해졌다.

천만다행이었다. 엎어지면 코 닿을 거리에 노천 식당이 있었다.

"실례지만, 화장실이 있나요?"

자리에 앉자마자 아내가 물었다.

"물론 있습니다. 마담! 화장실에 가시겠습니까?"

직원이 사근사근하게 대답했다. 젊은 남자 직원이었다. 이제 살았구나 싶었다. 하지만 안심하기에는 일렀다.

"마담! 잠시만 기다려 주십시오."

직원이 어디론가 걸어가 버리는 게 아닌가? 지진 강도는 7.0, 8.0을 넘어 서고 있었다. 뱃속 맨틀이 한층 더 활발히 움직였다. 곧 용암이 배 밖으로 분출될 듯했다. 잠시 후, 그가 동료 직원을 데리고 나타났다.

"마담! 화장실이 지하에 있습니다. 저희가 도와드리겠습니다. 가시죠."

사근사근한 직원이 말했다. 이런! 화장실에 갈 사람은 아내가 아닌데 뭔가 오해한 것 같았다.

"걱정하지 마십시오. 이 친구, 힘이 아주 강합니다. 스트롱맨이에요. 마담을 지하 화장실까지 모시고 갈 수 있습니다."

그가 진심을 담아 말했다.

"맞아요. 저, 스트롱맨이에요."

동료 직원이 자신 있게 말했다. 말투에서 자부심이 느껴졌다. 그건 그렇고, 우리가 단골손님도 아닌데 저렇게 자청해서 도와주려는 까닭이 무엇인지 궁금했다.

"저에요. 제가 화장실에 가야 해요. 빨리요."

찢어지려는 배를 부여잡고 내가 말했다.

"젠틀맨? 마담이 아니고 젠틀맨이 가실 거예요? 그건 아주 쉬워요."

스트롱맨이 말했다. 어쩐지 김이 샌 듯한 말투였다. 내가 고개를 끄덕였다. 스트롱맨의 팔을 잡고 화장실로 향했다. 팔뚝이 아주 튼실한 총각이었다. 스스로를 스트롱맨이라고 소개할 만했다.

그는 시각장애인을 잘 안내했다. 나보다 반보쯤 앞서 걸으며 침착하게 길을 인도했다. 나는 솔직히 좀 놀랐다. 지체장애인을 등에 업고 화장실까지 데려다 줄 직원이 우리나라에 얼마나 있을까? 시각장애인을 능숙하게 안내해 줄 직원이 몇이나 될까? 역시 선진국의 시민다웠다. 비록 개선문에 들어가 볼 수는 없었지만, 사근사근한 사내와 스트롱맨을 만난 것만으로도 충분히 보람 있는 하루가 될 듯했다. 그만큼 그들이 인상적이었다.

뭐니 뭐니 해도 사람을 감동시키는 건 사람인 듯하다. 아내와 나, 둘만의 오붓한 여행도 좋지만, 때로는 낯선 사람들과 인연을 맺고 어울리는 것도 매력적이었다. 유럽 여행뿐 아니라 삶의 여정 자체가 그러할 것이었다.

왼손으로는 난간을, 오른손으로는 스트롱맨의 팔뚝을 잡은 채 긴 계단을 내려갔다. 음침한 지하에 화장실이 있었다.

지진 강도가 9.0이 된 순간, 용암이 배를 찢고 폭발하려는 찰나, 변기에 앉았다. 그리고 환희를 맛보았다. 성층권을, 별을, 어린왕자를 생각하던 때가 먼 과거처럼 여겨졌다. 하늘을 날고 싶었는데, 어쩌다 보니 지하 화장실에 주저앉아 있었다. 현실과 이상의 간극이 너무 컸다. 헛웃음이 났다.

"인생, 참 아이러니하네."

다시 위쪽을 올려다보았다. 또 한 번 천장 너머의 것들을 그렸다. 화장실이 무덤 속처럼 고요했다. 앞뒤 가릴 것 없이 일을 처리하고 나니, 적잖게 민망했다. 신경 쓰였다. 소리가 새어 나가지 않았을까? 냄새는? 거사를 치르고 화장실 밖으로 나왔다. 스트롱맨이 팔을 가져다댔다.

"젠틀맨! 가실까요?"

"네, 스트롱맨!"

젠틀맨과 스트롱맨이 가파른 계단을 올라 지상으로 나왔다. 발걸음이 어느 때보다 가벼웠다. 만약 아내가 걸을 수 있었다면, 혹은 내가 앞을 볼 수 있었다면, 우리는 스트롱맨과 사근사근한 사내를 스쳐 지나갔을 것이다. 이렇게 도움을 주고받지 않았을 것이고, 추억을 쌓지도 못했을 것이다. 그런 의미에서 장애는 결핍인 동시에 우리의 날개였다.

스트롱맨에게 팁을 준 후, 식사를 주문했다. 인풋과 아웃풋은 균형이 맞아야 하는 법! 화장실에 다녀왔으니, 이제는 뱃속에 음식물을 채워 넣을 차례였다. 반쯤 죽었다가 살아나서 그런지 세상이 아름답게만 보였다. 그런데 웬일인지 아내가 저기압이었다. 나 때문인가? 괜스레 찔렸다.

"마담! 왜 그래? 무슨 일 있어? 내가 정신없게 굴어서 그래?"

젠틀맨이 물었다. 스트롱맨이 음식을 가져올 때까지 마담의 이야기가 이어졌다.

> Wife Says

젠틀맨이 급한 용무를 해결하러 간 사이, 나는 불청객을 상대하고 있었다. 그녀는 용모가 단정하지 않았고, 옷차림이 허름했다. 전반적으로 추레한 인상이었다.

"돈 좀 주세요."

깡통을 불쑥 내밀며 그녀가 말했다.

"동전이 없어요."

내가 단호하게 말했다. 이런 경우, 가능한 한 단호하게 말하는 게 좋았다. 그렇지 않으면 걸인들이 쉽게 물러나지 않았다.

"그러지 말고, 돈 줘요!"

깡통을 얼굴께로 들이밀며 불청객이 강하게 말했다.

"정말 없어요."

다시 한 번 딱 잘라 말했다. 탁! 걸인이 테이블 위에 깡통을 올려놓았다. 그리고 내 맞은편에 털썩 앉았다. 비웃는 듯한 얼굴로 나를 뚫어지게 쳐다보았다. 너무 당황스러웠다.

"일행이 올 거예요."

"돈!"

"없다니까요."

"돈!"

걸인이 막무가내로 돈을 요구했다. 이러다 괜히 험한 꼴 당하는 거 아니야? 1유로, 그냥 줘 버려? 갈등했다. 그때였다.

낯선 여행, 떠날 자유_7 Day

"마담! 무슨 일이죠?"

예의 그 사근사근한 직원이 다가왔다. 설마 걸인을 우리 일행으로 보진 않겠지? 순간적으로 이런 걱정이 들었다. 하지만 그건 기우였다. 사근사근한 직원이 전혀 사근사근하지 않은 태도로 걸인을 내쫓아 버렸다. 그러고는 다시 사근사근한 모습으로 나를 안심시켰다. 여러 모로 놀랍고 흥미로운 식당이었다.

백화점에서 생긴 일

"이건 아닌데…."

내가 구시렁거렸다. 아닌 게 아니라 나는 꽤 곤혹스러웠다. 여탕에 잘못 들어간 총각 같았고, 실수로 교회에 발을 들여놓은 스님 같았다.

온통 중국인들뿐이었다. 앞에도 뒤에도 옆에도 중국인들이 인의 장막을 펼치고 있었다. 나는 외로운 섬처럼 그들 틈바구니에 끼어 있었다. 가히 일 대 천이라 할만 했다. 그들은 뭐가 그렇게 신나는지 소리 높여 대화 중이었다.

"여기가 맞는지 알아보고 금방 올게. 줄 서 있어."

사라져 버린 아내는 5분 넘게 감감무소식이었다. 앞 사람들의 말소리가 조금 멀어졌다. 나는 그들의 말소리를 나침반 삼아 앞으로 두 걸음 갔다. 줄이 조금씩 짧아지고 있었다.

'이러다 맨 앞까지 가면 어떡하지? 한국인이라고 해야 되나? 아내는 왜 안 오는 거야?'

초조했다. 아무리 봐도 한국인을 위한 줄이 아니었다.

그곳은 프랭탕 백화점의 지하였다. 우리는 텍스 리펀을 신청하기 위해 그곳에 들렀다. 텍스 리펀이란, 물건 값의 약 12퍼센트(세금)를 환불해주는 제도였다. 외국인은 프랑스 현지에서 세금을 지불할 의무가 없기 때문이다.

텍스 리펀 구역은 국가별로 구분돼 있었다. 중국관, 한국관, 일본관 등으로 나뉘어져 있었는데, 아무래도 우리는 중국관에 들어와 버린 듯했다.

천 개의 입에서 중국어가 쉴 새 없이 흘러나왔다. 머릿속이 중국어로 꽉 차 버렸다. 어지러웠다.

'여기 줄 서 있기 싫어! 이놈의 아내, 어디로 가 버린 거야? 노대체 뭘 일아보러 간 거야?'

백화점 지하는 위층과 분위기가 사뭇 달랐다. 지나치게 시끄러웠고 무질서했다. 사람들이 바닥에 아무렇게나 앉아 있었고, 곳곳에서 언성을 높여댔다. '톨레랑스(관용, 이해, 인내를 가리키는 프랑스어)'가 살아 숨

쉬던 위층과 퍽 달랐다.

우리가 프랭탕 백화점에서 경험한 톨레랑스는 다음과 같았다.

첫째, 엘리베이터는 톨레랑스를 싣고!

"엘리베이터가 없어."

아내가 말했다. 1층을 둘러본 다음 2층으로 올라가려던 때였다.

"명색이 백화점인데 그럴 리가."

"진짜 없어. 사람들이 계단으로 올라가!"

개선문에 이어 백화점에서까지 낭패를 보는 건가 싶었다.

"실례지만, 엘리베이터가 없나요?"

아내가 가까이 있던 구두 매장 직원에게 물었다.

"있습니다. 그런데 그게…. 그러니까…."

직원이 말을 잇지 못하고 난처해했다. 그러다가 뭔가를 결심한 듯 말했다.

"이쪽으로 오세요."

그는 앞서 걷기 시작했다. 우리는 어리벙벙한 기분으로 그를 쫓아갔다. 그는 매장을 비워 둔 채 한동안 걸었다. 철문을 열고 들어가자, 기계실이 나왔다. 그곳에 직원용 엘리베이터가 있었다.

"고맙습니다."

우리가 인사했다.

"몇 층 가세요?"

그가 물었다.

"2층이요."

"아, 네. 타시죠."

우리뿐 아니라 그도 엘리베이터에 올라탔다. 철문을 열고 나가자, 2층 매장이 나왔다.

"더 필요하신 건 없으세요?"

"네, 정말 친절하세요!"

"즐거운 쇼핑 되십시오!"

그가 정중히 인사했다. 매장을 이렇게 오래 비워 두어도 되나? 우리가 괜히 불안했다. 동양에서 온 장애인을 향한 그의 관용, 이해, 배려가 너무도 고마웠다. 프랑스인의 톨레랑스가 이런 거구나 싶었다.

한편, 우리는 엘리베이터를 전세 낸 듯 자유롭게 타고 다녔다. 엘리베이터가 텅 비어 있었기 때문이다. 우리나라에서는 상상할 수 없는 일이었다. 계단이나 에스컬레이터는 거들떠보지도 않는 게 우리나라 사람들이었다. 모두가 엘리베이터와 사랑에 빠졌다고나 할까? 사랑은 사람을 맹목적으로 만든다는데, 정말 그런 것 같다.

넷째, 돈으로 계산할 수 없는 화장실 톨레랑스!

"화장실 좀 갈까?"

여러 층을 돌며 부모님께 드릴 선물을 고르던 중에 내가 말했다.

"아니야. 괜찮아. 이따 갈게."

아내가 시큰둥하게 대답했다.

"내가 가고 싶어서 그래."

"뭐? 또 배에서 지진 난 건 아니지?"

흥! 지진? 그렇게 아무 때나 나는 게 아니다.

"화장실이 어디 있나요?"

아내가 화장품 매장 직원에게 물었다.

"화장실이 그러니까…."

이번에도 직원이 말을 잇지 못했다.

'대체 왜들 저러지? 딱 봐도, 우리가 영어를 못할 것 같나? 그래서 뭘 설명해 주기가 애매한가?'

몇 초가 흘렀다.

"안내해 드릴게요."

그녀가 매장 밖으로 나왔다. 한 명뿐인 직원이 이렇게 자리를 비워도 괜찮은가 보았다.

'프랑스에는 갑질이란 게 없나? 직원이 꽤 자유롭게 움직이네.'

별 생각이 다 들었다. 이러니저러니 해도, 벌써 두 번째 겪는 일이었으므로 여유가 있었다. 경험이란 무섭다. 또 철문을 열고 들어갔다. 직원용 화장실이 있었다. 장애인 화장실은 아니었지만, 사람이 한 명도 없었기 때문에 편했다.

"천천히 볼일 보시고 나오세요."

그녀가 말했다. 그리고 우리가 화장실 밖으로 나올 때까지 기다려 주었다. 한참 후 알게 된 사실 하나! 프랭탕 백화점에도 손님용 화장실 안에 장애인 화장실이 있다고 한다. 참고로 화장실 이용료는 1인당 1.5유로, 약 2000원이라고 한다. 따지고 보면, 우리는 그녀 덕분에 4000원을 아낀 셈이었다. 그녀는 지인도, VIP도 아닌 우리에게 왜 그렇게 친절했던 걸까. '손님용 화장실이 저쪽에 있어요.'라고 말할 수도 있었을 텐데 말이다. 돈을 떠나서, 그녀의 따스한 마음, 톨레랑스에 감사한다.

셋째, 수요자 중심의 명품 톨레랑스!

"만져 봐. 보들보들하지? 어른들이 좋아하실 것 같아?"

"정말이네. 감촉이 좋아. 무슨 색이야?"

우리는 스카프 세 장을 골랐다. 어른들께 드릴 선물이었다.

"텍스 리펀되나요?"

계산 후 아내가 물었다.

"그럼요. 그런데 그게…."

아니나 다를까, 직원이 말끝을 또 한 번 흐렸다. 올 게 왔구나 싶었다.

"텍스 리펀 관련해서 설명해 드릴 게 많아요. 한국인 직원을 호출했으니까, 조금만 기다려 주세요."

얼마 후, 한국인이 도착했고, 텍스 리펀 방법을 다음과 같이 알려주었다.

1. 매장에서 영수증 및 텍스 리펀 관련 자료를 받는다.

2. 백화점 지하로 가서 기계에 영수증을 넣고 텍스 리펀을 신청한다.

3. 지하에서 물건 값의 12퍼센트를 환불받는다.

4. 출국 시 공항에 있는 기계에 텍스 리펀 자료를 넣고 스캔한다(자료가 세관으로 넘어간다).

그들은 우리를 호갱 취급하지 않았고, 가능한 한 많은 편의를 봐 주기 위해 노력했다. '텍스 리펀? 그거 간단해요. 어떻게 하냐면 블라블라…, 안녕히 가십시오, 호갱님!' 이렇게 대충 보내 버릴 수도 있었지만, 그렇게 하지 않았다. 우리가 이해할 때까지 인내심을 가지고 설명해 주었다. 소비자 중심의 서비스, 명품 톨레랑스를 경험한 순간이었다. 그 후, 우리는 텍스 리펀을 신청하기 위해 지하로 내려갔다. 그런데 그만 중국인들 틈에 섞여 줄을 서게 됐다.

"많이 기다렸지? 미안."

드디어 아내님이 오셨다. 나는 중국어의 홍수 속에서 만신창이가 돼 있었다. 거의 무아지경에 빠져 있었다고나 할까. 천 개의 입에서 흘러나오는 수십만 마디의 중국어! 언제 한번 경험해 보시길!

"알아봤는데, 여기 아니야. 우리는 저쪽으로 가야 돼."

"여기 중국관이지?"

"헉! 어떻게 알았어?"

아내가 깜짝 놀랐다.

"다 아는 수가 있어. 가자!"

마침내 우리는 한국관으로 가서 그 잘난 텍스 리펀을 신청했다. 한국관답게 한국인 직원이 있었다. 약관의 젊은 여성이었다. 유학생인데 학비를 버는 중이라고 했다. 우리를 꽤나 반갑게 맞았다.

"프랑스가 장애인분들이 여행하기에 좋은 나라는 아닌데…. 어떠셨어요?"

그녀가 물었다.

"확실히 영국보다 불편하네요. 공부하기에는 좋은 나라인가요?"

"아닌 것 같아요. 빨리 귀국하고 싶어요. 엄마도 보고 싶고 우리나라가 그리워요."

우리는 동병상련의 마음으로 서로를 토닥였다. 동병상련은 공감을 전제로 할 테고, 공감은 톨레랑스의 한 요소일 것이므로, 결국 우리는 톨레랑스를 마음에 품은 채 서로를 보듬은 셈이었다. 이렇듯 톨레랑스는 우리와 동떨어진 개념, 이국적인 그 무엇이 아닐 터였다. 우리 식으로 말하면 역지사지의 마음이 아닐까? 그런 의미에서, 우리 모두의 톨레랑스라고 할만 했다. 수많은 톨레랑스를 주위에서 찾아보고, 만들어 보는 것도 의미 있지 않을까?

'나'를 믿는다는 것

저녁나절, 가벼운 마음으로 에펠탑에 올라갔다. 탑이 호텔 바로 앞에 있었으므로 딱히 준비할 것도 없었다. 맨 위층인 3층까지 올라갈 거냐 아니면 중간층인 2층까지만 올라갈 거냐에 따라 값이 달랐다. 우리는 3층까지 올라가려고 했는데, 아내가 표를 잘못 산 바람에 2층에서 내려야 했다.

"어떡해! 너무 높아. 나, 고소공포증 있단 말이야."

엘리베이터에서 내리며 아내가 소리쳤다.

"눈을 못 뜨겠어. 너무 무서워."

고소공포증. 아내의 레퍼토리였다.

"무섭다고? 근데 왜 웃어?"

내가 물었다.

"웃긴 누가 웃었다는 거야?"

"지금도 웃고 있잖아."

"너무 무서워서 그래."

"……."

에펠탑은 1889년, 파리 만국박람회 때 구스타브 에펠에 의해 세워진 철골탑이다. 높이가 320미터, 무게가 9700톤에 이른다. 설계될 당시에는 흉물스러운 고철 덩어리 취급을 받았지만, 점차 파리의 상징이자 산업사회의 총아로 자리매김하게 되었다. 이에 따라 구스타브 에펠의 위상도 크

낯선 여행, 떠날 자유_7 Day

게 달라졌다.

공공의 적이 되어 만인에게 손가락질 받을 때에도, 뒤늦게 모두에게 칭송을 받을 때에도, 에펠은 '나는 틀리지 않았어!' 하고 되뇌지 않았을까? 그의 결기, 자신을 향한 굳건한 믿음이 시대를 선도한 건지도 모르겠다.

탑 가장자리로 걸어갔다. 안전사고를 방지하기 위해서인지 철조망이 둘러쳐 있었다.

"철조망 때문에 사진이 잘 안 찍혀."

"무섭다면서 할 건 다 하네."

아내에게서 카메라를 받아들었다. 그리고 철조망 너머로 손을 내뻗었다. 찰칵 찰칵 사진을 여러 장 찍었다. 한 장만이라도 제대로 찍혀라! 아내가 두고두고 감상하게.

"파리의 전경. 언젠가는 멋지게 그려낼 거야. 그러니까 사진, 많이 찍어 놔."

아내가 말했다.

"언젠가? 조만간 그릴 거 아니었어?"

"실력을 더 키워야 돼. 지금은 그려봤자 불만족스러울 거야."

아내가 침통하게 말했다.

"만족스럽게 그릴 날이 올 거야. 그렇고말고."

내가 힘주어 말했다.

"그래, 한번 믿어 봐! 꼭 그렇게 될게."

아내에게서 결기가 느껴졌다.

결국 나를 믿는다는 건, 시간의 힘을, 세계의 역동성을 신뢰한다는 것이다. '나는 틀리지 않았어. 내 노력이 빛을 발할 때가 올 거야.' 위안하며, 겨울 들판만큼이나 삭막한 현재를 살아낸다는 뜻이다. 나에게 호의적이지 않은 세상을 이해하며 또 인내하며.

오직 사랑이었다

"뭐? 그 비싼 걸 샀다고? 엄마가 선물 필요 없다고 하든, 안 하든?"

장모님이 전화기 너머에서 버럭 화내셨다. 그런데 가격도 말하지 않았는데, 왜 비싼 스카프라고 생각하시는 거지?

"주고 싶으니까 샀지. 우리도 엄마한테 선물 한번 해 보자!"

아내가 짐짓 의젓하게 말했다.

"여행 갈 때 돈 한 푼 보태주지도 못했는네…"

"우리가 애야? 용돈 받아서 여행 오게? 그냥 좀 받아. 부담 갖지 말고."

아내가 괜스레 크게 말했다.

"그래. 고맙다. 그리고 미안하다."

"씻고 자야겠어. 또 전화할게, 엄마."

창문으로 바람이 불어 들어왔다. 전화를 끊었다.

"엄마도 참…."

아내가 쓰게 웃었다. 창가에 서서, 부모님에 대해 생각했다. 장애인의 부모로 한평생을 산다는 것! 그 무게감을 짐작해 보았다.

파도에 시달리는 섬처럼 수고로운 삶을 사셨을 게다. 자식을 향한 책임감과 미안함으로, 냉혹한 세상에 대한 두려움과 서운함으로, 평생 한숨 지우셨을 게다. 몸에서 사리가 나올 만큼, 관용과 이해와 인내를 실천하며 살아오셨을 인생! 부모님의 삶은 사랑이었다. 톨레랑스였다.

여덟째 날 ;

순간의 발견

이토록 극적인 순간

디제이가 물었다.

"오늘 하루 어떻게 보내셨나요?"

내가 중얼거렸다.

"이제 아침인데요."

"소나기가 오는 곳이 많네요. 우산, 챙기셨습니까?"

서울은 날씨가 흐린가 보았다. 나는 이마에 딱 달라붙어 있는 햇빛을 만져보았다. 어지간해선 파리에 비가 오는 일 따위는 없을 것 같았다. 아침 해가 쨍했다. 화창한 하루가 될 듯했다. 햇볕이 융단처럼 따스했다. 사람들이 해를 머리에 얹은 채 오갔다.

우리는 호텔 로비에 앉아 택시를 기다리고 있었다. 나는 소파에 파묻힌 채 커피를 홀짝였고, 아내는 스마트폰으로 라디오를 들었다.

"지금 어디서 뭘 하고 계십니까? 메시지 보내주십시오."

나는 아내에게 "파리에서 택시 기다리는 중이라고 사연 보내 봐."라고 말했지만, 아내는 "흥! 인건비도 안 나와. 귀찮아."라며 콧방귀를 뀌었다.

"재밌는 사연 보내주시면, 선물 드리겠습니다."

아내가 메시지를 작성했다.

영국에서 황금빛 2인조와 찍은 사진을 기억하시는지?
'남편과 유럽 여행 중이에요. 몸은 조금 불편하지만, 마음만은 너무 행복합니다. 축하해 주세요. 오늘은 남편의 생일이에요.'
사진과 함께 메시지를 보냈다. 선물. 그까짓 건 받지 못해도 상관없었다. 다만, 오늘이 남편의 귀 빠진 날이라는 걸 알리고 싶었다. 사람들에게 축하받기를 바랐다.
그런데 선물을 줄까? 선물로 뭘 줄까?
우둔한 사람. 남편은 계속 헛다리만 짚어 댔다. 택시에 대한 사연을 성의 없게 적어 보냈다고 난리였다. 흥, 그러거나 말거나. 당분간 그대로 놔둘 작정이었다. 혹시라도 사연이 소개되면 그때 말할 생각이었다. 괜히 입방정 떨었다가 메시지가 읽히지 않으면 실망할 테니까.

"귀찮다며?"
"잘하면 인건비는 나오겠어. 선물 준다잖아."
쯧쯧, 속물 같으니! 하지만 이왕이면 선물은 받았으면 좋겠다.
"자세하게 써. 실감나게."

"응. 보냈어."

"뭐? 벌써? 말도 안 돼!"

G7 어세스를 호출하기까지의 긴 이야기를 벌써 다 썼다고? 그럴 리가 없었다. 그건 불가능했다. 숫자 '3607'에 얽힌 미스터리, 숨 막히던 이십여 분간의 전화 통화, 눈치 보며 도움을 청하던 일까지. 쉽게 요약될 것들이 아니었다.

말이 나온 김에, 택시를 호출한 과정을 간략히 소개해 볼까 한다.

먼저 '3607'에 관한 미스터리.

여행 여섯째 날, 우리는 루브르 박물관에 가기 위해 버스를 기다리고 있었다. 우리는 파리에서 주로 버스를 타고 다녔다. 현지인들과 부대끼며 여행하는 게 재밌었고, 생각보다 저상버스가 불편하지 않았기 때문이다. 그리고 파리 북 역에서 그랬듯 택시를 부르기가 너무 어렵기 때문이기도 했다.

버스를 몇 분쯤인가 기다렸을 때였다. 돌연 택시 한 대가 우리 앞에 섰다. 물론 휠체어가 탈 수 없는 작은 택시였다. 기사가 차창을 내렸다. 택시도, 선글라스도, 셔츠도 온통 검은색이었다.

"블라블라…."

기사가 영어로 뭔가를 말했다. 통 알아들을 수가 없었다.

"블라블라 3, 6, 0, 7!"

목소리가 낮고 굵었다. 우리는 대답하지 못하고 그저 서 있었다.

"블라블라…. 알려줄게요. 이거 3607이에요. 오케이?"
그가 휴대전화를 들어 올리며 말했다.
'뭐지? 자기 핸드폰이 3607유로라고 자랑하는 건가? 비싸긴 하네.'
"다시 말해 줘요?"
그가 물었고, 우리는 얼떨결에
"괜찮아요. 알겠어요."
대답해 버렸다. 그가 만족한 듯 씨익 웃어 보였다.

그때는 '저 아저씨! 대체 뭐라는 거야? 그래, 비싼 전화 쓰면 자랑하고 싶겠지!' 하고 대수롭지 않게 넘겼지만, 이상하게도 자꾸 그 남자의 말이 생각났다. 모나리자를 감상하다가도 3607! 생트 샤펠 성당을 둘러보다가도 3607! 시떼 가에서 휠체어를 고치다가도 3607! 3607에 중독돼 버린 게 아닐까 싶을 만큼 남자의 말이 자주 떠올랐다. 아내가 "그만 궁금해 하자, 응?" 하고 타이르다가 "한 번만 더 그 얘기 꺼내 봐! 아주."라고 겁박할 정도였다.

도대체 그는 무슨 말을 하고 싶었던 걸까. 3607, 이것은 정말 자랑이었나? 아니면 어떤 정보였나? 그것도 아니면 설마 무슨 주문 같은 거였나? 사람을 홀리는? 그런데 우리를 홀려서 뭘 하려고? 생각이 꼬리에 꼬리를 물고 이어졌다.

숫자에 얽힌 미스터리는 의외의 곳에서 풀렸다.

여행 일곱째 날, 프랭탕 백화점에서 만난 약관의 한국인 유학생을 기억하시는지? 우리는 택스 리펀을 신청한 후, 그녀에게 작은 부탁을 했다. G7 어세스를 예약해 달라는 부탁이었다. 우리는 다음날 베르사유 궁전으로 갈 계획이었는데, 그곳까지 가는 버스 편이 없었으므로 택시를 타야 했다. 어떻게든 우리 힘으로 택시를 부를 작정이었지만 그게 쉬울 리 없었다. 그래서 한국인을 만난 김에 부탁한 것이었다.

"죄송해요. 예약은 안 된대요. 내일 부르셔야 될 것 같아요. 그리고 내선 번호가 3607이래요. G7 어세스를 부르려면 택시 회사에 전화한 후 이 내선 번호를 누르래요."

휴대전화를 돌려주며 그녀가 말했다. 택시를 예약하지 못한 게 마치 자기 탓인 양 미안해했다.

어라! 3607. 그런 거였군. 미스터리가 풀리는 순간이었다. 머릿속을 가득 메우고 있던 안개가 걷히는 듯했다. 나는 문득 선글라스 사내가 보고 싶었다. 도로 한복판에 차를 세우고, 택시 부르는 법을 반복해서 알려주던 그가 그리웠다. '아저씨! 3607에 관한 미스터리를 드디어 풀었어요.' 하고 말하면 그는 뭐라고 대답할까? 왠지 싱겁게 씨익 웃어 보일 것 같다.

'우리를 걱정해 주셨던 거 맞죠? 고맙다는 인사도 못했어요. 죄송해요.' 늦었지만 그에게 말하고 싶었다.

"미스터리도 풀렸고, 저희가 어떻게든 불러 볼게요. 택시!"

우리가 유학생에게 말했다. 아무것도 모르고 바보같이. 택시를 부르는 게 녹록할 리 없는데 말이다.

다음으로, 숨막히던 20여 분 간의 전화 통화!

마침내 베르사유 궁전에 가기로 한 날이 밝았다. 조식을 배불리 먹고 나서 방으로 돌아왔다. 그리고 택시 회사에 전화해서 내선 번호 3607을 눌렀다. 문제는 여기서부터 시작됐다.

상담원들이 영어를 잘하지 못했다. 아내도 나도 그들도 모두 영어가 서툴렀다. 의사소통이 제대로 되지 않았다. 그들은 폭탄을 떠넘기듯 다른 상담원에게 전화를 돌려댔고, 통화료는 계속 올라갔으며, 그에 따라 우리의 혈압도 점점 치솟았다.

"고객님, 천천히요. 아주 천천히 호텔 주소를 말씀해 주세요."

네 번째, 혹은 다섯 번째 상담원이 말했다.

"20 루 진 레이요. 20 rue Jean Rey."

아내가 또박또박 말했다.

"20 루…, 뭐라고요?"

"진, 레이."

"못 알아듣겠어요. 알파벳으로 말해 주세요."

"제이, 이, 에이, 엔."

"네?"

"세이."

"뭐라고요? 아이?"

"아니, 제이요. 제이."

"주위에 프랑스인이 없나요? 이대로는 접수가 어려우세요."

이십여 분간의 전화 통화가 어이없게 끝나 버렸다. 그 비싼 국제전화를 겁 없이 한 탓에 귀국 후 우리는 요금 폭탄을 맞았다. 참고 있던 숨이 훅 터져 나왔다. 답답했다. 이러다 궁전에 가지 못하는 거 아니야? 불안했다.

"내 발음이 그렇게 안 좋아? 제이. 제이. 이걸 왜 못 알아들어?"

아내가 날카롭게 말했다. 나는 "그러게 말이야. 이상한 사람들이네." 라고 맞장구쳤다.

마지막으로, 눈치 보며 도움을 청하다.

한참을 고민한 끝에 우리는 호텔 로비로 내려갔다. 직원에게 도움을 구해볼 생각이었다. 걱정했던 대로였다. 호텔 로비는 사람들로 북적였다. 몇 명 되지 않는 직원들은 눈코 뜰 새 없이 바빠 보였다. 아침 시간이었으므로 모두가 바쁘고 정신없는 게 당연했다.

"이런 걸 부탁해도 되나? 괜히 욕먹는 거 아니야?"

내가 투덜거렸다.

"일단 좀 기다려 보자."

아내가 프런트 쪽을 주시하며 말했다. 그렇게 우리는 로비가 한산해지기를, 직원들이 한가해지기를 기다렸다. 그리고 곧 알아차렸다. 이렇게 머뭇대다가는 오전 시간이 다 가 버릴 것임을.

눈치가 보여도 어쩔 수 없었다. 우리는 스스로를 위해 용기를 내기로 했다. 모처럼의 여행이 엉망이 되게 놔둘 수는 없었다. 귀중한 시간을 허비할 수는 없는 노릇이었다. 체크인하려는 사람들, 체크아웃하려는 사람들 틈에 섞여 우리는 줄을 섰다.

"죄송하긴요. 당연히 도와드려야죠."

쭈뼛대며 부탁했는데 직원이 너무도 쉽게 청을 들어 주었다. 이제 됐다 싶었다. 전화를 붙들고 마음고생 하던 게 후회됐다. 파리 북 역에서 택시 때문에 고생하던 일, 3607에 얽힌 미스터리, 사투와도 같던 이십 분 간의 전화 통화, 로비를 서성이며 눈치 보던 일 등 여러 장면이 주마등처럼 눈앞을 흘렀다.

"미쳤어? 왜 그렇게 웃어?"

아내가 타박했지만 나는 웃음을 멈추지 않았다. 웃음이 내 안에서 만개했다. 역전 골을 넣은 축구 선수처럼 기분이 좋았다. 예컨대 이런 역전 골 말이다. 점수는 일대일이다. 경기가 끝나간다. 검은색 선글라스를 낀 골키퍼가 공을 차올린다. 붕 떠오른 공이 경기장 중간 즈음에 떨어진다. 약관의 유학생 미드필더가 공을 받는다. 그리고 공격수 쪽으로 정확하게 센터링한다. 수비수들의 눈치를 보던 공격수가 기습적으로 슛을 날린다. 마침내 공이 골망을 흔든다. 환호가 폭죽처럼 터진다. 웃음들이 만개한다.

"도대체 뭐라고 보냈어?"

아무리 캐물어도, 아내는 묵묵부답이었다. 나는 한숨을 길게 내쉬었다. 메시지를 뭐라고 보냈든 그게 무슨 대수이랴. 선물? 그건 애초에 기대하지도 않았다. 꿈에 그리던 궁전. 말하자면 꿈의 궁전. 베르사유 궁전에 갈 수 있게 된 것만으로도 충분히 기뻤다.

타박타박, 발소리들이 허공을 부유했다. 햇볕은 양털처럼 포근했고, 햇빛은 아지랑이마냥 반짝였다. 눈꺼풀이 무거웠다. 잠이 솔솔 쏟아졌다.

"실례합니다. 혹시 택시 부르셨나요?"

잠 속으로 빠져들려는 순간, 누군가 말을 걸어왔다. 영어를 불어처럼 발음하는 남자였다. 그는 스스로를 택시 기사라고 소개했다. 우리는 깜짝 놀랐다. 택시를 호출한 지 15분도 되지 않았는데 차가 와 버린 것이다. 일반 택시도 아닌 장애인 전용 택시가 말이다. 우리나라에서는 좀처럼 불가능한 일이었다. 외국인으로서 차를 호출하기는 쉽지 않지만, 일단 차를 부르기만 하면 배차는 금방 되는 듯했다. 우리나라와 달리 택시를 하염없이 기다리지 않아서 좋았다.

문득 궁금했다. G7 어세스는 호출하기가 무섭게 바로 달려오는데, 서울의 장애인 콜택시는 왜 그토록 배차가 느린 걸까? 전자는 파리에 100여 대밖에 없고, 후자는 서울에 500여 대나 있는데 말이다.

그건 아마 파리에서 택시는 여러 교통수단 중 하나에 불과하지만, 우리나라에서 장애인 콜택시는 유일무이한 교통수단이기 때문일 것이다. 저상버스니 지하철을 탈 수 없으므로 너도 나도 택시를 호출하기 때문일 것이다.

기사를 따라 호텔 밖으로 나갔다. 과연 G7 어세스가 대기하고 있었다. 우리를 꿈의 궁전까지 데려다 줄 차였다. 아내가 경사로를 이용해서 차 안으로 들어갔다. 그리고는 기사에게 "안전벨트 해주실래요?"라고 말했다. 파리 북 역에서 호텔로 올 때 탔던 택시를 생각하는 것 같았다. 하긴, 중앙선을 막 넘나들 때 무섭긴 했다.

기사가 휠체어 바퀴와 아내를 안전벨트로 고정하기 시작했다. 나는 앞자리에 편안히 앉아 몸을 기댔다. 숨을 크게 들이마셨다. 달짝지근한 빵 냄새, 고소한 커피 향, 사람들의 땀내가 차창으로 들어왔다. 무덥고 나른했다. 불현듯 잊고 있던 옛 기억이 불쑥 고개를 쳐들었다.

수년 전 여름밤이었다. 그날은 우리가 서울로 이사 온 첫날이었다. 빵 냄새, 커피 향, 땀내 들이 한데 뒤섞여 풍겨왔다. 사람들이 카트를 끌며 바삐 오갔다. 길 잃은 아이처럼, 우리는 대형 마트 앞에 우두커니 서 있었다. 택시는 두 시간이 넘도록 배차되지 않았다.

"대기자가 너무 많아요. 한참 기다리셔야 될 거예요."

상담원은 같은 말만 되뇔 뿐이었다.

이삿짐을 풀고 보니 필요한 물건들이 많았다. 그래서 모기향, 세제, 반찬 따위를 사러 가볍게 나선 길이었다. 마트로 올 때만 해도 초저녁이어서 그런지 택시가 곧잘 연결됐다. 그런데 집으로 돌아가려고 하자 기다렸다는 듯 택시가 말썽이었다. 접수한 지 두 시간이 넘도록 차가 감감무소식이었다. 택시 기사들이 대부분 오후 다섯 시 경에 퇴근해서 야간에는 배차가 매우 더디게 된다는 걸 우리는 한참 후에야 알았다.

세제 따위가 잔뜩 든 비닐봉지를 손에 든 채 차가 연결되기만을 기다렸다. 사막에 서 있는 듯 더웠고 목이 말랐다. 한참을 그렇게 서 있는데, 폐점을 알리는 안내 방송이 울려 퍼졌다. 엎친 데 덮친 격이었다. 하는 수 없이 우리는 마트 밖으로 나갔다. 어둠이 포승줄처럼 몸을 옥쾌 왔다. 행인이 거의 없었다. 거리의 표정이 초저녁과 많이 달랐다. 낯선 도시, 낯선 동네가 우리를 밀어내는 듯했다.

"대기 중인 고객님이 너무 많아요. 더 기다리셔야 해요."

남은 방법은 하나뿐이었다. 지하철을 타는 수밖에 없었다. 악명 높은 서울의 2호선, 지옥철을 타야 했다.

집으로 가는 길은 그야말로 가시밭길이었다. 휠체어 바퀴는 승강장과 지하철 사이에 빠져 버렸고(심지어 아무도 도와주려 하지 않았다) 거리는 취객들로 넘쳐났으며 골목길은 가로등 하나 없이 캄캄했다. 그리고 세제 따위는 왜 그리 무겁던지. 그렇게 우리는 역전 홈런을 맞은 투수처럼 휘청휘청 집으로 돌아갔다. 그리고 원룸 문을 여는 순간, 메시지가 도착했다.

'배차되셨습니다.'

돌이켜 보면, 살면서 극적인 순간이 참 많았다. 예컨대 접수하자마자 택시기 배차됐을 때는 복권에 당첨된 듯 기뻤고, 휠체어석이 마련돼 있는 소극장을 발견했을 때는 심봤다를 외치고 싶을 만큼 들떴다. 남자화장실인 줄 알고 후다닥 들어갔는데 아무리 더듬어 봐도 소변기가 만져지지 않을 때, 파란불인 줄 알고 케인을 짚으며 길을 건넜는데 알고 보니 빨간 불이었을 때 등은 정말이지 아찔했다.

짜릿한 순간들, 웃픈 사연들, 가슴 아픈 사건들이 차곡차곡 쌓여서 삶이 된 것 같다. 감히 말하건대, 단 하루도 무미건조한 날은 없었다.

장애인이기 때문에 겪는 일들, 맞닥뜨리게 되는 극적인 순간들을 즐기고 싶다. 때로는 역전 골을 넣은 스트라이커처럼, 또 가끔은 굿바이 홈런을 맞은 투수처럼 웃고 울겠지만 경기 종료를 알리는 휘슬이 울릴 때까지 최선을 다하고 싶다. 기쁜 일, 슬픈 일, 미스터리한 일. 온갖 일들을 경기의 한 부분으로 여기며 삶이라는 드라마틱한 경기를 최선을 다해 즐기고 싶다. 왜냐고? 누가 뭐래도 나는 내 인생의 프로니까. 나를 대신해 살아 줄 선수 따위는 없으니까.

이윽고 택시가 베르사유 궁전을 향해 출발했다. 드라마틱한 또 다른 하루가 시작되고 있었다.

이토록 눈부신 순간

특이한 기사였다. 차선을 따라 잘 달렸고, 중앙선을 함부로 넘어가지 않았으며, 무엇보다 큰 소리로 노래 부르지 않았다. 한마디로 얌전히 운전하는 양반이었다. 북 역에서 만났던 기사와는 딴판이었다. 그런데 과연 어느 쪽이 특이한 거지? 열정적이던 복마전의 기사? 아니면 모범생 같은 궁전의 기사? 파리에서 제3의 택시를 타 보지 못한 까닭에 판단하기가 어렵다.

그렇다. 우리는 이 둘 외의 다른 기사를 프랑스에서 만나 보지 못했다. 그렇다면,

질문 우리는 베르사유를 둘러본 후 어떻게 호텔로 돌아갔을까?
1번 예의 그 복마전의 기사가 우리를 데리러 왔다(아내가 무서워서 새파랗게 질렸겠지?).
2번 모범생 같은 기사가 다시 왔다.
3번 궁전에 그대로 눌러앉았다.
정답은? 2번.

베르사유는 파리에서 멀리 떨어져 있기 때문에 택시가 잘 잡히지 않는다고 한다. 그래서 궁전을 다 둘러보고 차를 부를 경우 낭패를 보기 일쑤란다. 이 같은 사실을 알려주며 기사가 물었다.

"몇 시에 모시러 올까요? 5시? 6시?"

우리를 위해 천천히 말했고 가능한 한 정확하게 발음했다.

"6시 정도면 좋을 것 같아요. 차를 예약할 수도 있나요?"

번역 앱을 참고해서 우리가 물었다.

"원래 예약은 안 되지만 특별히 와 드릴게요. 아니면 한참 기다리셔야 되거든요."

모범생 같은 기사가 국어책을 읽듯 말했다. 선량한 사람 같았다. 이런 기사를 만나게 해준 하늘이 고마웠다. 어느새 차가 궁전 앞에 도착했다.

"한옥이라고 하나요?"

기사가 차를 세우며 물었다. 맥락 없이 툭 던져진 질문에 우리는 아연했다.

"한옥! 정말 그렇게 멋진가요? 저는 한국에 가 본 적이 없어서 잘 몰라요."

기사가 수더분하게 말했다. 꾸밈없는 말투였다. 프랑스인이 한옥을 궁금해 하다니! 신기했고 한편으로는 어깨가 으쓱거렸다.

"그럼요. 아주 아름다워요."

우리는 고개를 끄덕였다.

"한국의 궁궐과 프랑스의 궁전 중 어느 쪽이 더 근사할까요? 천천히 둘러보시고 저한테도 알려주세요. 부탁합니다."

보디랭귀지를 섞어 가며 그가 진지하게 말했다. 뜻밖의 말이었다. 내가 잘못 알아들었나 싶어 아내에게 확인해 봤지만 당혹스러워하는 건 그녀도 마찬가지였다. 별수 없이 우리는 고개를 주억거렸다. 괜스레 등줄기에 땀이 찼다.

경복궁, 창덕궁, 운현궁. 아름다운 우리의 궁을 생각했다. 시각장애인을 위한 점자 안내판, 지체장애인을 배려한 경사로, 청각장애인을 위한 수화 통역사 등이 부재한 우리의 궁을 떠올렸다. 장애인의 출입이 쉽지 않은 구중궁궐을 그렸다.

아닌 게 아니라 우리는 궁들을 제대로 둘러보지 못했다. 싱그러운 봄날의 궁궐, 고즈넉한 가을날의 고궁을 거닐 수 없었다.

돌길은 휠체어를 타고(혹은 케인, 목발, 유모차를 이용해서) 통과하기에 너무 울퉁불퉁했고, 흙길은 위험할 정도로 미끄러웠으며, 여기저기 산재해 있는 계단은 장애인 및 노약자의 출입을 원천적으로 봉쇄하고 있었다.

왕의 침실인 강녕전, 국가의 대소사가 행해진 근정전, 임금의 집무실인 사정전. 우리는 한민족의 얼이 서려 있는 전각을 오랫동안 우러러 보았다. 계단에 막혀 더는 나아갈 수 없었다. 외국인들이 대청마루 위에서 우리를 내려다보았다.

금빛 햇살이 대청 위를 강물처럼 흘렀다. 추녀 끝이 햇빛을 받아 반짝였다. 하늘은 구름 한 점 없이 청명했다.

우리는 눈부신 사람들처럼 고개를 떨구었다.

'여봐라! 너희는 보이지 않느냐? 어여쁜 백성이 짐에게 다가오지 못하고 있잖느냐. 이유가 무엇이더냐? 계단 때문이더냐, 게으르고 아둔한 너희들 때문이더냐? 너희는 짐을 백성에게서 유폐시킬 작정이로구나!'

대왕의 일갈이 들리는 듯했다.

"그런데 베르사유 궁전에는 엘리베이터가 있대? 경사로는?"

택시에서 내리며 내가 물었다.

"몰라."

"!"

"전동 휠체어를 타고 궁전을 둘러봤다는 장애인이 없더라고. 우리가 확인해 보고, 사람들한테 알려 주자."

우리는 불안한 마음을 달래며 궁전으로 향했다.

베르사유 궁전의 모체는 루이 13세가 지은 사냥용 별장이었다. 이후, 1662년 무렵 루이 14세의 명령으로 대정원을 착공하고 1668년 건물 전체를 증축하여 외관을 가로축 부분이 앞으로 튀어나온 U자형 궁전으로 개축하였다. 그 후 1680년대에 다시 커다란 건물 2동을 증축하고 남쪽과 북쪽에 별관과 안뜰을 추가하여 대궁전을 이루었다.

가지각색의 언어가 귀를 파고들었다. 사람들이 길게 줄 서 있었다. 모두 궁전으로 들어가려는 관광객들이었다. 서양인, 동양인, 남녀노소가 저마다의 언어로 떠들어댔다. 하나같이 들떠 있었다. 다행히 줄을 서지 않고 궁전 안으로 들어갈 수 있었다. 장애인은 입장료를 내지 않아도 됐다.

"나는 장미로 태어난 오스칼. 정열과 화려함 속에서 살다 갈 거야. 장미, 장미는 화사하게 피고, 장미, 장미는 순결하게 지네."

아내가 노래를 흥얼거렸다. 애니메이션 《베르사유의 장미》의 주제가였다. 오랜만에 추억이 돋아서 좋긴 한데, 그래도 노래는 이제 그만! 사람

들이 쳐다보잖아! 부끄럽잖아!

"맨날 노래도 못 부르게 하고 정말 야박해. 넌 베르사유의 장미가 뭔지도 모르지?"

아내가 입을 삐죽였다. 착각은 자유다. 나도 봤다. 그 만화. 그러고 보니, 만화를 통해 베르사유 궁전을 처음 접했다. 마리 앙투아네트나 프랑스 혁명을 초등학교 입학하기 훨씬 전에 만화로 먼저 접했던 셈이다. 여주인공 오스칼의 열정, 남주인공 앙드레의 사랑, 마리 앙투아네트의 비극 따위를 보며 울고 웃었던 그 꼬마가 어느새 어른이 되어 베르사유에 방문한 것이었다.

"그 만화, 나도 봤어."

아내의 머리를 쓰다듬었다. 너도 꼬마였던 때가 있었겠지? 우리는 같은 시각에 같은 만화를 보며 같은 꿈을 꾸었겠구나. 새삼 신기했다. 태양왕으로 불리던 루이 14세, 단두대의 이슬로 사라진 루이 16세, 프랑스를 반석 위에 올려놓은 나폴레옹 황제! 그들의 향취가 고스란히 녹아 있는 궁전 안으로 걸음을 내디뎠다.

베르사유 궁전은 현대식 건물처럼 안락하고 편안했다. 길은 평평하게 잘 닦여 있었고, 계단 옆에는 경사로 및 엘리베이터가 어김없이 설치돼 있었다. 그 덕에 장애인과 비장애인, 어른과 아이, 남녀노소가 누구나 궁을 속속들이 구경할 수 있었다. 문화제의 가치를 훼손하지 않는 선에서 훌륭히 리모델링된 궁을 보며, 놀라움과 부러움을 동시에 느꼈다.

'프랑스의 영광, 프랑스의 자존심을 세계 만인에게 보여주리라!'

궁전에 깃든 프랑스인의 염원을 온몸으로 목도했다.

큰 기대를 품고 들어갔지만, 1층에는 별게 없었다. 커다란 홀, 몇 개의 별실이 덩그러니 있을 뿐이었다. 오디오 가이드북에 따르면, 2층부터가 왕족을 위한 공간이고, 1층은 일꾼들이 생활하던 공간이었다고 한다.

"위층으로 빨리 올라가 보자."

아내가 기대에 가득 차서 말했다. 직원이 우리를 안내해 주었다. 우리 말고도 휠체어를 타는 장애인이 더 있었다. 비장애인들은 계단을 이용해야 했으므로 엘리베이터까지 가는 길은 텅 비어 있었다. 일반인의 출입이 금지된 길, 궁전의 숨겨진 통로를 걷는 기분이 나쁘지 않았다. 복도 양옆으로 소상들이 늘어서 있었다. 커다란 창으로 햇빛이 쏟아져 들어왔다. 조각상들이 새하얗게 빛났다.

"여기…. 밤에 오면 엄청 무서울 것 같아."

아내가 숨죽여 말했다.

낯선 여행, 떠날 자유_8 Day

"루이 16세도, 마리 앙투아네트도, 모두 처형당했지? 다 여기 살던 사람들이었잖아. 어쩌면 원혼이 돼서…."

"그만해."

아내는 원래 무서운 걸 무서울 정도로 무서워했다. 표현이 좀 이상하긴 한데 진짜 그랬다. 사위가 조용했다. 관광지가 아닌 역사 속의 한 장면, 17세기 당시의 궁성을 걷고 있는 듯했다. 루이 16세가 이 길을 걸었겠지? 마리 앙투아네트가 이 조각상들을 보며 무슨 생각을 했을까? 상상하는 것만으로도 흥분됐다. 얼마쯤 걷자 엘리베이터가 나왔다. 우리는 벅찬 가슴으로 유럽 왕실의 내실, 왕족들의 전용 공간으로 올라갔다.

2층은 발 디딜 틈 없이 붐볐다. 복도를 따라 걸으며 방들을 구경하는 식이었는데, 사람이 워낙 많아서 거의 떠밀려 다니다시피 했다. 이리 밀리고 저리 밀리며, 15개의 방을 둘러보았다.

먼저 '공주들의 방'을 구경했다. 공주가 연초록색을 좋아했었나 보았다. 침대, 벽 등이 봄빛으로 푸릇푸릇했다. 그녀는 침대에 누워 샹들리에를 보며 어떤 꿈을 꾸었을까. 화려한 파티? 이웃 나라의 왕자님? 그리고 그녀는 어떤 삶을 살아갔을까. 행복했을까? 망자의 어린 시절과 그 푸릇푸릇했던 꿈을 상상하는 건 생각보다 슬픈 일이었다.

"공주들 초상화가 벽에 걸려 있어. 그려진 지 수백 년은 됐겠지?"

유구한 시간의 압력을 느끼며 아내가 말했다. 그리고 잔잔히 그림을 뜯어보았다.

공주들은 알았을까? 수백 년이 지난 어느 날에 뭇 사람들이 자신들의 방에 들어와서 그녀들의 얼굴을 감상하게 될 것을. 알았다면 뭐라고들 했을까?

몇 걸음쯤 옮기자 공주들의 서재가 나왔다. 서가 특유의 나무 향, 종이 곰팡내 등이 맡아졌다. 책장에 책들이 빼곡했다. 책장을, 책들을 만져 보고 싶었지만 가까이 다가갈 수 없었다. 찰칵! 서재를 배경으로 사진을 찍었다. 오래전 내 방에도 책이 많이 꽂혀 있었다. 누이에게서 물려받은 책들이었다.

"누나, 이건 무슨 책이야?"

"소공녀."

"이건?"

"걸리버 여행기."

"그러면 이건?"

"피터 팬이야. 가져와 봐. 읽어 줄게."

그렇게 나는 방바닥에 벌렁 누운 채 책을 읽었고(들었고), 한참 후 잠속으로 빠져 들었다. 어른이 된 누이가 "어렸을 때 목을 너무 많이 썼나 봐. 목이 계속 칼칼하네!" 하고 말할 때면 나는 군소리하지 않고 커피 한 잔을 얼른 사줘 버린다. 가만히 따져 보니, 누이는 3년쯤 책을 읽어 준 대가로 벌써 10년째 커피를 얻어 마시고 있다.

세상에서 가장 아름다운 소리, 책 읽는 소리가 공주들의 방에도 울려 퍼졌을까? 유모, 왕비, 왕 등이 저마다의 목소리로 공주들에게 책을 읽어 주었기를 바란다. 모든 방, 모든 교실, 모든 삶의 현장에 책 읽는 소리가 울려 퍼지면 좋겠다.

"여긴 머큐리의 방이야. 루이 14세의 침실이었대. 방 한 칸이 우리 집보다 훨씬 넓다."

아내가 감탄한 만큼 머큐리의 방은 대왕의 침실답게 몹시 웅장했다. 그 어떤 방보다 넓었고, 인테리어가 화려했다. 침대는 황금빛으로 빛났고, 벽지, 커튼, 의자 등은 붉은빛으로 반짝였으며, 천장에는 태양왕의 업적이 하나 가득 그려져 있었다.

질대 왕권을 확립하고 무소불위의 권력을 휘둘렀던 젊은 날의 대왕. 그리고 휑한 침실에 갇혀 외롭게 병마와 싸워야 했던 노년의 대왕. 태양왕인 동시에 나약한 인간이었던 그가 침대 위에 그린 듯 누워 있었다.

"공주들이 자주 드나들었겠지?"

아내가 빙그레 미소 지으며 말했다.

"어렸을 때 나는 엄마 아빠 방을 무척 좋아했어. 한 번은…."

아내가 주섬주섬 추억을 꺼내놓기 시작했다. 요약하면 다음과 같았다. 안방은 어린 아내에게 있어 환상적인 놀이터이자 별세계였다. 엄마의 화장품, 옷, 장신구, 아빠의 수첩, 만년필, 장갑 등은 모두 근사한 장난감이었다. 아내는 소꿉놀이하듯 그것들을 가지고 놀았다고 한다.

부모님이 외출한 사이에 마스카라로 눈화장을 하고, 입술에 립스틱을 짙게 바르고, 짧은 다리에 스타킹을 신고, 발에 맞지도 않는 굽 높은 신발을 신고, 아빠의 가죽 장갑을 손에 끼고…. 그렇게 안방에 누워 잠들어 버렸단다.

"어때? 귀여웠겠지?"

아내가 물었다. 어린 날의 아내는 눈부실 정도로 찬란했을 거다. 머큐리의 방을 나오며 생각했다. 그 옛날 공주들도 부모님 방에서 아내처럼 뛰어놀았을까? 공주들에게 있어 왕과 왕비는 어떤 부모였을까?

거울의 방. 이곳에서 아주 아찔한 일이 있었다.

거울의 방은 길이가 73미터, 넓이가 10.5미터, 높이가 13미터인 큰 회랑이었다. 궁정 의식을 치르거나 국빈을 맞이할 때 사용하던 방이었다고 한다. 17개의 거대한 거울이 벽면 및 천장을 가득 메우고 있었다. 창으로 들어온 빛이 여러 거울에 반사되어 방 전체가 환하게 빛났다.

"사람들이 엄청 많아!"

아내가 목소리를 높였다.

"프레스코화가 천장을 뒤덮고 있어. 프레스코화가 뭐냐면, 벽화를 그릴 때…"

한껏 들떠 있는 아내를 보니 나도 덩달아 기분이 좋았다.

"샹들리에가 반짝반짝 빛나."

아내가 줄곧 천장을 바라보며 말했다. 저러고 있으면 목이 안 아픈가? 걱정돼서 한마디 하려고 할 때였다.

우지끈! 발밑에서 수상한 소리가 들렸다.

"바퀴에 뭐가 밟힌 것 같은데? 잠깐만!"

아내가 휠체어를 후진했다.

우지끈! 예의 그 소리가 다시 들렸다.

"큰일 났다!"

"왜? 뭔데 그래?"

아내가 말을 잇지 못했다.

"일단 나가자."

아내가 황급히 거울의 방을 빠져 나갔다. 찜찜했다. 알고 보니, 벽면을 둘러싸고 있는 촛대를 살짝, 아주 살짝(아내는 그렇게 주장했다) 바퀴로 건드렸었나 보았다.

"황금으로 만든 촛대를 밟았다고? 부러진 거야?"

"황금색이긴 한데 진짜 금은 아니겠지? 설마 부러지기야 했겠어?"

아내가 애써 가볍게 말했다. 그럴수록 나는 더욱 불안했다. 값이 어마어마하겠지? 혹시 프랑스의 국보가 아닐까? 국보를 훼손한 거면 설마 감옥에 가는 거야?

"직원이 촛대를 살펴봐."

아내가 뒤를 힐끔거리며 말했다.

"이대로 있으면 안 돼. 뚱뚱한 간수장을 보게 될지 몰라. 빨리 나가자."

우리는 황급히 다음 방으로 도망갔다.

하필 도망 온 곳이 전쟁의 방이라니. 이름이 불길했다.

전쟁의 방에는 커다란 부조가 설치돼 있었다. 회반죽으로 된 타원형의 부조였다. 말을 타고 적을 물리치는 루이 14세의 모습이 정교하게 새겨져 있었다.

"루이 14세가 우리를 쫓아오는 것 같아!"

"빨리 나가자. 이 방, 이름부터가 불길해."

쫓기듯 방을 나갔다.

이름 덕이었을까? 평화의 방에 들어서는 순간 마음이 좀 진정됐다. 아무도 우리를 잡으러 오지 않는 걸 보니 촛대가 아주 부러져 버린 건 아닌 모양이었다. 제1차 세계대전 후의 평화 조약 등 굵직굵직한 협정들이 이 방에서 체결됐다고 한다.

평화의 방은 전쟁의 방과 몸을 맞대고 있었다. 전쟁의 방을 걸어온 자만이 평화의 방에 발을 들여놓을 수 있었다. 아이러니했고 한편으로는 의미심장했다. 나는 방을 거닐며 시인 김수영의 〈푸른 하늘을〉을 생각했다.

푸른 하늘을 제압하는 / 노고지리가 자유로왔다고 / 부러워하던 / 어느 시인의 말은 수정되어야 한다 / 자유를 위해서 / 비상하여 본 일이 있는 / 사람이면 알지 / 노고지리가 / 무엇을 보고 / 노래하는가를 / 어째서 자유에는 / 피의 냄새가 섞여 있는가를 (하략)

궁전 밖으로 나왔다. 해가 뜨거웠다.
"우리는 한강 유람선보다 바토무슈를, 남산타워보다 에펠탑을, 경복궁보다 베르사유 궁전을 먼저 관광했지?"
아내가 신기한 듯 말했다. 듣고 보니 정말 그랬다. 생각할수록 씁쓸했다. 이국적인 풍경, 낯선 여행지도 좋지만, 우리가 진심으로 바라 마지않는 건 아름다운 우리의 고궁, 우리의 강산을 마음껏 누비는 일이었다.

이 소박한 바람이 이루어지려면 얼마의 시간이 더 필요할까? 십 년? 이십 년? 아득했다. 문득 올려다본 하늘빛이 눈부시었다.

이토록 기막힌 순간

우리를 찾아온 손님이 있었다. 서울에서 프랑스까지, 그 먼 길을 마다하지 않고 달려와 준 손님이었다. 그런데 우리는 그가 전혀 반갑지 않았다. 말하자면 그는 손님이라기보다 불청객에 가까웠다.

툭! 툭! 툭!

하늘에 그림자가 드리우더니 결국 빗방울이 떨어졌.

'소나기가 오는 곳이 많네요. 우산, 챙기셨습니까?' 오전에 들은 디제이의 말이 환청처럼 귓가를 울렸다. 웬만해선, 여간해선, 어지간해선, 파리에 비가 오는 일 따위는 없을 줄 알았다. 우리를 쫓아 1만5000킬로미터를 날아온 먹구름이라니. 기가 막혔다.

우리나라는 프랑스보다 일곱 시간이 빨랐다. 디제이가 비 온다고 말하던 시간도 서울 기준으로 4시, 베르사유 궁전에 비가 내리기 시작한 것도 프랑스 기준으로 4시였다. 계산해 보면 먹구름은 시속 2000킬로미터로 날아온 셈이었다.

"말도 안 되는 소리! 그만 좀 해. 중2병이야? 구름이 미쳤다고 널 쫓아와?"

아무래도 아내의 심기가 좋지 않은 듯했다. 그도 그럴만했다. 우리는 정원을 구경하지도 못한 채 나무 밑에서 비를 피하고 있었다. 후드득! 빗방울이 나뭇잎을 세차게 때렸다.

궁전을 나온 후 정원에 들어섰을 때만 해도 날씨가 맑았다. 태양왕 및 마리 앙투아네트가 산책하던 정원, 만화 속에서 오스칼이 거닐던 정원, 하루 종일 돌아다녀도 다 둘러볼 수 없을 만큼 드넓은 정원. 베르사유 정원을 막 돌아보려 할 때였다. 비가 내리기 시작했다. 정수리를 때리는 빗방울이 제법 굵었다.

"곧 그치겠지, 뭐. 넘어진 김에 쉬어 가자."

"우산! 내가 챙기라고 했어, 안 했어? 휠체어에 물 들어가면 어떡할 건데? 엉!"

아내가 따졌다. 우산? 내가 챙기지 않은 거 맞다. 설마 비가 올 줄은 몰랐다. 내 탓인 건 맞는데 아무리 그렇다고 해도 정곡을 찔리니까 아팠다.

"디제이가 우산 챙겼냐고 말하는 순간 왠지 느낌이 싸했어. 그래서 너한테…. 앗! 디제이다! 대박!"

큰일이었다. 비는 오지, 아내는 횡설수설하지, 택시는 오려면 멀었지. 정신이 하나도 없었다.

"뭐라는 거야? 도대체?"

"디제이 이름으로 문자가 왔어. 선물 준대. 사연이 당첨됐나 봐."

언제 신경질을 냈었냐는 듯 아내가 웃으며 말했다.

그야말로 대박이었다. 선물을 받아서가 아니고 저렇게 성의 없게 사연을 보내도 당첨이 되는구나! 장애인 콜택시에 대한 사연을 단 두어 줄로 요약해 버렸는데, 그걸로 선물까지 받다니. 세상에! 기막힌 순간이었다 (로밍이 불안정한 탓인지, 문자 메시지가 한참 후에 도착하는 경우가 잦았다).

하늘도 기가 막혔는지 이내 비가 그쳤다. 비 맞은 초목이 푸르른 향을 울컥울컥 토해냈다.

구름이 걷히고 해가 났다. 소나기가 머물다 간 정원은 한결 싱그러웠다. 보드라운 모랫길을 걸었다. 길이 넓고 평탄했다. 발밑에서 사박사박 기분 좋은 소리가 났다. 숨을 한껏 들이마셨다. 초목의 푸른 날숨이 온몸에 스몄다. 알싸하고 상쾌했다. 취기가 가시듯 머리가 가벼웠다.

정원 곳곳에서 왈츠가 부드럽게 흘렀다. 새들이 아름답게 노래했다. 나뭇잎이 바스락 바스락 몸을 뒤척였다. 분수가 하늘 높이 물을 쏘아 올렸다. 빗물을 머금은 꽃잎들이 햇빛에 반짝였다. 수십, 수백의 조각상이 희디희게 빛났다. 저 멀리 호수 한가운데로 나룻배가 떠갔다. 우리는 아이스크림을 먹으며 정원 여기저기를 쏘다녔다.

"봉주르! 한국에서 왔어요. 이름은…."

조각상에 손을 얹은 채 그(?)와 통성명도 나누었다.

"휘~ 휘~"

나룻배 위의 연인에게 휘파람도 날려 보냈다.

"어디 으슥한 데 없나?"

인적 없는 곳에 가서 한동안 누워 있기도 했다. 속세를 떠나온 듯 마음이 즐겁고 편했다.

"혹시 꿈을 꾸고 있는 건 아닐까? 화폭 속에 들어와 있는 것 같아."

아내가 읊조렸다.

"맞아. 무릉도원에 놀러 온 거야, 우린!"

바람결에 얼굴을 씻으며 내가 말했다.

"그리고 고마워. 이런 생일을 맞이하게 해 줘서."

이토록 기막힌 순간, 이토록 고마운 한때, 이토록 행복한 생일은 처음이었다.

베르사유 궁전에 얽힌 사연이 하나 더 있다.

"잠깐만요!"

궁전 입구를 지키고 있던 직원이 우리를 막았다.

"아까 궁전에 들어가지 않으셨어요? 분명히 본 것 같은데!"

아내가 겸연쩍게 맞다고 대답하자 직원이 또 들어갈 거냐고 되물었다. 탐탁찮은 듯했다. 이미 속으로 '나 참, 기가 막혀서! 궁전을 제집처럼 드나드는구먼. 너희 같은 관광객은 처음 본다!' 하고 투덜댔을 것 같다.

우리는 베르사유 궁전을 한 번 더 둘러보았다. 왜냐면, 범인은 범행 장소를 다시 찾게 돼 있으니까. 아내가 거울의 방을 한 번 더 보고 싶어 했다. 택시는 삼십 분 후에야 도착할 터였다. 입장? 장애인일 경우 무료였다. 궁전에 들어가지 않을 이유가 없었다.

"전생에 공주였나 봐. 궁전이 너무 낯익어! 어쩌지?"

아내가 공주들의 초상화를 보며 말했다.

보석 캐는 사람들

호텔로 돌아왔다. 바야흐로 힐링 타임이었다.

나는 침대에 누워 안약을 점안했고, 아내는 그 옆에서 한약을 마셨다. 말하고 보니 호텔이 아니라 병실 같다.

창으로 바람이 불어 들어왔다. 초콜릿같이 부드럽고 쌉싸름한 바람을 맞으며 하루를 복기했다. 3067에 얽힌 미스터리를 풀고 극적으로 탄택시, 눈부시게 아름답던 베르사유 궁전, 기막힌 타이밍에 우리를 찾아온 비구름과 생일 선물! 늘 그렇듯 지난 일은 아름답기만 했다. 불과 몇 시간 전의 일이건만 옛 연인같이 아련했다. 어린 꽃망울마냥 소중하고 예뻤다. 추억 속에서 한순간, 한순간이 별처럼 빛났다.

오늘 하루가 있기까지 우리를 도와준 사람들, 우리를 영글게 한 시련들, 그 보석 같은 일들을 하나하나 떠올렸다. 오늘을 낳은 어제, 오늘이 잉태할 내일을 그렸다.

아홉째 날 ;

인생의 맛! 새옹지마

몽마르트르보다 와인

"유럽에서 보는 마지막 해넘이네!"

와인병을 톡톡 두드리며 내가 말했다. 노을빛에 눈이 부셨다.

'가능한 한 햇빛을 보지 마십시오. 녹내장에 좋지 않습니다.'

의사의 말이 귓가를 맴돌았다. 그러거나 말거나, 나는 광합성 하는 나무처럼 햇빛을 담뿍 받았다.

하루가 주마등처럼 머리를 스쳐갔다. 창가에 붙어 서서, 몽마르트르 언덕과 와인을, 푸른 초원과 코끼리를, 흑인 장사꾼과 에펠탑을, 꼬마와 개를 떠올렸다. 미소가 노을처럼 얼굴에 번졌다. 비구름이 지나간 하늘에 석양이 깔렸다. 해가 뉘엿뉘엿 떨어지고 있었다. 몽마르트르 언덕 너머로, 푸른 초원 저편으로, 에펠탑 아래로, 해가 품위 있게 추락했다.

"그래도 아직 한 번의 해돋이가 남았잖아."

아내가 침대께에서 에펠탑들을 만지작대며 말했다.

"명색이 마지막 밤인데 맹숭맹숭 보낼 수는 없지."

에펠탑 하나를 집어 들며 내가 말했다. 파란색, 빨간색, 은색…. 가지각색의 에펠탑 열쇠고리가 침대에 즐비했다. 곧 어둠이 파리를 집어삼킬 터였다. 아침은 잔인하게 밝을 것이고, 우리는 속수무책으로 공항에 가게 될 터였다. 체한 듯 속이 답답했다.

"부인. 지난 열흘을 안주 삼아 술 한잔하시겠소?"

"마음 같아선 그러고 싶은데 그 전에 할 일이 있어."

열쇠고리들을 침대에 가지런히 늘어놓으며 아내가 말했다.

"일은 나중에 하고 지금은 이리 오시오."

탁. 와인 병을 테이블에 내려놓았다. 공동묘지 근처에서 구해 온 와인이었다.

그날 오전이었다.

"저게 다 뭐야?"

아내가 입을 딱 벌렸다.

"무덤들이 줄지어 있어."

수많은 봉분이 붉은 몸뚱이를 적나라하게 드러내고 있었다.

"몽마르트르 언덕에 온 거 아니었어?"

뭔가 잘못되었음을 느끼며 내가 말했다.

"앱이 이상한 데로 안내했나 봐."

아내가 당황스러워했다. 아니나 다를까, 이놈의 앱이 또 문제였다. 방향을 거꾸로 가리키기, 계단이 있는 길로 안내하기(비장애인 관점에서 안내하므로), 목적지를 제멋대로 변경하기…. 앱이 저지른 만행을 열거하면 끝도 없었다. 한마디로 참고할 수는 있어도 믿을 수는 없는 게 지도 앱이었다. 그래도 그렇지, 우리를 공동묘지로 데려오다니! 불귀의 객이 되라는 건가? 여기서 죽으란 거야? 의뭉스럽고 무섭기 짝이 없는 앱이었다.

"공동묘지를 관통해서 걸어가면 몽마르트르 언덕이 나온대. 근데 우리는 그쪽으로 못 가."

인터넷 검색을 하던 아내가 단호하게 말했다.

"무덤이 널 잡아먹진 않아. 겁 내지 말고 가 보자."

"그게 아니고, 계단을 내려가야 돼. 어차피 우린 못 가는 길이야."

그야말로 사면초가였다. 역시 몽마르트르에 오는 게 아니었어. 뒤늦은 후회가 들었다. 몽마르트르 언덕. 예술가들의 성지였다. 피카소, 고흐를 비롯한 세계적인 화가들이 그림을 그리던 장소였고, 그들의 정기를 이어받기 위해 지금도 예술가들이 끊임없이 찾는 명소였다. 우리는 그곳에 들러 캐리커처도 그리고 싶었고, 물감과 붓도 사고 싶었다. 하지만 여행을 계획할 무렵부터 과연 언덕을 올라갈 수 있을지 의구심이 들었다. 비장애인들은 긴 계단을 밟고 언덕 위로 올라가기 때문이었다.

'리프트, 엘리베이터, 케이블카. 뭐라도 있지 않을까? 없으면 어쩔 수 없지만.'

우리는 헛걸음할 것을 각오한 채 몽마르트르 언덕으로 향했다. 그런데 앱은 공동묘지로 안내했고, 우리는 계단에 막혀 언덕 쪽으로 나아가지 못했다. 실패를 각오하고 나선 길이었지만 그래도 입이 썼다. 우회로를 찾아야 했다. 묘지를 통과하는 길 말고 다른 길을 찾는 수밖에 없었다. 우리는 탐색하듯 공동묘지 주변을 돌았다.

"시떼 가 사건이 생각나. 휠체어가 또 고장 나면 어쩌지?"

덜컹거리는 휠체어 위에서 아내가 말했다. 아닌 게 아니라 길이 몹시 좋지 못했다. 인도 곳곳이 깨져 있었고, 이상할 정도로 울퉁불퉁했다. 언덕 근처여서 그런지 오르막과 내리막이 번갈아 가며 나왔다. 경사가 심했다. 휠체어가 롤러코스터처럼 위아래로 요동쳤다.

"언덕 쪽으로 가고 있긴 할까?"

걱정됐다. 이 사람 저 사람에게 물어물어 가고 있지만, 왠지 불안했다. 힘들게 찾아갔는데, 또 계단밖에 없으면 어쩌지? 머릿속이 복잡했다. 그렇게 얼마나 갔을까? 돌연 아내가 휠체어를 멈췄다.

"다 왔어? 언덕이야?"

"되돌아가야 돼. 길이 공사 중이야."

"……."

우회로를 다시 우회해야 된다고? 다리에 힘이 빠졌다. 험한 길을 걸어온 탓에 발바닥이 아팠다. 나는 길바닥에 주저앉아 버렸다.

"못 가. 안 가."

목소리가 갈라져 나왔다. 목이 말랐다. 차들이 쌩쌩 달렸다. 주위에 사람이 없었다. 우리가 알고 있던 파리가 아니었다. 아름답지도, 변화하지도 않은 낯선 거리에 우리가 서 있었다.

"다른 길도 이렇게 엉망이겠지?"

아내가 낙담해서 말했다.

"아무래도 그럴 확률이 크겠지."

내가 주저앉은 채 대꾸했다.

"고생만 죽도록 하고 수확이 없을 수도 있어."

"몽마르트르 언덕에 가 봤자 별거 없을 거야. 맞지?"

"맞아. 소문난 잔치에 먹을 거 없다잖아."

우리는 경쟁하듯 몽마르트르 언덕을 깎아내렸다. 그럴수록 마음은 점점 허해져만 갔다. 여우와 신 포도가 따로 없었다. 앞이 까마득했다. 험난한 길을 되짚어 갈 생각을 하니 속이 울렁거렸다. 하지만 실망하기에는 아직 일렀다. 패잔병처럼 터덜터덜, 세상 다 산 사람마냥 한숨지으며 그렇게 되돌아 나왔을까? 천만에. 우리는 그러지 않았다.

"이런 외진 곳에 와인 가게가 다 있네. 한번 들어가 볼래?"

아내가 반색했다. 나? 나는 말할 것도 없었다. 술이라면 사족을 못 쓰는 게 나였다. 다리에 힘이 들어갔다. 얼른 일어섰다. 엉덩이에 묻은 흙을 털었다. 인도와 가게 사이에 단차가 있었지만 문제될 건 없었다. 장애인이 쉽게 드나들 수 있도록 경사로를 준비해 놓고 있었다. 장애인 손님을 위한 깨알 같은 배려가 고마웠다. 탕탕. 유리문을 노크했다. 직원이 가게 밖으로 나왔다. 그리고 경사로를 대 주었다. 아담한 가게였다. 바이올린 소리가 실내를 떠다녔다. 손님은 우리뿐이었다.

"어떤 와인을 찾으세요?"

남자가 물었다.

"맛있는 거요."

아내가 용감하게 답했다. 남자가 웃었다.

"그러시면 스위트 와인, 어떠세요?"

"좋아요. 그걸로 주세요."

"이쪽에 있는 게 전부 스위트 와인이에요. 그런데 얼마나 스위트한 걸 찾으세요?"

스위트면 그냥 스위트지. 얼마나라니? 우리는 허를 찔린 듯 멍하게 서 있었다.

"보통 스위트? 베리 스위트? 베리 베리 스위트?"

남자가 노래하듯 물었다.

"베리 베리 베리 스위트!"

단 걸 좋아하는 아내가 외쳤다. 물 만난 고기 같았다고나 할까?

"그렇게 스위트한 건, 가만 있자…. 이것뿐이에요."

남자가 비장의 한 수를 꺼내들 듯 가게 구석에서 와인 한 병을 가져왔다. 병을 받아들었다. 서늘하고 묵직했다. 레드 와인도 아니고, 화이트 와인도 아니고, 스위트 와인이라니! 난생 처음이었다. 마음이 들떴다. 아내에게 병을 건넸다.

"이걸로 할래."

아내도 마음에 드는 눈치였다.

그날 이후 우리는 스위트 와인 애호가가 되었다.

"고객님, 스위트 와인은 너무 달지 않으세요?"

백화점에서 직원이 물으면 우리는 이렇게 답한다.

"이거 말고요. 베리 베리 베리 스위트 와인으로 주세요."

몇 개월을 그렇게 쇼핑한 결과, '고객님, 칠레산 스위트 와인이 할인행사 중입니다. 기회를 놓치지 마세요!'라는 메시지까지 받는 VIP고객이 되었다. 비록 몽마르트르 언덕에 올라가 보지는 못했지만, 크게 아쉽지는 않다. 어떻게 보면 차라리 잘된 것 같기도 하다. 왜냐면, 그 덕에 인생템 하나를 발견했으니까. 캐리커처도 그리지 못했고 물감도 사지 못했지만, 대신 입에 딱 맞는 술을 찾았다. 그 술을 마시며 우리의 지난 여행을 추억하고, 앞으로의 여행을 계획할 수 있게 돼서 한없이 기쁘다. 맞다. 우리한테는 몽마르트르보다 와인이다.

코끼리여! 응답하라 진심으로

"노을빛이 사그라지기 전에 한잔하자니까. 시간이 별로 없어."

내가 조바심쳤다.

"먼저 할 일이 있다고 했잖아. 와인 오프너, 있어? 이빨로 뜯을 거야?"

아내가 칼끝을 겨누듯 말했다. 아뿔싸! 오프너가 없구나. 예리한 지적이었다.

'진작 좀 말하지.'

조금 얄미웠지만 내색하지는 않았다. 왜? 가정의 평화는 소중하니까. 결코 아내가 무서워서는 아니다.

고민 끝에 호텔 로비로 내려갔다. 되든 안 되든 오프너를 빌려 볼 작정이었다. 아니, 더 정확하게는 오프너로 와인병 좀 따달라고 부탁해 볼 요량이었다. 솔직히 말하면, 낯선 연장을 잘 다룰 자신이 없었다. 서툰 연장질로 코르크 마개를 망가뜨리면 큰일이었다. 집에 두고 온 정든 오프너가 그리웠다.

역시나 로비는 무척 붐볐다. 체크인하려는 사람들로 북새통이었다. 날이 저물고 있었다. 한창 바쁠 시간이기도 했다. 소파에 앉아 로비가 한산해지기를 기다렸다. 바로 전날, 라디오를 들으며 앉아 있던 소파였다.

한 무리의 사람들이 지나가면 또 한 무리의 사람들이 몰려들었다. 철

새들의 이동을 보고 있는 듯했다. 영어, 불어, 스페인어, 중국어, 한국어까지…. 온갖 말들이 범람했다. 기도 소리 같기도 하고 독경 같기도 했다. 가만히 듣고 있으면 정신이 몽롱해졌다.

"머리 아파. 조용한 데로 가고 싶어."

아내가 지친 듯 말했다. 나도 마찬가지였다. 나는 한 폭의 풍경화를 마음에 그렸다. 바다처럼 파란 하늘. 솜사탕을 닮은 흰 구름. 지평선까지 뻗어 있는 푸른 초원. 한가로이 산책하는 코끼리! 아내가 몇 시간 전에 라마르크 거리에서 구상한 그림이었다. 평화롭고 고요한 그림 속으로 뛰어들고 싶었다. 바스락 바스락 풀밭을 걷는 코끼리의 발소리를 들으며 꾸벅꾸벅 졸았으면 했다.

"그 코끼리 얘기 좀 더 해 줘. 어떻게 생긴 코끼리야?"

내가 물었다. 아내가 천천히 입을 열었다.

우리는 와인을 산 후, 라마르크 거리로 향했다. 몽마르트르 언덕과 라마르크 거리는 이웃해 있었다.

거리가 한적했다. 유명한 관광지가 아니었으므로 행인이 많지 않았다. 주택가와 접해 있는 조용한 거리였다. 오래된 상가들이 얼마간 있을 뿐이었다.

"의외로 심심한 동네네."

큰 기대를 하고 온 건 아니지만, 조금은 실망스러웠다. 나는 이 거리에서 무엇을 보기 바랐던 걸까.

"그래도 길이 참 예뻐. 아담하고 고즈넉해."

아내가 타이르듯 말했다.

"이만큼 걸었으면 됐어. 카페를 찾아 봐. 이왕이면 노천카페로."

프랑스 작가 베르나르 베르베르는 다음과 같이 말하며, 소설 《잠》을 끝맺었다.

'모두 푹 주무시고 멋진 꿈꾸세요.
-파리 라마르크 거리의 카페에서-'

베르베르가 머물던 곳, 소설을 쓰던 카페, 거닐던 거리… 라마르크를 우리가 걷고 있었다. 이것이면 충분했다. 더 바랄 게 없었다. 가슴이 조금씩 벅차올랐다.

얼마쯤 걷자 노천카페가 나왔다. 소담하고 시끄럽지 않아서 좋았다. 내가 그리던 대로의 카페였다. 점심시간이었지만 배가 고프지는 않았다. 조식을 워낙 든든하게 먹은 탓이있나. 나는 커피 한 잔이면 족했지만, 아내를 위해서 카푸치노와 샐러드, 샌드위치를 주문했다.

"어쩌면 베르베르가 여기에 앉아 소설을 썼을지 몰라."

낯선 여행, 떠날 자유_9 Day

배부른 미소를 지으며 내가 말했다.

"그렇지! 몽마르트르 근처니까 화가들도 자주 드나들 거야."

아내가 맞장구쳤다. 부드러운 카푸치노를 혀 위에서 굴리며, 소설, 책, 여행 에세이에 대해 생각했다.

"이 여행을 제재로 에세이를 쓴다면 챕터 1의 제목으로 '응답하라, 진심으로!'가 어떨까?"

의식하지 못한 사이에 생각이 저편으로 달려 나갔다. 말이 제멋대로 입 밖으로 새어 나갔다.

"뭐라고?"

샌드위치를 먹다 말고 아내가 물었다.

"여행 에세이를 써 보면 어떨까, 생각했어. 첫 번째 챕터 제목이 의식 저편에서 둥실 떠올라 버리는 거 있지! 나도 모르는 사이에 말이야."

"책 제목도 아니고, 생뚱맞게 웬 챕터 이름?"

아내가 코웃음 쳤다. 인정하긴 싫지만 일리 있는 지적이었다. 나는 뒷머리를 벅벅 긁으며 웃었다.

"뮤즈가 강림하셨나 보네."

아내가 놀려댔다. 햇볕이 따사롭게 비추었다. 바람이 산들산들 불었다. 이따금씩 행인이 우리 옆을 스쳐 지나갔다. 심신이 이완됐다. 머리와 가슴이 어느 때보다 말랑말랑했다. 나른한 듯, 열에 들뜬 듯, 기분이 묘했다.

"하늘에 물감을 풀어 놓은 것 같아. 코발트블루랑 징크화이트를 어떤 비율로 섞어야 저런 빛깔이 나올까?"

아내가 샐러드를 씹으며 혼잣말 했다.

"구름이 코끼리 뒷모습을 닮았어. 큰 구름은 엄마 코끼리, 그 옆에 작은 구름은 아기 코끼리 같아."

뮤즈의 강림을 받은 건 내가 아니라 아내였다. 세상에나! 코끼리 뒷모습을 닮은 흰 구름이라니! 해괴망측한 구름이었다.

"지평선을 향해, 하늘바다를 향해, 한 걸음 한 걸음 옮기는 코끼리 모자를 그릴 거야. 언젠가 반드시!"

아내가 결기 있게 말했다.

"재밌네. 뮤즈가 한 번씩 우리를 다녀갔어. 그러면 '코끼리여! 응답하라, 진심으로!'가 되는 건가?"

그렇게 우리는 각자의 내면으로 빠져 들었다. 나는 지난 며칠 동안의 여행을 반추했고, 아내는 귀국 후에 그릴 그림을 구상했다. 그때는 미처 몰랐다. 내가 여행 에세이를 가으내, 겨우내 쓰게 될 줄을. 아내가 코끼리 그림을 그려 전시까지 할 줄을.

고즈넉한 라마르크. 뭔가를 생각하고 구상하기에 좋은 동네였다. 심심한 라마르크. 뮤즈와 더불어 공상하기에 맞춤한 마을이었다. 그래서 베르베르가 자주 찾나? 나는 이곳이 마음에 들었다. 처음에 느꼈던 실망감은 온데간데없었다.

1유로의 행복

밤이 됐다. 해가 지고, 가로등이 켜졌다.

"오프너 좀 빌릴 수 있을까요?"

프런트 직원에게 말했다. 소파에 앉아 한참을 머뭇대다 더 이상은 안 되겠다 싶어서 한 부탁이었다.

"물론이죠. 제가 따 드릴까요?"

직원이 와인병을 받아들었다. 태도가 상냥했다. '바빠 죽겠는데 별걸 다 부탁하네.' 하고 눈치 주면 어쩌나 걱정했는데 기우였다.

직원이 서랍에서 오프너를 꺼냈다. 그리고 코르크 마개를 반쯤 잡아 뺐다.

"드실 때 마저 빼세요. 살짝만 잡아당겨도 빠질 거예요."

직원이 와인 병을 돌려주며 말했다. 일처리가 깔끔한 사람 같았다.

"고맙습니다."

인사한 후 방으로 돌아가기 위해 뒤돌아섰다. 그때였다.

"잠시만요."

돌연 직원이 우리를 불렀다.

"혹시 와인 잔 필요하지 않으세요? 드릴까요?"

뜻밖의 호의에 우리는 깜짝 놀랐다.

"주시면 좋긴 한데…."

"위층에 바가 있어요. 잠시만 기다리시면 잔을 가져다 드릴게요."

직원이 총총걸음으로 계단을 올라갔다.

"이게 무슨 일이래?"

"우리한테 왜 이렇게 잘해주는 거지?"

우리는 횡재한 기분이었다. 종이컵에 대충 따라 마실 생각이었는데, 우아하게 와인 잔이라니! 무려 와인 잔이라니!

"오늘은 사람들이 부탁을 잘 들어주네. 낮에 열쇠고리 팔던 남자도 그렇고, 프런트 직원도 그렇고."

아내 말대로였다. 오늘은 부탁이 먹히는 날이었다.

버스를 타고 라마르크에서 호텔로 돌아왔다. 시간은 한낮을 지나 저녁으로 치닫고 있었다.

'내일 이맘때면 비행기에 탔겠지?'

마음이 어수선했다. 아쉽고, 아쉽고, 아쉬워서 가만히 앉아 있을 수가 없었다. 좁은 방 안을 서성였다.

"그러지 말고 에펠탑에 가 볼래?"

아내가 캐리어를 정리하며 말했다. 짐을 싸는 걸 보니 마음이 한결 더 뒤숭숭했다. 요 며칠 동안 우리는 심심하면 에펠탑을 찾아갔다. 탑은 호텔에서 5분 거리에 있었다. 잔디밭, 나무그늘, 벤치, 그리고 각양각색의 사람들…. 에펠탑은 우리에게 있어 놀이터와 다름없었다. 그곳에 가면 유원지에 온 듯 유쾌했고 휴양지에 온 듯 편안했다.

"열쇠고리도 살 겸 나가자. 사실은 나 그거 갖고 싶었어. 알록달록 예쁘더라고."

아내가 말했다.

"그래? 진작 살걸. 왜 이제야 말해?"

아닌 게 아니라 에펠탑 밑에는 장사꾼이 많았다. 이들이 취급하는 아이템은 생각보다 다양했다. 에펠탑 모형 및 열쇠고리(이것들을 철컹철컹 흔들고 다니며 판다), 장난감 새(태엽이 달려 있다. 장사꾼들이 관광객을 향해 새를 날려 보낸다), 레이저 빔(어둑어둑해지면 진가를 드러내는 이이템이다. 여기저기 빛을 쏘며 다니는데, 아이들이 무척 좋아한다), 스카프

(겉보기엔 멀쩡하지만 펼쳐 보면 길이가 살짝 짧다) 등등. 이런 물건들은 하나같이 조악하긴 하지만, 값이 싸서 인기가 높았다.

"잘됐네. 나 그 사람들하고 사진 찍고 싶었거든. 열쇠고리 사면서 부탁해 봐야겠다."

얼씨구나 하며 내가 말했다. 유쾌한 그들과 사진 찍을 생각에 나는 들떴다.

장사꾼들이 물건을 강매하기 위해 윽박지른다, 관광객에게 해코지를 일삼는다, 그들과 눈을 마주치면 안 된다…. 인터넷에서 이런 말을 수도 없이 본 터라, 처음에는 그들을 몹시 경계했다. 우리 쪽으로 다가오기만 해도 괜스레 자리를 피하곤 했다. 하지만 우리는 오래 지나지 않아 깨달았다. 그들은 결코 왈패 따위가 아니고, 쾌활한 상인일 따름이란 걸 말이다.

그들은 열쇠고리 따위를 보여주며 '1유로' 하고 다가왔다가, 우리가 고개를 저으면 '씨 유 어게인!' 하고 가 버리곤 했다. 그리고 다음날 다시 만나면 '하우 아 유? 1유로!' 하며 반갑게 인사를 건네 왔다. 그렇게 우리는 안면을 텄다. 우리는 에펠탑을 떠올릴 때마다 그들의 철컹대며 내딛는 발걸음, 태엽 달린 새 따위를 추억하게 돼 버렸다.

1유로짜리 동전 몇 개와 카메라를 챙겨 밖으로 나갔다. 그런데 에펠탑 분위기가 심상찮았다.

"전쟁이라도 났나?"

아내가 휠체어를 멈추고 주위를 살폈다. 총을 든 군인들이 사방에 깔려 있었다. 순찰하듯 주위를 돌아다녔고, 길목마다 경계를 서고 있었다. 모두 표정이 딱딱했고, 눈빛이 날카로웠다.

"테러라도 난 거야? 설마 IS?"

"VIP가 에펠탑에 왔나?"

"헉! 베르사유 궁전에 있던 황금 촛대! 네가 부서뜨린 거 말이야. 범인을 잡으러 온 거 아닐까?"

"쉿!"

우리는 별의별 추측을 다하며 군인들 사이를 걸어갔다. 군부대를 시찰 나온 장성처럼, 은 아니고 쭈뼛대며 걸었다. 의문은 곧 풀렸다. 에펠탑 밑에 그들, 상인들이 없었다. 나무그늘, 벤치, 관광객들까지 모두 그대로였지만 장사꾼만은 한 명도 보이지 않았다. 에펠탑의 명물이 추방돼 버린 듯해서 씁쓸했다. '하우 아 유!' 인사말도, 철컹대던 발소리도, 장난감 새의 날갯짓 소리도 들리지 않았다. 그들이 부재한 에펠탑은 휑했다. 경찰들이 말을 타고 오갔다. 장사꾼들이 저 멀리서 이쪽을 훔쳐보고 있었다. 나무 뒤에 몸을 숨긴 채 삼삼오오 모여 있었다. 불안한 시선을 주고받으며 안절부절 못했다. 경찰이 말을 빠르게 몰아갔다. 그들이 사방으로 흩어졌다. 그들의 그림자가 말발굽에 차였다. 너희는 불법 체류자다, 여기서 장사하지 마, 얼쩡거리지 말고 썩 꺼져, 이런 말을 내뱉으며 경찰이 바쁘게 뛰어다녔다.

"열쇠고리도 못 사고, 사진도 못 찍게 됐잖아. 왜 이렇게 운이 안 좋지? 하필 오늘 단속이 뜨면 어떡해!"

내가 투덜거렸다.

"좀 더 기다려 보자. 아주 멀리 가 버리진 않았어. 주위를 맴돌고 있어."

아내의 말대로였다. 얼마쯤 있자 과연 상인들이 하나둘 모습을 드러냈다. 감히 좌판을 깔지는 못하고 에펠탑 주위를 불안하게 오갔다. 그 후 경찰과 상인들의 신경전이 지리하게 이어졌다. 상인들은 썰물이 빠지듯 후다닥 쫓겨 갔고, 밀물이 차오르듯 슬금슬금 돌아왔다. 그리고 우리는 별수 없이 호텔로 되돌아갔다.

두 시간이 지났다. 철컹철컹.

"하우 아 유?"

저녁을 먹기 위해 식당에 가던 중 그를 만났다. 대부분의 군경이 철수하고, 경찰 한두 명만이 상인들을 감시하고 있었다. 경찰 열 명이 도둑 한 명을 잡기 어려운 법. 그들은 조심스레 영업을 개시하고 있었다. 평소보다 목소리가 작았고 빔을 쏘지도 새를 날리지도 못했지만 그래도 영업은 영업이었다. 그늘은 좌판을 까는 대신 맨투맨으로 관광객에게 접근했다. 그러다 경찰이 다가오면 슬그머니 딴청을 부렸다.

"잘 지냈어? 이거 1유로야."

에펠탑을 쏙 빼닮은 열쇠고리를 슬쩍 보여주며 그가 말했다. 며칠 동안 수차례 봐 온 터라, 친구같이 가깝게 느껴졌다. 우리는 옳다구나 하고 열쇠고리에 관심을 표했다.

"하나에 얼마야?"

"열 개에 1유로야. 엄청 싸지?"

"색깔은 이거 하나야?"

"되게 많아. 한번 볼래? 원래는 집히는 대로 주는데, 오늘은 특별히 원하는 색으로 골라 줄게. 오늘 좀 힘들었거든. 알지?"

"고마워. 살게. 그런데 우리랑 같이 사진 좀 찍어 줄 수 있을까?"

"오늘은 기분 좋은 날이니까 특별히 그럴게. 근데 우리 자리 좀 옮기면 안 될까? 여긴 보는 눈이 많아서."

경찰 쪽을 힐끗 보며 그가 말했다. 우리는 밀수하듯 후미진 곳으로 자리를 옮겼다. 다른 상인들이 그를 부러운 눈초리로 쳐다보았다. 빨간색, 파란색, 은색…. 우리는 마음에 드는 색으로 열쇠고리를 골랐고, 그와 사진을 찍었다. 그는 연신 '고마워. 내가 운이 좋네!' 하며 실실 웃었다.

그는 단속을 피해 영업할 수 있어서 만족했고, 우리는 원하는 아이템을 산 데다 특별히 사진까지 찍어서 흡족했다. 요컨대 우리 모두는 행복했다. '무려 1유로의 행복' 혹은 '겨우 1유로의 행복'이었다. 우리는 그에게 물건 값 이상의 팁을 줌으로써 그가 조금 더 오래 행복하길 바랐다. 그리고 '이놈의 헬프랑스!' 하고 푸념하는 일이 없길 소망했다.

꼬마 숙녀와 멍멍이

"얼음도 조금 가져왔습니다."

바Bar에 갔던 직원이 돌아왔다. 놀랍게도 그는 와인 잔과 함께 얼음까지 챙겨 주었다. 우리는 진심으로 감동했다. 그의 따스한 마음 씀씀이가 고마웠다. 크나큰 선물을 받은 듯 기뻤다. 얼음이 잔뜩 든 컵을 만져보았다. 냉기가 손끝을 타고 온몸으로 퍼져나갔다. 냉탕에 발을 담갔을 때처럼 시원하고 청량했다. 불쑥 머리가 땅할 만큼 차갑던 맥주와 땀을 식히기에 충분할 정도로 서늘하던 빗방울, '까르르 웃던 꼬마 숙녀, 혀가 보드랍던 강아지가 생각났다. 즐겁던 저녁 식사 장면을 그렸다.

에펠탑 상인과 작별한 후, 저녁을 먹으러 갔다. 한국어 메뉴판이 있던 예의 그 노천 식당으로 향했다. 어느새 우리는 그곳의 단골이 돼 있었다. '안녕하세요?' 식당 앞을 지나갈 때마다 직원들이 우리에게 인사를 건넸다. 그 또박또박한 한국어를 들을 때면 이곳이 서울인지 파리인지 잠시 헷갈렸다.

"빈자리가 없어. 단체손님이 왔나 봐."

아내가 입구 어림에서 말했다. 식당이 전에 없이 분잡했나. 왁자지껄했다.

"프랑스에서 먹는 마지막 저녁인데…. 다른 데 가야겠네."

울고 싶은데 뺨 맞은 심정이랄까? 괜히 서운했다. 털레털레 걸었다. 다른 식당을 찾아야 했다. 근처에 여러 개의 식당이 있었지만, 딱 여기다 싶은 곳이 없었다.

"손님이 너무 없어. 파리만 날려."

"중국인이 손님의 90퍼센트야."

"맛이 별론가? 표정들이 안 좋아."

대충 이런 식이었다. 그럴수록 정든 노천 식당이 자꾸 눈에 밟혔다. 그러는 사이에 식당가를 한 바퀴 돌았다. 어느덧 해가 서쪽으로 기울어 있었다. 엉겁결에 걷기 운동을 해 버린 뒤라 배가 출출했다. 무엇으로든 배를 채워야 했다. 언제까지 헤매고 다닐 수는 없었다.

"할아버지, 할머니가 많은 식당이야. 그냥 여기서 먹을까?"

썩 내키지는 않았지만 적당히 한 끼를 때울 생각으로 테이블에 앉았다. 버거, 감자튀김, 스테이크, 와인, 맥주 따위를 주문했다. 손님의 대부분이 노인들이었지만 그 외에 특별한 점은 없었다. 음식 맛? 좋지도 나쁘지도 않았다. 서비스? 평범했다. 다만, 딱 한 가지. 특이한 점이 하나 있긴 했다. 그건 바로 맥주!

"한 잔 더!"

맛이 아주 일품이었다. 그동안 마셔 본 맥주들 중 단연 최고였다. 머리가 띵할 정도로 차가웠고, 고소한 맛과 쓴맛이 조화로웠다.

"제발 말리지 마. 마지막 저녁이잖아."

나는 한 잔, 두 잔, 거듭 마셨다. 시간이 얼마나 흘렀을까. 툭. 툭. 투둑. 투두둑! 별안간 소나기가 요란스럽게 내리기 시작했다. 파라솔을 때리는 빗줄기가 제법 거셌다. 탁! 탁! 발밑에서 빗방울이 튀어 올랐다. 사람들이 가게 안으로 몸을 피했다. 할아버지, 할머니들이 서로를 부축하며 지붕 밑으로 들어갔다.

"가게 안으로 음식을 옮겨 드릴게요."

직원이 우리에게 말했다.

"어떡하지? 들어갈 거야?"

"흐음! 그냥 여기 있지, 뭐."

우리는 파라솔 밑에 그대로 앉아 있었다. 비가 많이 들이치지는 않았다. 이따금씩 어깨 위로 떨어지는 빗방울이 상쾌했다.

"기억나? 트라팔가 광장에서도 비 맞았잖아."

술기운에 흔들거리는 몸을 바로하며 내가 말했다.

"당연히 기억하지. 레스토랑 직원도 우리를 걱정했잖아. 비 맞지 말고 가게 안으로 들어오라고."

빗속에서 우리는 지난 며칠을 더듬었다. 아홉 번의 밤과 여덟 번의 낮을 추억했다.

"황금빛 2인조는 지금 뭘 하고 있을까?"

자꾸만 꼬이는 혀를 신경 쓰며 내가 말했다.

"행인한테 추파 던지고 있겠지. 그런데 감자튀김 그만 줘."

"난 그때 카메라고 뭐고 다 빼앗기는 줄 알았어."

"감자튀김 그만 주라고."

"얘가 자꾸 혀를 내밀잖아. 배고파서 손을 핥아대는데, 어떻게 안 줘?"

나는 아까부터 강아지에게 먹이를 주고 있었다. 비를 피해 파라솔 밑으로 뛰어 들어온 녀석을 차마 내칠 수 없었다. 녀석은 배가 고픈 모양이었다. 음식 냄새가 밴 내 손을 맛있게 핥아댔다. 혀가 보드랍고 따뜻했다. 감자튀김을 주자, 잘도 받아먹었다. 나 한 번, 녀석 한 번. 우리는 음식을 나눠 먹었다.

"나중에 보면 재밌을 거야. 사진 찍어 봐."

아내가 못 이기는 척 카메라를 들어올렸다. 우리가 뭘 하든, 녀석은 포커페이스를 유지한 채 감자를 씹어댔다. 그때였다.

"멍멍이다!"

꼬마 아이가 우리 쪽으로 뛰어오며 소리쳤다. 바닥에 고인 물이 찰박였다.

"네가 이 개 주인이니?"

아내가 물었다. 꼬마가 고개를 흔들었다. 머리카락이 찰랑대며 물결쳤다. 귀여운 꼬마 숙녀였다.

"몇 살이야?"

꼬마가 손가락을 펴 보였다. 여섯 살인 모양이었다. 아이가 강아지

앞에 쭈그리고 앉아 노래 불렀다. 귀찮은 듯 강아지가 몸을 뺐다. 꼬마가 오리걸음으로 따라갔다. 둘은 테이블을 빙글빙글 돌며 숨바꼭질했다.

"애!"

아내가 꼬마를 불렀다.

"너 되게 예쁘다. 사진 찍어도 될까?"

꼬마가 똑바로 섰다. 그리고 머리카락을 어깨 뒤로 넘겼다. 카메라를 보며 포즈를 취했다. 깜찍했다. 장차 예쁜 숙녀가 될 듯했다. 자유의 몸이 된 강아지가 다시 내 손을 핥아댔다. 너도 먹고 살기 힘들지? 특별히 케첩까지 찍어서 감자튀김을 먹여 주었다. 그 모습을 보던 꼬마가 까르르 웃었다. 그리고 똑같이 따라했다. 내게 묻지도 않고, 감자를 집어 강아지에게 주기 시작했다. 아까운 내 안주! 술기운 때문에 붉어진 얼굴 위로 빗방울이 튀었다. 서리를 맞은 듯 차가웠다. 꼬마 숙녀는 노래 부르다 재잘대고,

재잘대다 노래 부르며, 멍멍이와 놀았다. 우리는 두 시간 넘게 주저리주저리 얘기했고, 노래 불렀으며, 숨바꼭질했다. 예의 그 '안녕하세요?' 식당에서도 이렇게 오래 앉아 있던 적은 없었다

"머지않아 이 밤을 그리워하게 될 것 같아."

나는 빗소리와 노랫소리, 보드라운

혀 따위를 마음 한복판에 새겼다.

오히려 다행이다

방으로 돌아왔다. 글라스에 얼음을 넣고 와인을 따랐다. 쨍! 잔을 부딪쳤다. 4옥타브 '시' 음이 울렸다. 소리가 맑고 예뻤다.
"우리나라에 가서도 종종 사 마셔야겠어."
아내가 와인을 마음에 들어 했다. 비록 몽마르트르 언덕에 올라가 보지 못했고, 라마르크에는 생각보다 별게 없었으며, 에펠탑 열쇠고리 하나 사는 게 첩보 작전 같았고, '안녕하세요?' 식당에서 마지막으로 식사하지도 못했지만 아쉽지는 않았다. 아니, 오히려 다행이었다. 그 덕에 아내 입맛에 딱 맞는 와인을 찾았고, 여행 에세이와 코끼리 그림을 구상했으며, 특별히 에펠탑 상인과 사진도 찍은 데다, 꼬마 숙녀와 멍멍이까지 만났으니 말이다. 가히 새옹지마라고 할 만했다.
"듣고 보니 맞네, 새옹지마."
아내가 동의했다.
"그러면 우리가 만나고 결혼한 것도 새옹지마야?"
아내가 혀 꼬인 소리를 냈다. 도대체 무슨 의도로 저런 말을 하는 건지!

감히 바라건대, 나는 우리네 삶이 좋은 의미에서 새옹지마를 닮았으면 한다. 흐린 하늘이 맑게 개듯, 미운 오리 새끼가 아름다운 백조로 거듭나듯, 인생이 변화무쌍하길 바란다. 인생의 풍미, 새옹지마를 우리 모두가 자주 맛보면 좋겠다. 장애인으로서의 삶, 끝을 향해 치닫는 유럽 여행, 절정 위에 서 있는 이 여름…. 부디 새옹지마 하여라!

열째 날 ;

굿바이 씨 유 어게인!

무던하게 모던하게

옷을 추슬러 올렸다. 물소리를 따라 다섯 걸음쯤 옮겼다. 세면대가 만져졌다. 찬물에 손을 씻었다. 화장실을 나왔다. 또각대는 발소리, 아이들의 재잘거림, 카메라 셔터 소리 들이 벌떼처럼 달려들었다. 그런데 어느 쪽이었더라? 오른쪽? 왼쪽? 전시실로 돌아가야 하는데 방향이 헷갈렸다. 6시 방향으로 열다섯 걸음 간 다음 다시 스물여덟 걸음을 옮겼는데, 어느 쪽이었지? 어차피 이쪽 아니면 저쪽이었다. 먼저 왼쪽으로 걸어갔다. 스물하나, 스물둘. 탁! 케인 끝이 벽을 두드렸다. 반대 방향으로 와 버린 모양이었다. 몸을 돌려 오른쪽으로 걸어갔다. 스물여덟, 스물아홉. 훅! 케인이 허공을 쳤다. 땅이 아래로 푹 꺼져 있었다. 케인 끝으로 땅을 더듬어 보았다. 웬 계단? 당황스러웠다. 이쪽도 아니고 저쪽도 아니면, 대체 어디로 가야 하지? 하릴없이 다시 뒤돌아섰다.

낯선 여행, 떠날 자유_10 Day

문이 여닫히는 소리, 엘리베이터가 오르내리는 소리 등이 사납게 밀려들었다. 여기는 어디? 나는 누구? 내가 어디쯤에 서 있는지, 전시실이 몇 걸음 앞에 있는지 따위를 전혀 알 수 없었다. 방향감각을 잃고 헤맸다. 아무래도 길을 잃은 듯했다.

"현대 미술관이 사람 잡네."

허공에 대고 뇌까렸다. 태생적으로 촌스러운 탓인지, 나는 '현대'라는 말을 별로 좋아하지 않았다. 예컨대, 모더니즘 문학은 흡사 기하학적 기호처럼 난해하게 여겨졌고, 예술에서의 포스트모더니즘 운동은 나침반을 잃고 항해하는 배처럼 불안정하게만 보였다.

여행 마지막 날 아침이었다. 우리는 퐁피두 센터에 들렀다. 이곳은 파리의 3대 미술관 중 하나이자, 유럽 최고의 현대 미술관이기도 했다. 피카소, 칸딘스키, 몬드리안과 같은 현대 작가들의 작품이 전시돼 있었다. 매우 컬러풀한 건물로서 배수관, 가스관, 통풍구 등이 밖으로 노출돼 있었다. 빨강, 파랑, 은색 따위로 다채롭게 채색된 철골 및 투명한 유리면이 건물 외관을 장식하고 있었다.

다람쥐가 쳇바퀴를 돌듯, 나는 넓지 않은 공간을 뱅글뱅글 맴돌았다. 빨리 전시실 안으로 들어가서 소파에 앉고 싶었다. 아내가 되돌아왔을 때, 내가 그 자리에 없으면 무척 놀랄 터였다. '많이 피곤해? 여기서 좀 쉴래? 금방 둘러보고 올게.' 하며 홀연히 떠나 버린 아내는 어디서 뭘 하고 있을까 궁금했다. 벌써 돌아온 건 아닌지, 나를 찾고 있진 않은지 걱정됐다. 마음이 초조하고 조급했다.

"무던하게! 서두르지 말고 침착하게. 점자를 읽듯 천천히 가 보자."

마음을 가라앉히며 케인을 앞으로 뻗었다. 같은 시각. 아내는,

"피카소다! 사람의 옆모습을 그렸는데 정면에서 본 눈을 그렸어. 게다가 원근법도 완전히 무시해 버렸고. 괴상한 그림이야. 대상을 3차원적으로 표현했대나 봐. 근데 나 지금 누구한테 얘기하고 있니!"

열심히 이 방 저 방 돌아다니며 그림을 감상하고 있었다. 아내의 눈에는 피카소가 괴이한 작자로, 칸딘스키가 정신분열증 환자로 보였다. 아무렇게나 그은 듯한 선, 무질서하게 찍힌 점, 어린아이가 칠해 놓은 것 같은 색. 추상화의 세계는 직관적으로 이해할 수 있는 것이 아니었다. 그림의 의미를 선뜻 파악할 수 없었다.

한편 그때 누군가 내게 말을 걸었다.

"도와드릴까요?"

2시 방향에서 구원의 목소리가 들려왔다.

"중국인이세요?"

중년의 여성분이 물었다.

"한국에서 왔어요."

걸음을 멈추고 내가 말했다.

"저는 여기 직원이에요. 어떻게 도와드릴까요?"

"소파를 찾고 있어요."

"네? 뭘 찾고 있다고요?"

"소파요. 의자."

그제야 직원이 알아들었다. 나는 그녀의 팔을 붙잡고 걸어갔다. 소파는 의외로 가까운 곳에 있었다. 머리끝까지 긴장한 채 의자 근처를 왔다 갔다 했을 걸 생각하니 허탈했다.

"잘 있었어? 별일 없었지?"

얼마 후 돌아온 아내가 물었다. 길을 잃고 헤맨 게 자랑도 아니고, 말해 봤자 아내가 걱정할 게 뻔했으므로 나는 "그럼." 하고 대답했다.

"감상 잘했어?"

"현대 미술은 너무 어려워. 신기하긴 한데 충분히 감상한 것 같진 않아."

아내가 풀죽은 목소리로 말했다.

"눈으로 봐도 어렵고 난해한데, 눈 감은 난 어떻겠어!"

내가 자조적으로 말했다. 웃자고 한 말이었지만 내뱉고 나니 전혀 웃기지 않았다.

"아, 어디 없나? 쉽고 친근한 현대 미술. 눈 감고도 감상할 수 있는 획기적인 그림."

있었다! 그런 그림이 우리나라에 있었다. 약 넉 달 후, 우리는 특별한 전시실을 찾아갔다. 실로암 시각장애인 복지관 안에 있는 전시 공간이었다. 현대 미술, 그중에서도 팝아트(대중 미술) 작품들이 전시돼 있었다. 앤디 워홀의 메릴린 시리즈, 로이 리히텐슈타인의 행복한 눈물, 로메로 브리토의 프렌드십 베어 등 유명한 작품들이 많이 걸려 있었다. 나는 그곳에서 그림들을 원 없이 만졌다. 메릴린 먼로를 쓰다듬었고(괜히 변태 같잖아!), 눈물을 흘리는 여인을 더듬었으며(진짜 변태 같아!), 곰돌이를 쿡쿡 찔렀다(그냥 변태네!).

이 작품들은 일반적인 회화가 아니라 이른바 '촉각 명화'였다. 시각장애인을 위해 특별히 제작된 작품들이었다. 털실로 머리카락을, 지점토로 얼굴을, 솜과 헝겊으로 옷을 표현하고 있었다. 비록 투박하고 거칠었지만, 그 어떤 작품보다 '모던'했다. 적어도 내게는 그랬다. 손으로 더듬어 감상할 수 있는 그림. 유니크하고 모던하지 않은가?

"이거 정말 현대적이잖아!"

"기발해. 놀라워."

우리는 연신 감탄하며 그림 하나하나를 뜯어보았다. 아니, 뜯어 만졌다고 해야 하나? 복지관을 나오며 생각했다. 모던하다는 건 세련되다와 동의어가 아닐 것이었다. 투박하고 거친 것도 얼마든지 현대적일 수 있다. 기존에 없던 것, 그러면서 유의미한 것이라면 모던하다고 할 수 있지 않을까? 한편으로는 투박하고 거칠지만, 또 한편으로는 난해하고 불안정하며 개성미가 넘치는 것. 어떤 의미에서 현대 예술은 인생을 닮아 있었다. 복잡다단한 현대 사회를 무던하게, 한걸음 한걸음 내디디며 살아가야 하듯, 현대 예술 또한 무던하게, 여유를 가지고 조금씩 감상해야 하는 게 아닐까. 삶도, 예술도 직관적으로 이해할 수 있는 대상이 아니니까 말이다.

종종 이 말을 중얼댈 것 같다. 사람을 사귈 때, 일을 할 때, 언제나 '무던하게 그리고 모던하게!'

안녕, 에펠

호텔로 돌아왔다. 짐은 이미 다 싸 놓았지만, 마지막으로 한 번 더 방을 점검했다. 금고를 열어 보았고, 침대를 훑었으며, 화장실을 다시 살폈다. 다행히 빠뜨린 건 없는 듯했다. 방이 휑뎅그렁했다. 이 빠진 그릇처럼 초라해 보였다. 죽어 가는 짐승처럼 조용했고, 온기가 없었다. 돌쇠와 마님이 되어 티격태격했던 며칠 전 아침이 그리웠다. 그때로 돌아가고 싶었다.

프런트에 짐을 맡긴 후 에펠탑으로 향했다. 우리의 앞마당을 마지막으로 한 번 더 보고 싶었다. 날이 화창했다. 햇볕이 쨍했고 햇살은 환했다. 조금 걸었을 뿐인데 이마에 땀이 맺혔다. 유로스타를 타고 프랑스에 입국하던 날이 생각났다. 북 역. 그 복마전에서 땀을 삐질삐질 흘리던 때를 생각했다.

'날강도 같던 집시들. 지금도 삥 뜯고 있으려나?'

입가에 쓴웃음이 걸렸다.

나무 밑에 앉아 인공 눈물을 넣었다. 눈이 건조해지면 좋지 않았으므로 두어 시간에 한 번 꼴로 점안하곤 했다.

"노우즈블리드(Nosebleed)?"

옆에 앉아 있던 남자가 물었다. 부인과 딸도 이쪽을 쳐다보았다.

"네?"

아내가 되묻자, 그가 자기 코를 툭툭 쳐 보였다. 코피가 나냐고 물었던가 보았다. 아닌 게 아니라, 나는 고개를 뒤로 꺾은 채 손을 얼굴에 대고 있었다.

"아, 안약을 넣었군요."

남자가 웃었다. 딸아이가 옆에서 뭔가를 쫑알쫑알 댔다.

"어느 호텔에 묵고 계시죠?"

남자가 물었고 아내가 호텔 이름을 댔다.

"자주 보겠네요. 우리도 거기 묵거든요."

부인이 말했다.

"그럼, 또 봅시다."

인사하며 그들이 자리를 떴다. 또 볼 수 있으면 좋으련만…. 기분이 묘했다. 착잡했다.

살랑살랑 바람이 불었다. 나뭇잎이 흔들리며 삭-삭- 소리를 냈다.

솜사탕, 과자, 아이스크림처럼 달짝지근한 향이 바람에 실려 왔다. 기분이 상쾌했다. 바람을 한껏 들이마셨다.

"강바람이 참 상쾌했는데…. 기억나? 바토무슈 위에서 맞았던 바람."

벤치에 등을 기대며 내가 말했다.

"당연하지. 배가 지나가면, 다리 위에서 사람들이 손을 흔들어 줬잖아. 휘파람도 바람에 실어 보냈고."

"빙고! 그러면 베르사유 정원에서 사 먹은 아이스크림도 기억해?"

"내가 치매 환자야? 그걸 잊어버리게? 달콤하던 아이스크림, 머리 위로 낮게 떠가던 뭉게구름, 파랗던 하늘. 몽땅 다 기억해. 동화 속 세상 같았어."

"빙고!"

우리는 한동안 빙고 게임을 즐겼다. 이대로 지구의 자전이 멈추기를,

시간이 더 이상 흐르지 않기를 바랐다.

"화장실 가는 걸 도와줬던 스트롱맨은 뭘 하고 있을까? 갑자기 보고 싶네."

"3607을 외치고 사라진 택시 기사님도 잘 지내겠지?"

우리는 시간 여행을 꿈꾸었다. 그때 그 자리로 돌아가서 그들을 다시 만나고 싶었다. 무척 반가울 것 같았다. 우리의 바람과는 상관없이 나뭇잎을 흔드는 바람은 쉬지 않고 불었고, 시간은 바지런하게 흘러갔다.

"못 보던 사람들이 많아. 신기하다."

아내가 소녀처럼 말했다. 피에로처럼 분장한 사람이 종종걸음으로 돌아다녔다. 약간의 돈을 받고 사진을 찍어 주는 모양이었다. 캐리커처를 그리는 노인, 낯선 상인들까지. 확실히 새로운 얼굴이 많았다. 철컹철컹!

"하우 아 유?"

에펠탑 상인이었다. 반가웠다. 어느새 다가온 그가 에펠탑 모형을 흔들며 인사했다. '어제 열쇠고리를 샀으니, 오늘은 이걸 사 보는 게 어때?' 하는 듯했다. 여느 때와 다름없는 모습이었다. 늘 그랬듯 우리도 고개를 저어 보임으로써 그에게 인사를 건넸다.

"오케이. 씨 유 어게인!"

낯선 여행, 떠날 자유_10 Day

그가 쿨하게 뒤돌아섰다.

"씨 유 어게인!"

그의 등에 대고 아내가 말했다. 나는 가슴이 철렁 내려앉았다.

"우리도 이만 가자."

벤치에서 일어섰다. 탑을 뒤로하고 걸었다. 철컹철컹, 소리가 멀어져 갔다. 시원한 나무그늘과 달짝지근한 냄새와 4박 5일 간의 추억. 모든 게 아스라이 멀어져갔다.

에펠이 멀어져갔다. 안녕, 에펠!

내리실 문은 없습니다

내가 아는 버스괴담이 하나 있다.

달도 없는 밤이었다. 길은 짐승의 뱃속처럼 어둡고 구불구불했다. 소녀는 버스 뒷좌석에 앉아 차창 밖을 응시했다. 앙증맞은 이어폰이 귀에 꽂혀 있었다. 창백한 여자의 얼굴, 고개 숙인 남자의 실루엣, 아장아장 걷는 꼬마의 형상 따위가 언뜻 창문에 비쳤다. 음악에 맞춰 고개를 까딱이며, 소녀는 홀린 듯 그들을 바라보았다. 버스는 한 번도 서지 않고 내처달렸다. 타는 사람도, 내리는 사람도, 아무도 없었다. 문득 소녀가 일어섰다. 가벼운 현기증이 일었다. 뒷문께로 걸어갔다. 그리고 벨을 눌렀다.

"이번 정류장은 ○○○입니다. 내리실 문은…"

안내방송이 잘 들리지 않았다. 소녀가 이어폰을 잡아 뺐다.

"내리실 문은 없. 습. 니. 다."

때 아닌 한기를 느끼며 소녀가 주위를 둘러보았다.

"다 어디 갔지?"

텅 빈 버스가 속도를 높였다. 달도 없는 밤이었다. 길은 짐승의 뱃속처럼 어둡고 구불구불했다.

괴담 속 소녀는 어떻게 됐을까? 저와 같은 상황이 만약 '나'에게 닥친다면, 당신은 어떻게 하겠는가? '내리실 문은 없습니다.' 이 말을 들었을 때의 공포. 아내와 나는 잘 알고 있다.

캐리어를 끌고 버스 정류장으로 갔다. 르 버스를 타기 위해서였다. 르 버스는 공항버스로서, 샤를드골 공항까지 직행했다. 호텔에서 공항까지는 약 한 시간가량 걸렸다. 택시를 탈 수도 있었지만 요금이 부담돼서 버스를 타기로 했다.

파리에 머문 4박 5일 동안 우리는 르 버스를 자주 보았나. 호텔 앞이 이 버스의 출발역이었기 때문이다. 나중에 알게 된 사실이지만, 아내는 '혹시 공항버스를 탈 수 있지 않을까?' 하는 기대 때문에 정류장과 가까운 호텔을 물색했었다고 한다. 참으로 치밀한 사람이었다.

"저걸 어떻게 타지?"

버스를 볼 때마다 아내는 궁금해 했다.

"그냥 택시 부르자. 오르지 못할 나무는 쳐다보는 게 아니야."

나는 매번 고개를 저었다. 르 버스는 저상버스가 아니었다. 시내버스보다 차체가 훨씬 크고 높았다. 커다란 짐칸을 가지고 있는 일종의 관광버스였다. 계단 몇 칸을 밟고 올라가야 탈 수 있었다.

"리프트가 없을까?"

"꿈 깨. 르 버스를 탔다는 휠체어 장애인 본 적 있어? 나는 한 번도 없어."

"혹시 모르니까 마지막 날에 한번 물어나 봐야겠다. 휠체어가 탈 수 있는지."

아내는 반신반의했지만 나는 일말의 기대도 하지 않았다. 당연히 택시를 타고 공항에 가게 될 줄 알았다. 그러니까 꼭 어제까지는 그랬다. 어제도 평소와 다름없이 정류장 근처를 서성였다. 버스를 한 바퀴 돌았다.

"진짜 방법이 없을까? 택시비가 너무 아까워."

"거참, 불가능하다니까."

돌림노래 하듯 대화하고 있었다. 그때였다.

"안녕하세요?"

누군가 친근하게 말을 걸었다.

"버스, 좋아해요?"

흑인 남자였다. 대머리였고, 턱수염이 수북했으며, 백팩을 메고 있었다.

"며칠째 지켜봤는데, 버스에 관심이 많으시더라고."

우리를 처음 본 게 아닌 모양이었다. 나는 어쩐지 좀 민망했다. 아내가 자초지종을 간단히 설명했다.

"그런 거였군."

손가락을 튕기며 그가 말했다. 쾌활한 성격 같았다.

"자, 잘 봐요. 휠체어도 탈 수 있어요. 바로 여기서 리프트가 나와요. 슝, 슝, 슝, 슝! 이렇게 나온다고."

그가 열정적으로 리프트를 연기해 보였다. 버스에 대해 말하는 것 자체를 즐기는 듯했다. 그 덕에 우리는 버스 출발 시각 및 티켓을 사는 방법 등을 속 시원히 물어볼 수 있었다.

"거봐. 다 방법이 있잖아. 포기는 실패의 이미니란 말도 몰라? 넌 포기가 너무 빨라."

아내가 역전 만루 홈런을 친 4번 타자처럼 말했다. 아, 그랬던가? 실패를 낳은 건 포기였고, 아내는 홈런 타자였고, 나는 포기맨이었던가. 뭐, 상관없었다. 좋은 게 좋은 거니까. 버스를 탈 수 있다는데 이보다 더 좋은 소식이 어디 있겠는가.

"수고했어. 다 네 덕이야. 최고야, 최고!"

아내의 어깨를 두드렸다. 더그아웃에서 홈런 타자를 맞이하는 감독처럼.

"그런데 대체 누구였지? 저 아저씨?"

나타날 때만큼이나 홀연히 사라져 버린 사내의 정체가 궁금했다. 아내는 자꾸 그를 천사라고 불렀다. 나는 감히 가타부타하지 못했다.

스토커처럼 지켜만 보던 버스를 타러 가다니, 기분이 새로웠다. 정류장에 르 버스 직원이 나와 있었다. 약 이십 분 후면 버스가 출발할 것이었다. 36유로(약 4만7000원)을 내고 티켓을 샀다.

"리프트를 꺼내 드릴게요."

직원이 리모컨을 누르자, 짐칸 쪽에서 리프트가 튀어나왔다. 저걸 타고 버스 안으로 들어가면 될 터였다. 리모컨으로 올렸다 내렸다 하는 리프트라니! 멋있었다. 최첨단이란 이런 거로군. 감탄이 절로 나왔다. 이렇게 일이 순조롭게 풀리는 듯했으나, 곧 문제가 생겼다.

리프트가 펼쳐지질 않았다. 반쯤 접힌 채 움직이지 않았다. 직원이 몹시 당황했다. 리모컨을 꾹꾹 눌러댔지만 소용없었다. 곧 다른 직원이 합

세했고, 얼마 후 운전기사까지 합류했지만 리프트는 꼼짝도 하지 않았다.

"이러다 비행기 놓치는 거 아니야? 지금이라도 택시를 불러야 하지 않을까?"

그 어느 때보다 초조하고 불안했다. 불현듯 영국을 떠나던 날이 생각났다. 하마터면 유로스타를 놓칠 뻔했던 그날. 발밑에 용암이 흐르고 있음을 절실히 느꼈던 그날을 생각했다.

바로 그때였다.

"천사다!"

아내가 반색했다. 턱수염이 인상적이던 사내가 모습을 드러냈다. 여전히 대머리였고 백팩을 메고 있었다. 홀연히, 거짓말같이 나타나서는 현장을 지휘하기 시작했다. 모르긴 해도, 르 버스의 매니저, 베테랑쯤 되는 듯했나. 식원들이 그를 큰형님처럼 맞았다.

그들은 나사를 교체했고, 짐칸 안으로 들어가서 리프트를 수동으로 조작했으며, 리모컨의 건전지를 바꿔 끼웠다. 땀이 흐르는 줄도 모르고,

낯선 여행, 떠날 자유_10 Day

작전을 수행하듯 열심히들 움직였다. 일각이 여삼추처럼 느껴졌다. 초조함, 미안함, 고마움 등 여러 감정이 마음에 들끓었다. 조금만 더 지체되면 감정이 마음 밖으로 넘쳐 버릴 것 같았다.

"출발 안 합니까?"

뚱하게 서 있던 일본인이 불만스레 말했다. 직원들의 손이 더 바빠졌다.

"비행기를 놓치면 누가 책임지죠?"

그가 한층 더 크게 말했다. 그의 입장이 이해되지 않는 건 아니었지만 그래도 야속했다. 톨레랑스가 부족한 남자였다. 다행히 곧이어 모든 수리가 끝났다. 드디어 아내를 태운 리프트가 비행접시처럼 허공을 날았다. 휠체어가 들어갈 수 있도록 버스 옆면이 열렸다. 버스에 올라타기 전, 나는 천사와 악수했다. 굳은살 위로 기름때가 한가득 묻어 있었다. 고마운 손을 꽉 맞잡았다. 그가 사람 좋게 웃었다.

"빠빠이!"

천사가 오랫동안 손을 흔들었다. 버스가 시야에서 사라질 때까지 손을 내리지 않았다.

굿바이, 마이 엔젤!

이렇게 버스에 탄 것까지는 좋았다.

"낭떠러지야! 옴짝달싹 못하겠어. 어떡하지?"

아내가 죽는소리를 했다. 질리지도 않고 계속해서 여 보란 듯이 소리

처댔다.

"떨어질 것 같다고! 무서워."

백척간두 위에 선 것처럼 부들부들 떨었다.

르 버스는 메가 버스와는 또 달랐다. 메가 버스가 저상버스였던 데 반해 르 버스는 일반적인 고속버스 이상으로 몸체가 크고 높았다. 또 전자가 휠체어 장애인에게 있어 안전한 실내 구조를 가졌던 데 비해 후자는 실로 위험천만한 구조를 가지고 있었다.

통로와 좌석 사이에 큰 단차가 있었다. 높이가 20센티미터는 족히 될 단차였다. 좌석이 계단 위에 얹혀 있는 것과 다를 게 없었다. 휠체어석도 예외가 아니었다. 좁디좁은 공간에 휠체어가 겨우 올라가 있었다. 까딱 잘못하면 계단 아래로 휠체어가 곤두박질칠 수 있었다. 그렇게 되면 정말 큰일이었다.

"가만히 앉아 있지 말고, 바퀴 좀 잡아 줘."

"버스 바퀴를 어떻게 잡아?"

"멍청아! 휠체어 바퀴! 버스가 기우뚱할 때마다 휠체어가 통로 쪽으로 미끄러지고 있단 말이야."

아내가 빽 소리쳤다.

"쉿! 예민한 일본인은 조용한 걸 좋아할 거야."

말은 이렇게 해도 은근히 걱정됐다. 못 이기는 척 자리에서 일어섰다 (나는 휠체어석 뒤에 앉아 있었다). 그리고 휠체어 바퀴를 만져보았다.

"세상에…."

바퀴가 계단 끝에 걸려 있었다. 2센티미터 정도만 옆으로 움직여도 아래로 굴러 떨어질 것이었다. 버스가 한쪽으로 기울 때마다 휠체어 바퀴가 좌우로 미끄러졌다. 당장 계단 밑으로 떨어져도 이상할 게 없어 보였다. 하는 수 없이 나는 휠체어가 움직이지 않도록 바퀴를 꽉 붙든 채 공항까지 갔다. 선수를 보호하는 감독 같았다고나 할까?

"고생했어. 공항에 다 왔어."

비로소 나는 허리를 쭉 폈다. 승객들이 하나둘 내렸다. 우리는 맨 마지막에 내릴 터였다.

곧이어 직원이 리모컨을 눌렀다. 버스 옆면(휠체어석 바로 옆면)이 열렸다. 윙~ 하는 소리와 함께 리프트가 짐칸에서 튀어나왔다. 나는 캐리어 손잡이를 움켜잡았고, 아내는 휠체어의 전원을 켰다. 그런데 돌연 리프트가 허공에 딱 멈춰 섰다. 그렇게 석상처럼 굳은 채 더 이상 움직이지 않았다. 그대로 시간이 정지해 버린 듯했다.

"내리실 문은 없. 습. 니. 다."

이명이 들렸다.

이런 일을 우리나라에서도 겪었다.

삼 년 전쯤이었다. 저상버스를 타고 가던 중 매캐한 냄새를 맡았다. 뭔가 타는 듯한 기분 나쁜 냄새였다. 처음에는 승객들이 코를 벌름거렸고, 그 다음에는 기사에게 항의했으며, 머지않아 모두 하차해 버렸다. 우리? 우리도 내리고 싶었지만 그럴 수가 없었다.

"엔진도 이상하고 뒷문도 안 열리고. 차가 왜 이러지? 죄송한데 정비소까지 같이 가시죠."

'차 한 잔 드시죠.'라고 말할 때처럼 기사가 가볍게 말했다. 별수 없이 우리는 매캐한 탄내를 맡으며 엔진이 고장 난 차를 타고 정비소까지 갔다. 뒷문이 안 열린다는데 리프트를 꺼낼 도리가 있겠는가(앞문 쪽에는 리프트가 없다).

"안 내리실 거예요?"

정비소 직원이 퉁명스럽게 물었다. 안 내리시는 게 아니고, 내리실 문이 없는 건데.

"큰일 났다. 천사도 없는데 어떡하지?"

아내의 말대로였다. 르 버스의 매니저, 베테랑, 큰형님이 없었다. 운전기사 및 직원들만 밑에서 우왕좌왕하고 있었다. 영 미덥지가 못했다. 마이 엔젤! 그의 빈자리가 크게 느껴졌다. 열린 버스 옆면에서 바람이 불어 들어왔다. 왼쪽으로 2센티미터를 가면 계단 밑으로 떨어질 디였고, 오른쪽으로 2센티미터를 가면 버스 아래로 곤두박질칠 터였다. 그야말로 사면초가였고, 독 안에 든 쥐였다.

'비행기 놓치면 어떻게 되는 거지?'

입이 근질근질했지만 차마 말할 수는 없었다. 내가 건드리지 않아도 아내는 충분히 패닉 상태에 빠져 있었다.

"말도 안 돼. 이건 미친 짓이야. 나 이제 못 내려가?"

밖으로 뚫려 있는 오른쪽을 보며 아내가 말했다. 고소공포증이 있다고 주장하는 아내로서는 견디기 힘든 장면일 것이었다.

'리프트를 끝내 고치지 못하면 어쩌지? 휠체어가 200킬로그램은 넘을 텐데. 기중기, 파워크레인 같은 걸 써서 내려야 되나?'

피가 온통 머리로 쏠렸다. 맨발로 살얼음 위를 걷듯, 칼날을 손끝으로 더듬듯, 아찔했다.

직원들도 그들 나름대로 필사적이었다. 리프트를 망치로 두드려댔고, 나사를 이리저리 돌렸으며, 어디론가 전화를 걸어 열심히 상의하는 눈치였다. 그렇게 삼십여 분이 흘러갔다. 속절없이 흐르는 시간을 우리는 벙어리 냉가슴 앓듯 버텼다. 아내도 나도 최대한 말을 아꼈다. 입을 여는 순간 불안, 불길, 불만들이 무한 번식해 버릴 것 같았다. 속이 새까맣게 타들어 갔다. 타고, 타고, 다 타서 속이 새하얗게 탈색돼 버렸을 무렵이었다.

윙~ 리프트가 움직였다. 대한독립을 맞이한 듯, 광복을 쟁취한 듯, 경이롭고 황홀했다. 마침내 아내가 비행접시처럼 생긴 리프트를 타고 지상으로 내려왔다.

"내리실 문은 없습니다."

"그래요? 괜찮아요. 이런 적이 한두 번도 아닌데, 뭘."

이별할 수 있어서 감사

샤를드골 공항으로 들어갔다.

"핫초코 냄새가 나. 히드로 공항에서는 표백제 냄새를 맡았었는데."

코를 킁킁대며 내가 말했다. 인천 공항, 히드로 공항, 세인트 판크라스 역, 파리 북 역까지. 그동안 스쳐온 여행의 지류들을 떠올리며 공항을 걸었다. 두려움과 설렘으로 심장이 터져 버릴 것 같던 인천 공항, 태어나서 처음 밟아 본 타국 땅! 히드로 공항, '굿바이 런던! 봉주르 파리!' 하던 세인트 판크라스 역, 집시에게 봉변당할 뻔했던 파리 북 역. 그리고 마침내 샤를드골 공항. 여행에 마침표가 찍히려 하고 있었다.

"그냥 뒤돌아 나갈까?"

"그래? 까짓것 며칠 더 있다 가 버려?"

약속이라도 한 듯 우리는 한숨을 길게 내쉬었다. 발걸음이 무거웠다. 김소월 시인의 〈가는 길〉을 속으로 읊었다.

그립다 / 말을 할까 / 하니 그리워 / 그냥 갈까 / 그래도 / 다시 더 한 번
(중략)

프랑스와 작별하기도 전에 벌써 프랑스가, 유럽이 그리웠다. 우리는 연인과 이별하는 심정으로 출국 준비를 했다. 천천히 걸어 E2 터미널에

 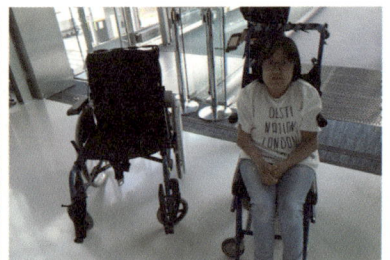

도착했다. 그리고 전자티켓과 여권을 제시했다.

"고객님, 기다리고 있었습니다. 출국장까지 편안히 모시겠습니다."

놀랍게도 한국인이 마중 나와 있었다. 파리로 파견 나온 대한항공 직원이라고 했다. 그가 캐리어며 짐 따위를 손수 수화물로 부쳐 주었다. 말씨만큼이나 행동도 섬세한 남자였다.

"파리가 워낙 오래된 도시라, 여행하시는 동안 불편하지 않으셨어요?"

남자가 사뿐사뿐 걸으며 물었다. 도대체 얼마 만에 듣는 우리말인지 몰랐다. 반갑고 감격스러웠다.

"영국보다는 불편했고 서울보다는 편했어요."

"파리에서 10년 넘게 일하고 있지만, 저는 이곳이 아직도 불편하답니다."

남자가 입을 가리고 웃었다.

"아참! 실은 제 동생도 휠체어를 타요."

그가 웃음을 지우지 않은 채 말했다. 우리는 놀란 얼굴로 대답했다.

"아, 네…"

불의의 기습을 받은 듯 당황스러웠다. 겉보기와 달리 의외로 자기 노출이 적극적인 사람 같았다. 출국장으로 가는 길은 생각보다 조용했다.

"형이 항공사 직원인데, 걔는 비행기를 한 번도 타 보지 못했어요. 우습죠? 차마 걔를 여기로 데려올 수가 없더라고요."

섬세한 그에게서 오래된 슬픔이 느껴졌다.

"한번 초대해 보세요. 동생분도 분명히 좋아할 거예요."

내가 말했다.

"부럽다! 저희는 맨땅에 헤딩하듯 무작정 여행했거든요. 형님이 가이드해 주시면 얼마나 든든하겠어요?"

아내가 진심을 담아 말했다.

"그게 가능할까요? 몸이 불편한 분들이 어떻게 여행하시는지, 그 방법을 저는 몰라요. 못난 형이죠."

그가 자조적으로 웃었다.

"다음에 만나면 못난 형한테 여행 노하우 좀 알려주실래요?"

출국장 앞에서 그가 말했다.

우리 세 사람은 복잡한 마음으로 출국장에 들어섰다. 아내와 나는 그에게 해 주고 싶은 말이 참 많았다. 하지만 무슨 말을 어떻게 꺼내야 좋을지 알 수 없었다. 수많은 말이 목구멍에 꽉 막혀 나오지 못했다. 말들의 병목현상이었다. 뭔가 얹힌 것처럼 속이 답답했다.

　유리벽 너머에서 비행기가 대기하고 있었다. 가까이에서 보는 비행기는 크고 단단한 성 같았다. 엔진음이 육중했다. 아내가 수동 휠체어로 옮겨 탔다. 남자가 전동 휠체어를 수화물로 싣기 위해 포장했다. 손길이 여물고 꼼꼼했다.

　'동생도 휠체어를 타요.'

　그의 말이 귓가를 떠나지 않았다.

　"안녕, 프랑스. 잘 있어야 돼. 나를 잊지 마."

　아내가 인사했다.

　바야흐로 이별의 순간이었다.

　"전동 휠체어는 제가 책임지고 안전하게 보내드리겠습니다. 이제 탑승하시겠습니까?"

　남자가 사근사근 말했다. 모르긴 해도, 빠릿빠릿한 직원이자 듬직한 형 같았다. '못난 형이죠.' 그의 말이 자꾸 가슴을 찔렀다. 시간만 충분하다면 동생에 대해 묻고 싶었다. 그리고 우리의 여행에 대해 얘기해 주고 싶었다. 비록 사소하고 보잘것없는 여행담이겠지만 그래도 들려주고 싶었다. 그렇게 하면 얹힌 속이 조금 풀릴 것도 같았다. 말들이 울컥울컥 쏟아져 나오려고 발버둥 쳤다. 비행기를 향해 한걸음, 한걸음 다가가는 동안 '굿바이 유럽, 씨 유 어게인!' 인사했고, '당신의 동생도, 우리도, 모두 여행할 수 있어요.' 응원했으며 '여행은 우리를 어떻게 바꿔 놓았을까?'고민했다.

새삼스레 이렇게 여행할 수 있어서, 유럽과 이별할 수 있어서, 책 한 권 정도의 여행담을 나불댈 수 있어서, 무엇보다 살아 있어서 감사했다. 감사! 이 두 글자를 마음에 새겨 넣기 위해 우리는 1만5000킬로미터를 날아왔나 보았다.

"고마워. 덕분에 재밌게 여행했어."

아내에게 말했다.

"응."

"!"

여행에 마침표가 찍혔다.

> ### 🔎 Wife Says
>
> 열흘이 정신없게 흘러갔다. 돌이켜 보면, 살면서 이렇게 바빠 지냈던 적이 없었다. 또 이토록 즐거웠던 때도 없었다. 지난 며칠은 정말이지 내 생애 최고의 날들이었다.
>
> 행복한 한때를 보낼 수 있게 도와주신 분들께 감사한다. 우리를 응원해 주신 분들 덕에 무사히 여행할 수 있었다.

당분간만 굿바이

'나는 오두막 같은 내 집이 제일 좋다. 너희 집은 불편해. 그러니까 자고 가란 말은 하지 마라.'

어머니가 즐겨 하시는 말이다. 현관문을 열고 들어서는데, 이 말이 번뜩 떠올랐다. 호텔보다 비좁고, 환기가 제대로 안 된 탓에 퀴퀴하기까지 했지만 그래도 우리 집이 가장 편안했다. 뭐니 뭐니 해도 역시 집이 제일 안락했다.

우리는 천신만고 끝에 집으로 돌아왔다. 귀가 과정도 만만치 않았다. 인천 공항에서 공항 철도를 타고 서울까지 나온 다음, 장애인 콜택시를 호출했다. '서울시 시설 관리 공단'에서 운영하는 택시였으므로, 인천에서는 부를 수가 없었다. 이처럼 우리나라에서 장애인이 시도 간 이동을 한다는 건 결코 쉬운 일이 아니었다. 왜냐하면, 교통약자를 위한 제도 및 서비스가 행정 구역별로 상이했고, 그나마도 매우 폐쇄적으로 제공됐기 때문이다. 일반 택시를 잡아 탈 수 있던 영국과 달랐고, 외국인이지만 장애인 콜택시를 이용할 수 있던 프랑스와도 달랐다. 택시는 두 시간여 후에 왔다. 그동안 우리는 카페에 앉아 시간을 때웠다. 후텁지근했고, 배도 고팠다. 퇴근 시간이었으므로 차가 무척 막혔다. 1시간 30분 후, 삐걱대는 몸을 이끌고 겨우겨우 택시에서 내렸다.

"그동안 정말 수고 많았어. 이만 쉬어라."

아내가 인심 쓰듯 말했다. 나한테 한 말은 아니다. 타고 있던 휠체어한테 한 말이다. 그러고는 거실에 있는 작은 휠체어로 옮겨 탔다(아내는 휠체어를 실내용, 실외용으로 구분해서 탄다).

"자, 마셔."

물이 시원하고 달았다. 결명자를 넣고 끓인 물이었다. 아내에게 한 잔 바쳤다.

"안 먹을래."

"목 안 말라?"

"마르지. 그래도 끓인 지 열흘 지난 물을 마시긴 싫어. 상했을 거야."

"괜찮아. 원효 대사는 해골 물도 드셨는데, 뭘."

입씨름할 기운도 없었다. 개수대에 컵을 던져 넣고, 거실에 드러누웠다. 그러고 보니, 배가 살살 아픈 것 같기도 했다. 사위가 고요했다. 심장 뛰는 소리가 유난히 크게 들렸다. 이따금씩 작은방에서 툭! 툭! 물건 부딪치는 소리가 났다. 아내가 짐을 정리하는가 보았다.

'이제 뭘 하지? 내일은? 모래는?'

문득 마음이 휑했다. 당장 해야 할 일도, 하고 싶은 일도, 아무것도 없었다. 텅 빈 교실에 덩그러니 남아 있는 듯했다. 학생들도 모두 떠났고, 교문도 벌써 잠겼는데, 나만 바보같이 붙박여 있었다. 마음이 해파리마냥 흐느적거렸다. 요컨대 나는 공개수업, 연구수업 따위를 마친 후처럼 무기력했다.

"에펠탑. 잘 있겠지?"

내가 소리쳤다.

"은빛으로 예쁘게 빛나고 있겠네."

아내가 작은방에서 대꾸했다.

"타워 브리지 밑으로 차들이 지나가겠지?"

"응. 야경이 볼 만하겠다."

"모나리자는 잘 걸려 있으려나?"

"아마 그렇겠지.",

"지금쯤 안녕하세요 식당은….."

"그만 좀 해. 나도 너 못지않게 아쉬워. 나중에 또 가면 되잖아."

아내가 캐리어를 탁 닫으며 말했다.

"또 간다고?"

그야말로 콜럼버스의 계란이었다. 어린아이한테도 배울 점이 있다더니, 정말 그랬다.

'다음에 더 잘하면 되지, 뭐. 실망할 것도, 기죽을 것도 없어. 난 아직 초짜 교사니까.'

공개수업을 마친 후, 휑뎅그렁한 교실에 남아 이렇게 되뇌곤 했다. 늘 최선을 다해 준비하지만 수업은 언제나 아쉽고 불만족스러웠다. 오늘의 아쉬움을 달래주는 건 언제나 내일의 기대였다.

'다음에 더 재밌게 여행하면 되지, 뭐. 너무 아쉬워하지 마. 우린 아직

초짜 여행자잖아.'

횅한 거실에 누워 스스로를 토닥였다. 여행지에서 즐거웠던 만큼, 행복했던 만큼, 딱 그만큼 아쉬운 것뿐이라고, 다음 여행은 이보다 훨씬 더 환상적일 거라고, 스스로를 달랬다.

굿바이! 여행 열째 날은 아듀지만 우리의 여행은 당분간만 굿바이였다.

"안녕, 보석 같던 나날들!"

#에필로그 ; 낯선 여행, 떠날 자유

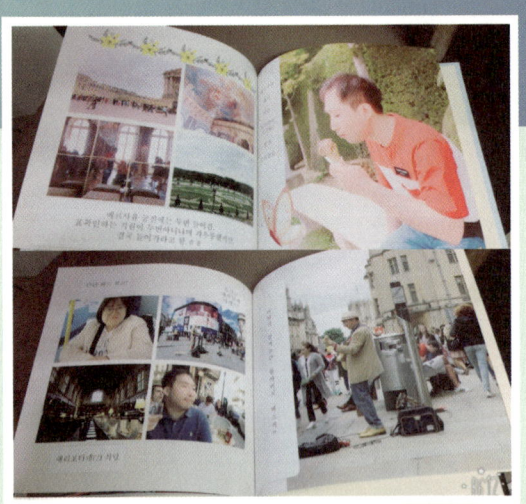

여행 후의 시간들

하루하루가 빛의 속도로 흘러갔다.

자고 일어났더니 계절이 바뀌어 있었고, 눈을 비비고 보니 닭(정유년)이 가고 개(무술년)가 다가와 있었다.

'이게 뭐지? 산처럼 쌓여 있던 시간, 누가 다 훔쳐간 거야!'

나를 쏙 빼 놓고 흘러가 버린 시간이 야속하고 서운했다. 닭 쫓던 개 같았다고나 할까? 그 와중에 아내는 엄포를 놓았다.

"나, 개띤 거 알지? 올해는 내 해야. 그러니까 나한테 잘해. 그렇지 않으면 액운이 들 거야."

나 참, 무서워서….

여행에서 돌아온 뒤에도 여전히 우리는 아웅다웅 잘 지내고 있다. 잠시 제멋대로 훌쩍 흘러가 버린 시간을 되짚어 볼까 한다.

매미가 울던 뜨거운 여름. 귀국 후 나는 한동안 누워만 있었다. 열흘간 족히 120킬로미터를 걸었던 탓인지, 도저히 옴짝달싹할 수가 없었다. 발은 퉁퉁 부어올랐고, 허리에는 힘이 들어가지 않았다. 그렇게 나는 에펠탑에 가위눌린 듯 꼬박 일주일을 누워 있었다. 그리고 아내는 휠체어를 수리했다. 등받이를 튼튼하게 고정했고 팔걸이를 새로 교체했다. 물론 아내가 직접 연장을 들고 뚝딱뚝딱 고친 건 아니고 A/S를 불렀다. 발의 부기가 빠지고 휠체어를 수리한 후에는 케이크를 사다 놓고 우리의 무사 귀환을 자축했다. 조금은 엄숙하고 약간은 경건한 의식이었다. 죽지 않고, 다치지 않고, 살아 돌아와서 기뻤다. 그렇게 여름이 지나갔다. 그리고 우리는 각자의 위치로 돌아갔다.

수확과 성찰의 계절, 가을. 선선한 공기를 들이마시며 아내는 그림을 그렸고 나는 책을 썼다. 열심히, 부지런하게, 최선을 다해서. 우리는 라마르크 거리에서 들었던 뮤즈의 속삭임을 여전히 기억하고 있었다. 아내는 코끼리 그림을 실제로 그려냈고, 나도 여행 에세이를 조금씩 써 내려갔다. 그러는 사이에 가을이 홍시처럼 무르익어 갔다. 그리고 가을의 끝자락에서 사진첩 하나가 배달돼 왔다. 지난 여행이 고스란히 기록돼 있는 앨범이었다. 앨범을 보는 동안 가을밤이 깊어갔다.

서로의 체온으로 손을 녹이던 하얀 겨울. 이가 탁탁 부딪칠 만큼 춥던 날, 우리는 〈촉각 명화전〉을 찾아갔다. 소원하던 대로, 그림을 게걸스레 감상했다. 만지고 더듬고 냄새 맡고…. 현대 미술을 모던하게 무던하게 뜯어보았다. 아내는 그림 단체전에 작가로 참여했다. '상록수'에서 주관한 전시회였다. 여러 작품 중 코끼리 그림이 판매됐다. 뮤즈님! 감사합니다. 겨우내 눈이 많이 왔고 크리스마스에는 비가 추적추적 내렸으며,

이렇든 저렇든 겨울방학은 도둑처럼 찾아왔다.

바야흐로 묵은해가 저만치 가고 새해가 까치처럼 날아들었다. 그리고 우리는…. 새로운 도전을 준비하느라 여념이 없었다.

태국 여행을 앞두고

"전동 휠체어에 대해서 다시 설명 드려야 한다고요? 무게, 크기, 배터리 유형…. 지난여름에 다 말씀드렸는데요. 고객 이름, 전화번호, 항공 마일리지는 전부 기록되는데, 장애인 보장구에 대한 내용은 기록이 안 되나요?"

태국 여행을 계획했다. 각오한 일이지만, 여행 준비는 결코 녹록잖았다. 당연하게도 동남아는 유럽과 사뭇 달랐다. 1급 장애인끼리 여행하기에 좋은 동네가 아니었다. 저상버스는 아예 다니지 않았고, 지하철 또한 매우 제한적으로 운행됐으며(노선이 짧고, 엘리베이터나 리프트가 잘 갖추어져 있지 못하다), 접근 가능한 여행지도 많지 않았다. 그리고 무엇보다 우리에게 유용한 여행 정보가 전무하다시피 했다.

여행 경비도 문제였다. 아무래도 살림살이가 빠듯했기 때문이다. 믿을 구석은, 곧 적금 만기라는 것. 그게 전부였다. 허리띠를 졸라매는 수밖에! 우리는 다시 한 번 사서 고생을 해 보기로 했다.

짧은 여행, 긴 여운, 끝없는 여정

'멀리 유럽까지 갔다 왔는데 가까운 동남아를 못 갈까?'

위험한 자신감이 연기처럼 모락모락 피어올랐다. 어쨌든 죽지 않고 무사 귀환할 수만 있다면 가 보고 싶었다. 도전해 보고 싶었다. 기꺼이 날달걀이 되어 바위에 부딪침으로써, 나의 유약함과 세상의 단단함을 다시금 확인해 보고 싶었다.

낯선 것들이 우리를 손짓해 불렀다. 낯선 곳, 낯선 사람들, 낯선 경험, 그리고 낯선 나! 그들을 만나기 위해서는 떠나는 수밖에 없었다. 또 한 번의 여행을 통해 스스로를 쇄신하기 바랐다. 안주와 정체를 너무도 사랑하는 낡은 자아를 한 꺼풀 벗겨내고 싶었다.

미지의 낯섦은 우리를 두렵게 하지만, 동시에 우리를 성장시킨다고 믿는다. 돌이켜 보면, 우리는 짧은 여행을 통해 조금 더 용감해졌고 약간은 자유로워졌으며 얼마만큼은 성장한 듯싶다. 동양에서 온 외국인, 그것도 장애인으로서 유럽을 여행하는 동안 우리에게 일어난 작은 변화들이었다. 요즘 들어 주문처럼 이 말을 되뇌곤 한다.

'맞아. 나는 너희에게 낯선 존재야. 여러 가지 이유에서. 그리고 그건 너희들도 마찬가지야. 그래. 우리는 타인에게 모두 낯설어. 그래서 우린 멋지게 어울릴 수 있지.'

    이 생각을 내면화하기 위해 멀리 유럽까지 다녀온 건지도 모르겠다. 여행은 짧고 인생은 길다. 삶이라는 기나긴 여정을 걷는 동안 우리에게 필요한 건, 짧디 짧은 여행을 통해 얻은 보석 같은 단상, 아름다운 여운이 아닐까? 이렇게 얻은 삶의 지혜는 뿌리 깊은 나무가 되어 우리의 삶을 굳건히 지탱해 줄 거라고 나는 믿는다.

    결국 이 책을 통해 우리가 하고 싶은 이야기는 단 하나.

    당신이 누구든, 어떤 상황에 놓여 있든, 당신의 여행을 그리고 삶을 진심으로 응원합니다!